大前信也著

# 昭和戦前期の予算編成と政治

木鐸社

# 目次

目次

# 昭和戦前期の予算編成と政治

# 序　政治過程における予算編成の意味

近代国家における憲政の歴史を顧みるとき、政治とは法律であるとともに、予算でもあるといえよう[1]。法律と毎年の予算は、政策の実現の手段として、政治過程を経て決定されていく。また、我が国近代の明治憲法体制は政治的多元主義であったことは、多くの論者によって指摘されている[2]。

昭和の戦前期、政党内閣が潰えていわゆる挙国一致内閣となっていく時期は、この明治憲法体制の下で欧化を進め、政治、軍事、経済の諸方面で国力を増大させてきた我が国がある種の隘路に直面した時期であった。恐慌による経済的混迷やワシントン体制の崩壊といった国際秩序の変容に直面して、国家の針路を改めて模索する必要に迫られていた。その一方で明治・大正期には元老・藩閥の下で有効に機能しえていた多元的統治機構は、藩閥に代わる統合軸としての政党の凋落、衰微に直面している。

明治憲法体制の多元的統治機構は、統合が弛緩すると行政の分立性が露出して統治機構内各部分の割拠をもたらすことになった。とりわけ各省の割拠は内閣の政策決定能力の低下をもたらし、政策の分裂状態を惹起することになる。政策の数量的表現である予算[3]の毎年の編成過程にそれは如実に反映された。すなわち、各省による予算の分捕り傾向が顕著になるのである。政策は予算の裏付けを要し、それは閣議に集う政治家たちの折衝によって決定されていた。しかし予算閣議の紛糾は高じて、閣僚は国務大臣としてよりも行政長官として、各省官僚機構の意図を代弁し、自省予算の獲得に走るようになったのである。

多元的統治システムにおけるこうした統合の困難に直面して、内閣の指導力、調整力の強化を目指して様々な解決策が模索される。統合の軸としての閣議の充実、すなわち閣僚の国務大臣機能への期待、閣僚による重要国策先議から、内閣のスタッフの強化や新たな統合主体の創出、つまり行政機構改革による国策統合機関の設置に至るまで、政界、官界、軍部、財界、論壇での考案が相次ぎ、その一部は実際に試みられていった。

昭和戦前期の総合調整、政策の総合、さらには統合の主体形成、すなわち国策統合機関の問題については、すでに先行研究の蓄積がある。政治史の領域では、政策の総合という観点から、種々の政策課題の進展の中に、共通する政策の計画化、総合化の傾向と統合主体形成への志向を見出そうとするもの[4]、行政学の分野では、我が国行政機構の歴史におけるセクショナリズム克服の試みを総合調整の制度と機能の面から考察したもの[5]、戦間期の国家の介入・統制機能の拡大化、行政国家化に伴う統治機構の再編成への関心に基づくもの[6]、歴史学界では、第一次世界大戦後に進行する政治の経済化という観点から取り上げたもの[7]、満州国の行政機構とそこでの軍人、官僚などの「革新」派の経験の影響を強調するもの[8]、マルクス主義的歴史観を基盤に国家機構の再編を執行権の優越の観点からとらえようとするもの[9]などである[10]。

これら諸研究の特徴と問題点の詳細は、以下の各章で指摘する通りだが、多くに共通するのは、政策の総合や総合調整において不可欠の過程となる予算編成の考察が十分に行われていないということである。政策は予算の裏付けなしに実現しえない。予算の裏付け、すなわち政策の実現を求めて政策が一堂に会するのが予算編成過程である。そこに政策がどのように提出され、どのように取捨選択、決定されていったか、その過程をどのように改めようとしているかという分析が、これまでの研究ではなされていないか、あるいはきわめて不十分なままに終わっているのである。[11]

ところで、「政策の総合」は、国策統合機関に関する最初の実証的研究といえる論文を公表した御厨貴が、その論文をもとに単著を編むにあたって用いた分析視角である。御厨によれば、近代日本政治においては、第一次世界大戦を契機に総力戦への対応として総動員体制の構築が迫られるとともに、政党が統治構造での統合の主体となり、また、都市化、大衆化の中で生じた新たな政治課題、行政需要への対応のため行政国家化が進行する。総力戦、政党、行政国家という「一九二〇年代以降の日本政治の底流を規定しているこれらキータームをつなぐ視角として『政策の総合』が浮上してくるのであり、『政策の総合』は、単発的な政策の羅列をこえた政策の計画化と総合化のあり方の歴史的展開を意味している」という。[12] 御厨は政策の総合の観点から戦前、戦後にわたるいくつかの事例を分析し、そこに権力過程の類型化を試みようとしているが、[13] 政策の総合は次に述べる「総合調整」と比べて、その対象が行政機構を越えて議会、政党など政治の領域も含み、より広範囲であるのが特徴である。[14]

一方、多元的統治機構の統合が課題となっていた昭和戦前期の政治を、予算編成を通して分析することの意義は、予算がその重要な手段のひとつとなる[15]総合調整、さらには行政管理に関する行政学の論考によって明らかとなる。そこでは総合調整とは簡単にいうと、強力な省庁的結束を見せる省庁官僚集団を日本のトップが制御する過程であり、省庁間のセクショナリズムが強い中で、日本行政全体の方針というものをつくり実施する方法であるということになる。[16] 昭和戦前期の我が国の統治機構が直面していた課題は、より限定的に行政の分野に焦点をあてれば、総合調整の問題であるともいえよう。

総合調整における予算の意味について、村松岐夫は次のように述べている。行政需要の変化に応じて人材、資金、物品、技術、情報などのリソースを調達、配分、活用することで企画、調整を行うのが行政管理であるが、行政における総合調整は行政管理の一形態、一方法であり、省庁間のセクショナリズムが強い中では、行政全体の方針をつくり実施するのが総合調整である[17]。そして、省庁中心主義の官僚の組織行動であるセクショナリズムに対して予算は最有力の調整手段となるという。予算編成は資金というリソースのマネージメントといえるが、予算リソースの配分は権限や管轄や管理システムを生かしたり、逆に無意味にする効果を有するからである[18]。予算による総合調整とは予算を通じて政策に優先順位をつけることであり、予算過程は省庁が主たる当事者、参加者である政治的競争過程であるため、予算編成手続の管理こそ総合調整の最有力方法であるという[19]。行政各省の割拠が顕著となり、多元的統治機構の統合が重要な課題となる昭和戦前期の我が国の政治を考察する際に、予算編成は分析の主要な指標となるのであった。

政策が持ち寄られ集中して吟味される予算編成過程は、議会の予算審議権に種々の制約が設けられた大日本帝国憲法下、しかも衆議院に拠る政党勢力の弱体化が進行する時期においては、国政の最高レベルでの政策決定のプロセスであり、政策決定過程の最終段階である。つまり総合調整のみならず、政策の総合の実現如何も左右する段階といってよい。そこに注視すれば、組織編制や権限、人事の側面に片寄り、政策決定過程において各機関が実際に果たした役割の考慮が不十分であった従来の国策統合機関研究の不足を補い、その上でこの時期の政治について新たな知見が得られるはずである。

本書はこの時期の政治と政策決定過程を考察するにあたり、政策が予算の裏付けを求めて各省から集まる予算編成過程に注目する[20]。政策が持ち寄られ、財源が限られる中で政策が取捨選択されていく予算編成過程は、毎年の政策決定を観察する好個の材料である。予算編成は毎年必ず行われるだけに、政策決定過程の変化と持続を観察するのに適している。

以下に第一章では、ロンドン海軍軍縮問題を材料に、政党内閣の首相のリーダーシップの下で、予算を手段として、すなわち財政の論理をもって、補充を求める海軍のセクショナリズムを抑制しつつ、国民負担の軽減を図るという政策課題の調整が行われていく過程を取り上げる。

第二章では、いわゆる挙国一致内閣の下、軍部などの熾烈な予算要求に対して、政党の後ろ楯を有しない首相が他の有力閣僚とともに政策決定の主導権を確保し、諸要求の調整を図る過程を描く。そこでは、政党という統合軸の消失に対応しようと、閣議の位置づけを改める形で予算編成方式の改革が提案される。

第三章で扱うのは、陸軍が政治的に台頭した二・二六事件直後の時期である。重要国策の閣僚による先議という形の予算編成方式が実行に移されるが、そこで閣僚（蔵相）を支えて官僚機構中の要となったのは、従来主張されていた内閣調査局などではなく、大蔵省主計局であったことが資料の分析を通して判明する。

行政機構改革が論議される中、最大の政治勢力となった陸軍は、予算編成を新設の国策統合機関に行わせるというような改革には踏み切らなかった。重要国策先議の実態や軍備拡充予算の実現具合を見ると、内閣調査局などの主張する急進的改革案を採る必要はなかったのである。予算編成の実務の中心は従来通り大蔵省に置いておかれた。第四章ではこのようなことを明らかにする。

各章で試みた予算編成をめぐる様々な事象の考察を通して、昭和戦前期の政策決定過程の特徴を析出することが本書の狙いといえよう。

すなわち、この時期の政策決定がどのように行われ、リーダーシップはどこにあり、いかなる課題を抱え、解決策はいかに模索、試行されたかを予算編成過程の分析を通して明らかにする。その成果をふまえてこそ、この時期の政策の総合、総合調整への志向と実際の展開を評価、位置づけることができるはずである。

**註**

（1）米国連邦政府の予算編成過程を分析したアアロン・ウィルダフスキーは、「予算の規模と形態は、われわれの政治生活における争点である」、すなわち「勝利と敗北、妥協と取引、われわれの生活における中央政府の役割に関して、合意のなりたつ領域と争いのある領域、これらすべてが予算の中にあらわれる。もっとも抜き差しならぬ意味において、予算は政治過程の核心に位置している」としている（A・ウィルダフスキー『予算編成の政治学』小島昭訳、勁草書房、昭和四七年、七頁）。同書は「予算における意思決定を現実に支配する法則を政治過程の視角から解析しようとしたところに特色がある」と訳者によって評されている（小島昭「訳者あとがき」（前掲『予算編成の政治学』）二七八頁）。また、予算過程に参加する様々な行政諸機関や政党、圧力団体が予算の決定と配分をめぐって織りなす政治の力学と、そこに働く法則に関する問題、すなわち予算はいかにして決定されるかという問題に焦点をあてて、予算過程に政治過程論の立場からアプローチするのがウィルダフスキーであるとしている（同「予算過程における政治と行政」（『都市問題研究』第二〇巻第四号、昭和四三年四月）六九頁）。この視角は、昭和戦前期の我が国の予算編成と政治を考察する際にも有益と考える。昭和戦前期の政治、とりわけ予算過程に多元論的アプローチが適合するかということに関して、小島昭は明治憲法体制下では議会の予算審議権が制限されたため、議会や政党が国家予算の決定に介在する余地はほとんどなく、予算の決定は官治的、寡頭的な意思決定機構の中に閉じ込められていたとし、その中でも割拠的な統治機構を反映して予算の決定をめぐる大蔵省と各省の確執が存在し、軍部と大蔵省の間では熾烈な紛争もしばしば見られたが、それは官僚集団の間の利害対立にすぎないとしている（小島昭「現代予算政治試論」（渓内謙・阿利莫二・井出嘉憲・西尾勝編『現代行政と官僚制』下巻、東京大学出版会、昭和四九年）一一五頁。より詳しくは小島昭「日本の財務行政」（辻清明編『行政学講座』第二巻、東京大学出版会、昭和五一年）一六五―一七〇頁）。たとえ議会の関与は少なかったとしても、明治憲法体制の下では政治諸勢力が対立し、多元的な統治システムが存立していたとしたら、政治のアリーナの広狭であり、米国の多元的政治構造をふまえて考案されたリンドブロムやウィルダフスキーの理論の適用を試みることも可能であろう。小島も複数の国家の予算過程の比較から、「政治システムの相違は、政府サブシステムたる予算過程の参加者の数や彼らの間の役割の分担には関係するが、意思決定のパターンを決定する直接の条件にはなりえない」としている（前掲小島「現代予算政治試論」一一八頁）。つまり、昭和戦前期の我が国の予算過程にも上記諸理論の適用を試みうることになり、明治憲法体制下の予算過程への参加者の数や役割分担が戦後の政治システムと違っているにすぎないことになる。

（2）　たとえば、三谷太一郎「政党内閣期の条件」（中村隆英・伊藤隆編『近代日本研究入門』増補版、東京大学出版会、昭和五八年）六九―七一頁、辻清明「日本ファッシズムの統治構造」（同『新版日本官僚制の研究』東京大学出版会、昭和四四年）二〇七―二一四頁、伊藤隆『昭和初期政治史研究』東京大学出版会、昭和四四年、五―六頁。

（3）　行政学者は予算の政治的機能のひとつとして、政治的価値判断の表示を挙げている。すなわち「予算は、政治権力が問題状況に対してどのような政治的価値判断を下したかを、貨幣量（数字）という冷徹な記号によって明示し」たものという（新藤宗幸「予算の編成」（西尾勝・村松岐夫編『講座行政学』第四巻政策と管理、平成七年、有斐閣）一九九―二〇〇頁）。その結果、「要求が政策として取り入れられたか否かについて、曖昧さの残る余地はな」く、「各項目の数字が相互に比較され、対照されることを通じて、それぞれの政策が政策全体のなかで占める位置、そのウェイトづけがまた、おのずから明らかになっていく」のである（伊藤大一「大蔵官僚の行動様式」（同『現代日本官僚制の分析』東京大学出版会、昭和五五年）一六四頁）。ウィルダフスキーは予算について「政策目的を遂行するために、財源と人間の行動を結ぶ環となる」（前掲『予算編成の政治学』三頁）としているが、また「政府の活動を金銭の形で表現したもの」とする。つまり「政治というものを、国家の政策の決定において誰の好みが優位を占めるべきかという点をめぐる相剋という形でみるならば、予算は、この闘争の結果を記録するものである」

と述べている（同右七頁）。そうだとすれば、予算編成とは「行政活動の遂行に必要とされる資金を組織的に関連づけていく過程であ」り、「この過程を通じて、政府の諸政策は現実的な意味を獲得していく」こととなる（真渕勝「A・ウィルダフスキー予算編成論の研究（二）」（『法学論叢』第一一三巻第三号、昭和五八年六月）二六頁）。

（4）昭和一〇年の内閣調査局以降の企画庁、企画院などの機関について、政治学では御厨貴『政策の総合と権力』（東京大学出版会、平成八年）が「国策統合機関」と呼び、歴史学では古川隆久『昭和戦中期の総合国策機関』（吉川弘文館、平成四年）は「総合国策機関」、池田順『日本ファシズム体制史論』（校倉書房、平成九年）は「総合国策立案機関」という呼称をあてている。また行政学分野では、長浜政寿「行政学における予算の問題」（日本行政学会編『行政管理の動向』勁草書房、昭和三二年）は「補佐機関」、吉富重夫『現代の行政管理』（勁草書房、昭和四九年）は「行政参謀機関」、大河内繁男「日本の行政組織」（辻清明編『行政学講座』第二巻行政の歴史、東京大学出版会、昭和五一年）は「総合国策機関」、井出嘉憲「非常時体制と日本〈官〉制」（同『日本官僚制と行政文化』東京大学出版会、昭和五七年）は「国策審議機関」、片岡寛光『内閣の機能と補佐機構』（成文堂、昭和五七年）は「補佐機構」、武藤博己「総合調整議論の特徴と課題」（『季刊行政管理研究』第三二号、昭和六〇年一二月）は「総合機関」、岩田一彦「法令用語としての『総合調整』」（同右第四五号、平成元年三月）と今村都南雄「行政組織制度」（西尾勝・村松岐夫編『講座行政学』第二巻制度と構造、有斐閣、平成六年）は「国策統合機関」、穴見明「内閣制度」（同右）は「スタッフ機構」、そして牧原出『内閣政治と「大蔵省支配」』（中央公論新社、平成一五年）は「内閣調査機関」を用いた。なお、古川著三頁、牧原著七三頁註7は用語の理由を説明している。本書では、これら機関が実現をめざした機能に力点をおく呼称である「国策統合機関」を用いる。岩田のいうように、内閣及び首相のリーダーシップの弱体化が痛感される中で、内閣の統合力の強化のために設立されたこれら機関が期待されたのは、「調整」より強い意味の統合作用である「統合調整」や「調整統一」であった（前掲岩田「法令用語としての『総合調整』」四一－四二頁）。

（5）御厨貴「国策統合機関設置問題の史的展開」（前掲御厨『政策の総合と権力』、初出は昭和五四年）。

（6）前掲大河内「日本の行政組織」。前掲辻「日本ファッシズムの統治構造」も参照。

（7）　前掲井出「非常時体制と日本〈官〉制」。

（8）　伊藤隆「「国是」と「国策」・「統制」・「計画」」（同『昭和期の政治〈続〉』山川出版社、平成五年）。松浦正孝『財界の政治経済史』東京大学出版会、平成一四年、一三八－一三九、一四五、一五七頁もこの点に言及している。

（9）　前掲古川『昭和戦中期の総合国策機関』第一章第三節。

（10）　前掲池田『日本ファシズム体制史論』第一章。

（11）　問題点としてさらに次のことを指摘しておきたい。大河内、辻、井出の前掲論文に限らず、行政学分野の研究では総合調整や行政管理への関心から戦前期の行政機構改革や国策統合機関に言及するが（たとえば前掲長浜「行政学における予算の問題」五六頁、前掲片岡『内閣の機能と補佐機構』二七九－二八二頁、前掲武藤「総合調整議論の特徴と課題」二五－二七頁、前掲岩田「法令用語としての『総合調整』」四一－四二頁、前掲穴見「内閣制度」一五一－一八頁、前掲今村「行政組織制度」四五－四七頁、石見豊「戦前期における総合調整に関する行政史的スケッチ」（『政治経済史学』第三三五号、平成六年五月）六三－六七頁など）、戦前期の予算編成を通じる政策決定過程に関して第二章で取り上げる行政学者の論文（前掲伊藤「大蔵官僚の行動様式」）同様、いずれも二次資料、刊行資料の使用にとどまっていて、正確さの点で限界がある。一次資料を活用した上で、理論的分析や他国との比較の点ですぐれている行政学のアプローチによって戦前、戦時の我が国の行政機構の変遷やそこでの総合調整という問題を考察する研究があってもよいはずである。一方、古川、池田など歴史学の研究者は政治史を扱うときに、行政学をはじめ政治学の諸分野の成果を十分活用していない。行政学分野で蓄積されてきた総合調整に関する研究成果を国策統合機関や戦時行政史の研究に活用すべきであろう。政治学（政治史）研究者が担うべき領域といえようか。また、予算編成の実務を担う行政官庁であった大蔵省が、終戦間もない昭和二二年から編纂を開始した『昭和財政史』のうち、山村勝郎執筆の第二巻財政機関が政策の統合や行政機構改革の問題に言及していて多くの研究者が一次資料的に参照している。しかし、出版から半世紀近くたった現在『昭和財政史』各巻に目を通せば、巻末資料などの利用価値は依然としてあるものの、少なくとも第二巻については、本文の論説に幾多の問題を蔵しているのは、以下の本書各章で指摘している通りである。たとえば、同巻の予算編成過程部分は、軍部の圧力や内閣調査局、企画庁といった国策統合機関の予算編成への関わりを実際以上に強調する嫌いがある（大蔵省昭和財政史編集室編・山村勝郎執筆『昭和財政史』第二巻財政機関、東洋経済新報社、昭和三一年、一三四―一三八、一四二―一四五頁）。執筆当時の風潮と執筆者の地位（大蔵省大臣官房調査課大蔵事務官）がこの時期の予算編成への大蔵省の関わりの過小評価をもたらし、戦後の戦争責任追求を大蔵省として回避しようとする方向に執筆者や編纂者の関心が向いていたとしたら、残念なことである。大蔵省が政策決定過程において実際に果たした役割を、豊富な資料を利用出来る立場にあった者が正確に書き記しておくべきだったであろう。山村のこの傾向はその後の「大蔵省―機構と役割」（細谷千博他編『日米関係史』第二巻陸海軍と経済官僚、東京大学出版会、昭和四六年）二三一―二三六頁にも見られる。大蔵省（現在の財務省）の内部文書、同省昭和財政史編集室によって『昭和財政史』編纂のために重ねて開かれた史談会の速記録は、いずれも一部が前者はマイクロフィルム、後者は活字となって刊行され、本書でも活用したが、資料的価値が高いものである。当時の新聞、雑誌のみならず、この間公刊された昭和戦前期に関わる数多くの日記、文書類と照らし合わせてこの時期の歴史を再検証するためにも、これら資料の全面的な公開が待たれる。

(12) 御厨貴「『政策の総合』とは何か」（前掲御厨『政策の総合と権力』）一―二頁。

(13) 同右二―一〇頁。

(14) 御厨は前掲「国策統合機関設置問題の史的展開」の結論部分（九五―九六頁）において、昭和一二年一〇月の企画院設立を「本来政治的な統合主体たるべく構想された国策統合機関」、「政治的インプリケーションを含んだマクロレベルの政策の計画化、総合化をめざす統合主体」の創設の失敗と位置づけている。そのことからも御厨が昭和一〇年代初頭の政治を論ずるにあたって「政策の総合」にこめようとした意味は、行政機構を越えて「日本の統治構造全体にかかわる」統合であるということがわかる。

(15) 前掲吉富『現代の行政管理』一四〇頁。

(16) 村松岐夫『日本の行政』中央公論社、平成六年、七〇―七一頁。総合調整は行政学の分野で従来から重要な課題のひとつとされていて、種々の角度から考察され、研究成果が蓄積されている。昭和戦前、戦時期の行政機構の変遷や国策統合機関の研究を深めようとするとき、参考となるであろうという観点から以下にいくつかを紹介する。

蝋山政道「行政管理における調整の意義」（同『行政学研究論文集』勁草書房、昭和四〇年）一九三－一九四、一九六頁は、調整機能が重要な一環をなすところの行政管理という概念が登場したのは、米国ルーズベルト政権下の「行政管理に関する大統領委員会」の報告書の題名として用いられたときであることをもとに、行政管理という概念は危機状態と強力なリーダーシップとこれに対応する科学的な学問的創造力がなければ生まれてこなかったこと、総合調整という機能が行政管理の重要な一環として認められるに至ったのは、切実な危機的状況と実際上の必要からであるということを述べている。危機状態と実際上の必要という点は、昭和戦前期の我が国にもあてはまる。リーダーシップの強弱が彼我の相違か。

前掲吉富『現代の行政管理』一四〇－一四二頁は、総合調整機能を行政管理の動態把握としての行政統合機能と考え、それは行政参謀機能とも呼ばれるべきであり、高度の帷幄的機能であるとする。そして総合化の要求を伴う現代行政の戦略的手段を提供するのがこの種の行政参謀機能であると述べ、軍務行政に対して参謀本部や軍令部の果たした戦略戦術に関する参謀機能の高い比重を例に、行政における作戦計画、用兵計画の重要性を強調する。ちなみに辻清明「日本における政策決定過程」（前掲辻『新版日本官僚制の研究』）一七〇－一七一頁も、稟議制改革の条件としてスタッフ機能の認識を指摘するとき、同機能の認識が十分でなかった我が国行政の例外として、軍部における参謀の重視を述べ、その理由として軍事行動、すなわち戦闘が他の一般行政とは区別される実質上の機能であり、結果に対する準備作業が重要であることを挙げている。この世代の行政学者にとっては、我が国陸海軍の軍令機関がスタッフ機構の最も身近でわかりやすい例であったのだろう。軍人の眼から見ると行政機構の不備が目についたことが、陸軍幕僚による行政機構改革の提案につながっているのかもしれない。

前掲大河内「日本の行政組織」七七－八一頁によれば、我が国行政機構の発展過程の分析には、調整の観点からの考察が適切である。なぜなら明治初年以来セクショナリズムの克服こそ我が国の行政にとって最大の課題とされてきたからである。行政学の多くの文献において、調整ないし総合調整という概念はきわめて多義的に使われていて、調整、総合調整、連絡調整、統整、調節、統合等々、多くの用語が相互の関係の整理もないままに使用されている。それは行政の一体性を保持する作用としての調整機能への高い関心を示していて、行政一元化のための施策は戦前よりしばしば試みられてきたが失敗に終わってきたと記している。その上で、行政管理に関する研究にもとづき調整に関する論点として、我が国行政に固有のセクショナリズムの克服、行政各部局統一の確保、増大した行政機構の統合のための機能として調整が把握されていること、調整は強制力を伴う指揮命令機能ではない、すなわち命令の体系であるラインの機能ではなく第一義的にはスタッフの機能であるということ、伝統的にスタッフ組織を軽視してきた我が国の行政では、指揮命令系統の体系として構築された階統制がそこになじまない調整の機能を果たしてきたため、行政の一体性を確保するための調整機能が権力的、命令的性格を帯びたこと、しかも明治憲法体制ではこの権力の源泉が一元化していなかったため、権力的色彩の強い調整作用が十分に機能できなかったことを指摘している。

中村五郎「総合調整概念の現状と課題」(『季刊行政管理研究』第二八号、昭和五九年一二月)一九頁は、戦後の二次にわたる臨時行政調査会の答申での総合調整機能の機構的位置づけを分析して、「総合調整機能の強化をめざす行政機構の改革をめぐっては、能率的見地からの集中志向と、これに対する、民主的統制の見地からの分散志向、ないし現状維持志向による抵抗がみられるのが常である。結果としての公式制度は、多分に、その時点における政治過程の「力学的表現」を意味する型をとることになる」と述べているが、これは戦前期の行政機構改革や国策統合機関の経緯についてもあてはまることであろう。

片岡寛光「総合調整の一般理論に向かって」(『季刊行政管理研究』第三二号、昭和六〇年一二月)は、総合調整についてもっとも包括的な理論的基盤を提供しているように思う。そこでは以下のようなことが論じられている。総合調整は調整の一種であり、調整とは複数の行為主体が接触し、重なり合う活動の領域において行動の前提を相互に適合させ、それぞれの目標の達成に支障なきを期するとともに、共通の目標の達成によりよく貢献すること、ないしはそのように仕向けることであり(六頁)、組織の編成は調整の問題を内在化させ、管理統制に吸収するが、組織と組織との間の関係をいかに調整するかという問題を生み出す。この組織間の調整、つまり調整の調整が我が国における総合調整である。組織と組織とがより大きな組織単位の中に組み込まれ、その下位単位として共通の権威に服さない限り、総合調整の必要がある（六頁）。総合調整が特に重要な問題として登場してくるのは、統一性の原則に基づいて社会に向かって一つのものとして機能し、その結果に対する責任を負っていかなければならない行政機関相互の間においてである。総合調整の必要が具体的に生じるのは、行政が対応すべき社会的諸問題の構造と行政の組織構造との間に乖離が発生することによってであり、乖離が大きくなるにつれて総合調整の負担も増大する（六―七頁）。調整はその内容によって消極的・積極的、受動的・能動的に区別され、消極的調整が行政機関の間に発生した対立や衝突を抑制したり解決するものであるのに対し、積極的調整は協調的関係を生み出し、コンセンサスの形成に向けられた調整である。受動的調整は対立する当事者からの申し立てを受け、両者の主張の妥協点の中に問題解決の可能性を見出そうとするものである。能動的調整は自ら進んで事態を分析し、対立する当事者の立場を超えるより広い角度から問題解決の可能性を探求していこうとするものである。消極的・受動的調整が往々にして事後ないし晩期調整となるのに対し、積極的・能動的調整は事前ないし早期調整となる（九頁）。総合調整を構造的な側面から見ると、対等な立場にある行政機関相互の間で水平的に行われるヨコ系列のものと、上下の関係において垂直的に行われるタテ系列のものとがある。前者が対等な機関相互の間で自発的に任意で行われるのに対し、後者はヒエラルキー的権威を背景とする強制的な性格を伴っている（九―一〇頁）。行政各部間の権限争いや紛争の解決は、最終的にはタテ系列の総合調整によってのみよくなし得る。政府が政策のイニシアティヴを行政各部に委ね、そこから上がってくる提案や情報をすり合わせ、次第に煮詰めて最終的に全体としての施政方針なり政策をまとめていく集約型の行政運営を行っている限りは、総合調整は消極的且つ受動的であり、負担も最小限度で済む。これに対し、政府が進んで施策の基本方針を打ち出し、それに従って行政各部が行動するよう督促する統率型の行政運営が行われているところでは、総合調整は不可避的に積極的にして能動的たらざるを得ず、その負担も著しく重いというのである（一一頁）。我が国戦前、戦中期の行政機構の変遷を、一次資料に基づいた上で、片岡のいうこうした調整の分類を応用して分析していくことは興味深い課題である。

　前掲岩田「法令用語としての『総合調整』」は、法令用語としての総合調整が現行法令及び過去の法制でどのような意味に用いられてきたかという観点から総合調整を考察している。そこでは次のように論じている。現行法令では総合調整は、各省庁間調整の意味と省庁内部の部局間調整の意味に用いられる場合があるとした上で、その意味の最大公約数は、複数部局間の調整について、それらとは独立した機関が行う調整であり、「総合的な調整」という意味をこめて総合調整というとしている（三八頁）。総合調整の法令用語としての使用について、戦前の官制の所掌事務規定に総合調整の語が登場するのは、昭和一四年商工省官制改正によって設けられた商工省総務局の所掌事務規定である。その後各省に総務局が設けられ、所掌事務規定に各省所管行政の重要政策の総合調整の規定が置かれたとして（四一頁）、従来昭和二〇年一一月設置の内閣審議室の所掌事務規定をもって法令上最初に総合調整の語を用いたものであるというのは、省庁間調整の意味で総合調整の語を初めて用いたという意味であると先行研究の所説を是正している（四三頁）。従来は大臣官房で行われていた所管行政の調整事務が、国家総動員体制下で所管行政の総合計画の立案とその実施の総合調整という非常時の統合力強化の必要から、官房から独立した総務局に権限を集中したものであった。したがってこの総合調整は当該行政機関の所管行政の範囲内の事項に限られた（四一頁）。戦前における総合調整の使用例は各省に設けられた総務局の所掌事務規定のみであり、戦前においても内閣の機能強化の必要性が強く主張され、内閣の統合力の強化のための内閣直属組織が設立されたが、それらの所掌事務規定には総合調整の語は用いられなかった。これに類する語として、企画庁、企画院の所掌事務規定にみられる統合調整、調整統一の語があった。ともに戦時体制下の国策統合機関として設置された内閣の機関であり、弱体であった戦前の内閣総理大臣の権限を補完するための任務を担っていた。したがって、統合調整、調整統一の語は単なる調整よりもやや強い意味の統合作用を指していたと考えられる（四二頁）。企画庁、企画院では戦時体制における国策統合という目的の下に、内閣及び内閣総理大臣のリーダーシップ強化のための必要と憲法上の制約（国務大臣の単独輔弼制など）の妥協がはかられ、その所掌事務規定が設けられたのだろう。このような文脈から判断して、統合調整及び調整統一が現在の総合調整とはやや異なり、より広範囲でより統制色の強い意味内容を有していたと考えられる（四二頁）。

商工省以後各省に設けられた総務局について、前掲牧原『内閣政治と「大蔵省支配」』四〇－四二頁は、それまでの大臣官房による連絡調整に代わって、企画院などの調整機関や軍との連絡調整のため総務局が設けられたと述べている。戦時期の総務局については、岩田が官房事務と総合調整に関係して指摘する一連の明治期の措置、すなわち総務局の設置と官房への統合、次官の廃止と総務局の復活、総務長官、官房長の設置、総務局、官房長の廃止と次官の復活（前掲岩田「法令用語としての『総合調整』」四一頁）などとの比較も行う必要があるだろう。また、牧原著四六頁が強調する官房長ポストの出現についても、岩田は戦後各省での官房長の設置は、官房の総合調整機能の重要性認識と関係あることを指摘している（同右四五頁）。

(17)　前掲村松『日本の行政』七〇－七一頁。

(18)　同右七二－七三頁。

(19)　同右八一、八四－八五頁。前掲新藤「予算の編成」二〇〇頁も、予算の政治的機能のひとつとして行政管理機能を挙げ、行政府への事実上の権力の集中は、行政に対して内部統制機能の充実を求めざるをえず、予算は組織・定員、物品の管理のみならず、政策・事業管理の内部統制手段として重要であると述べ、行政国家化の進行する中で政策の総合、総合調整の手段としての予算の重要性を指摘している。また、片岡寛光によれば、大蔵省はその管掌事務として予算編成作業を遂行するかたわら、他の省庁に対して横断的な全政府的総合調整機能を行使していて、調整官庁（大蔵省）と被調整官庁の間には、少なくとも当該問題に関して準ヒエラルキー的関係が発生するという（前掲片岡「総合調整の一般理論に向かって」一〇－一一頁）。

(20)　小島昭は「政治というものが、そもそも、人間の欲求に比して稀少な資源ないし社会的価値の配分をめぐって不可避的に生ずる紛争に起因するものとすれば、予算こそまさに政治の核心であり、それ故に、予算編成をめぐる諸勢力の紛争過程こそ政治学の好個の研究対象でありうるはずである」と断じている（前掲小島「訳者あとがき」二七八頁）。

# 第一章　ロンドン海軍軍縮問題における財政と軍備

## ――海軍補充問題をめぐる政治過程

### はじめに

昭和四年七月二日に成立した浜口雄幸内閣は、同月九日に十大政綱を発表している[1]。八月五日の地方長官会議での首相訓示に明確なように、「政府が時局匡救の対策として最も力を注がむとする所は財政の整理緊縮」であり、「金の輸出解禁を断行するは現内閣の使命とする所」であったため[2]、十大政綱においても財政金融政策が三項目を占めていた。第一次世界大戦後の不況、関東大震災、金融恐慌と困難の続いたあとに政権を担った立憲民政党浜口内閣としては、財政支出を減らし、金利を上げ、消費節約、勤倹貯蓄を訴えて国内経済を引き締め、物価を下げて、多年の懸案であった金本位制に復帰することで経済を安定させることを念願としたのである[3]。

浜口内閣はこのように財政建て直しを内閣の最重要課題としたが、その実現のために不可欠とされたのが軍備の縮小であった。十大政綱の第六、財政の整理緊縮の説明において、「財政の整理を実現するに当り、陸海軍の経費に関しても、国防に支障を来さざる範囲に於て大に整理節約の途を講ずる所あらむとす」とあるように[4]、軍縮は外交面のみならず国家財政の側面からも緊要と位置づけられたのである。このことは、昭和四年末から翌五年にかけて浜口内閣が直面するロンドン海軍軍縮問題については、財政の側面からの考慮を抜きに出来ないことを意味している。

ロンドン海軍軍縮問題を財政面から考える場合、焦点となるのは、海軍補充計画の扱いである。「一九三〇年ロンドン海軍条約」（以下「ロンドン海軍条約」と略記）によって課せられる軍備縮小、制限を補うべく海軍は兵力の補充を強く求めることになるが、それは軍縮の財政面での効果を大きく保つため補充を最小限に抑えようとする内閣との間に、補充計画をめぐる対立を惹起させることになった。

そこで本章では、第一節において、在ロンドンの全権団に回訓が発せられる前後に政府・海軍間の交渉を通して補充問題が浮上してくる経緯を、第二節では、次いで開かれた軍事参議院における補充問題の扱いを、第三節では枢密院審査における枢密院側と政府側の問答を通してこの問題の論点を分析、考察する。そして、それらを通して、条約批准に至る時期において、困難な財政事情の打開と政治的支持調達を軍縮の実施と減税に求める浜口内閣、三大原則実現に至らなかった代償と部内の条約反対派説得の材料を求める海軍、政府・海軍間の不一致を見出そうとする枢密院、これらの集団が補充問題を争点としていく過程を描き出す。

補充問題はこうして昭和五年の政治過程における焦点となっていくが、補充が政策として具体化するには予算に計上されねばならないので、補充によって生じる財政と軍備の関係の問題は、昭和六年度予算編成の問題となる。海軍が条約批准の見返りに求める補充は、浜口内閣がめざす国民負担軽減（減税）と表裏一体になって、実際には予算の問題となって現れるのであった。そこでは政策課題の優先順位が問われるとともに、海軍のセクシヨナリズムへの対処が迫られることになる。

ロンドン海軍軍縮問題に関しては、すでに様々な角度から研究が蓄積されている[5]。その中でこの問題を当時の政治構造変動の契機ととらえ、国内政治諸勢力のこの問題への対応を分析することで各集団の対抗・提携関係を明らかにした伊藤隆の研究[6]は、補充問題が内閣、海軍、陸軍、枢密院といった政治勢力間でどのように扱われたかについても言及している。その研究では軍事参議院参議会に至る過程については、補充に関して首相から言質をとったこと、そこでは財政の制約が問題となっていたことを資料をもとに指摘した上で、補充を条件として回訓を承認するという同院の奉答文が政府、海軍内条約派、同条約反対派に与えた影響を考察するなどある程度詳しい分析が行われている[7]。しかし、回訓前後の補充問題については、海軍側の政府回訓案了承の条件として補充が浮上して、妥協に至る経緯に簡単に触れているだけで[8]、政府側対応の背景や海軍部内での補充覚書形成の経緯については述べられていない。枢密院審査に至っては、審査委員会で補充問題を含む条約批准に関わるあらゆる課題が議論されているにもかかわらず、資料的制約ゆえか審査終盤の伊東巳代治審査委員長の補充計画開示と奉答文提出を求める質問、及びそれへの政府側対応を取り上げているだけである[9]。

このように伊藤の研究においては、条約批准に至る時期の補充問題の分析は十分なものとはいえない。その結果、批准後の予算編成期における補充問題の争点化を描いた部分[10]は些か唐突な印象を否めず、そこで行われている海軍予算をめぐる政府（大蔵省）・海軍間の対立と妥協の構図の指摘も、ここに至る経緯が不分明のために説得力が不足している。

本章では、伊藤の研究を参照しつつも、補充問題に関してその研究が見過ごしていた諸点を描き出して、条約批准に至る時期において補充問題のたどった経緯の再構成を行うことで、この問題がこの時期の政治過程において有した意味を明らかにしたい。結果として、軍備の充実を求める海軍のセクショナリズムを、財政の論理、すなわち予算編成の都合によって抑制し、他の政策課題との調整が図られていく過程が見えてくるはずである。使用資料については、浜口雄幸や海軍大臣財部彪の日記、枢密院審査の議事録、大蔵省や海軍の内部資料など、従来十分利用されていなかった、もしくはその後公表された文書を補充問題の経緯の再構成にあたって活用した。

**註**

(1) 十大政綱の綱目は以下の通りである。一、政治の公明、二、国民精神作興、三、綱紀の粛正、四、対支外交刷新、五、軍備縮小の完成、六、財政の整理緊縮、七、国債総額の逓減、八、金解禁の断行、九、社会政策の確立、一〇、其他の政策(加藤政之助監修『立憲民政党史』原書房、昭和四八年、七六一—七六四頁)。

(2) 「浜口首相の訓示演説」(櫻田会編『総史立憲民政党』資料編、学陽書房、平成元年)七七、七九頁。これに先立つ七月一六日の民政党両院議員評議員連合会での演説でも、浜口は十大政綱中の第六を強調している(浜口雄幸「財界立直しの急務と整理緊縮」『民政』第三巻第八号、昭和四年八月、九頁)。

(3) 井上準之助蔵相による予算編成方針発表後の談話(『東京朝日新聞』昭和四年七月六日)、中村隆英『昭和経済史』岩波書店、昭和六一年、四二—四五頁。

(4) 前掲『立憲民政党史』七六三頁。

(5) 主な先行研究として、外交史の側面からは小林龍夫「海軍軍縮条約(一九二一年—一九三六年)」(日本国際政治学会太平洋戦争原因研究部編『太平洋戦争への道』第一巻満州事変前夜、朝日新聞社、昭和三八年)、麻田貞雄「日本海軍と軍縮(一九二一—三〇年)」(同『両大戦間の日米関係』東京大学出版会、平成五年)、服部龍二「ロンドン海軍軍縮会議と日米関係」(『史学雑誌』第一一一編第七号、平成一五年七月)、倉富勇三郎日記を使って枢密院に焦点を当てた増田知子「政党内閣と枢密院」(近代日本研究会編『年報近代日本研究』第六巻政党内閣の成立と崩壊、山川出版社、昭和五九年)、加藤寛治などいわゆる艦隊派の立場に注目した池田清「ロンドン海軍条約と統帥権問題」（『法学雑誌』第一五巻第二号、昭和四三年一〇月）、兵力量の解釈の相違をもとに対立をとらえた加藤陽子「ロンドン海軍軍縮問題の論理」（近代日本研究会編『年報近代日本研究』第二〇巻宮中・皇室と政治、山川出版社、平成一〇年）、鈴木貫太郎侍従長の行動に着目した池井優・波多野勝「ロンドン海軍軍縮問題と浜口雄幸」（『法学研究』第六三巻第一一号、平成三年一一月）などがある。

（6）伊藤隆『昭和初期政治史研究』東京大学出版会、昭和四四年。

（7）同右一八〇－一八五頁。

（8）同右一〇七－一〇八、一五九－一六〇頁。

（9）同右三四五－三四七頁。

（10）同右一八七－一九二頁。

## 第一節　回訓前後の補充問題

ロンドン海軍条約締結に伴う補充の問題は回訓案をめぐる内閣、海軍間の交渉の中で浮上してくる。以下に回訓案に関する交渉の経緯をたどり、補充問題発生の過程を描き出すことにする。

昭和五年三月一四日付の在ロンドン全権団からの請訓では、米国の提案に基づく案、すなわち、補助艦は対米総括で六割九分七厘五毛、大型巡洋艦は昭和一〇年の次回会議まで対米七割以上（以後順次比率は低下）、潜水艦は五万二七〇〇トンで対米英均勢という案をもって、[1]「新なる事態の発生せざる限り之以上の譲歩を為さしむることは難きもの[2]」として政府に承認を求めていた。

海軍側は三月二二日、堀悌吉海軍省軍務局長が軍令部の意向（「三月一四日全権請訓（第二〇八号電）ニ関スル対策[3]」）を顧慮して同省事務当局の意見として回訓案をまとめた。[4] この「全権請訓ニ対スル回訓案[5]」は二四日の非公式軍事参議官会議で山梨勝之進海軍次官によって披露、説明され、列席者の賛同を得て今後は海軍案として扱われることになっている。[6] 同案のいうところ、請訓案では日本の補助艦対米総括七割、大型巡洋艦対米七割、潜水艦現有量七万八千トン維持という三大原則の「一は略ぼ完全に容認せられたるも尚他の二大眼目に関しては遺憾乍ら我が所望の域を距ること遠」いので簡単には同意を与えられないとして、潜水艦六万五五〇〇トン、補助艦各艦種間の融通などを最終案として折衝することを望むものであった。[7]

海軍は続いて二六日、省部最高幹部を集めて今後海軍の採るべき方針を審議し、「今後ノ方針」を決定しているが、これは全権に対して上述の海軍回訓案によって今一押しすることを求めるものであった。山梨次官が同日浜口首相、幣原喜重郎外相に伝達している。[8]

ところが、二七日加藤寛治海軍軍令部長、岡田啓介軍事参議官が浜口首相を訪問し、海軍の方針を進言したところ、政府としては全権請訓の案をもとに協定を成立させて会議の決裂を防止したい旨の発言が浜口首相からあった。[9] 今一押しした結果「会議を帝国の責任に於て決裂に導くは大局の上より観て不可」であると信じ、「協定を成立せしめさるへからすとの心持を以て回訓案を作成」するというのである。[10] 岡田が同日の日記に記すように「浜口総理の意志明瞭とな」ったわけだが、[11] 浜口のこの決意の背景には、同日この加藤、岡田との会見前に天皇に単独拝謁し、軍縮問題の経過、自己の所信を言上したところ、天皇から世界平和のため早くまとめるようにとの言葉を受け、「自分の決心益々鞏固」としたという事情があった。[12] これに先立つ二五日に山梨次官が浜口首相を訪れ、米国の提案をそのまま受諾することは不可能という海軍の結論を伝えたところ、浜口は「政府としては会議決裂の危険を冒す能はざる決心なること」を明らかにしていたが、[13] 首相のこの決心は天皇の言葉によってさらに確固としたものとなったといえよう。

浜口首相のこの決意を聞いて、岡田は翌二八日、山梨次官に「請訓丸呑の外道なし」と語る。但し、ここで岡田は「米案の兵力量にては配備にも不足を感ずるに付政府に是が補充を約束せしむべし　閣議覚書として之を承認せしめざるべからず」と付け加えている。[14]この考えを岡田は早くから抱いていたようである。同月二〇日、極秘で訪れた幣原外相が全権請訓に従う形での協定締結を訴えたのに対し、岡田は「最後には或は止を得ざるべし」、つまり、大型巡洋艦の対米比率と潜水艦のトン数を多少緩和する方法を講じ、飛行機その他制限外艦艇で国防の不足を補うこととすればやむを得ない、決裂は不可であると感想を書き残している。[15]先行研究がいうように、有利な条約を望めない場合は、会議を決裂させない範囲の条約を結んで、その代わり可能な限りの海軍費を獲得することで加藤寛治ら強硬派をおさえていくという収拾方針を岡田はとったわけである。[16]ここに補充の問題が生ずることになった。彼は補充、すなわち予算の獲得という海軍にとっての利益を材料に、組織としての海軍の一体性を保とうとしたのである。

岡田が山梨次官に語ったところの文書の形で補充を約束させるという方法は、その前日（二七日）、山梨が浜口首相、幣原外相を訪問した結果、海軍の意見は回訓案決定の会議席上で海軍次官より十分に開陳する機会を設ける次第となったことに対応していると考えられる。[17]

二九日岡田は閣議に提出すべき「兵力量補充の覚書」を海軍大臣官邸で協議している。[18]「海軍次官が閣議席上に於て陳述せる所のもの」は三〇日堀軍務局長によって起案されることになるが、堀自身この陳述稿は二七日に浜口が岡田、加藤に示した決意に対する方策として出来上がったものと書き残している。[19]堀はこの陳述中に海軍の主張を述べるだけでは後日にただ海軍の意志が無視されたことのみが残ることを憂慮し、海軍の要求希望の形式で条件を付加する形をとることにしている。この「次官陳述稿」は山梨次官の手で末次信正海軍軍令部次長、さらには加藤軍令部長の閲覧に供され、また浜口首相に届けられた[20]。この「補充覚書は総理外務両大臣の承認を得たり」と山梨次官は岡田に伝えている[21]。翌三一日午前中には「陳述稿中最後の部分を覚書となせるもの」が山梨次官より井上蔵相にも内示され応諾を得ている[22]。蔵相として井上が内諾した理由は、後出の翌四月一日の閣議での彼の発言から推測できる。すなわち海軍予定の建艦費が条約締結による軍縮によって節約できることから、多少の補充費用は容認できるし、加えてこの段階では補充の各項目に金額を計上していないのである。財政をあずかる蔵相としては趣旨として承諾するのはもっともだろう。

ところで、「岡田啓介日記」三〇日の条によれば「此覚書は海軍省軍令部艦政本部協議済のもの」とあるが[23]、艦政本部については、当時の同本部長小林躋造が昭和八年の手記の中で、艦政本部として条約締結の交換条件（航空兵力の増強、制限外艦船の製造、既成艦船の内容改善、兵器の更新など）を文書の形にして二七、二八日頃山梨次官に提出したと書き残している。他の部局から出た同様の希望事項と合わせて海軍としての覚書とし、軍令部長、次長を含む海軍首脳部に諮った上で四月一日の閣議で全閣僚の同意をとりつけたのだという[24]。岡田のいう省部、艦政本部など協議済みというのは、各部局の要求を抱き合わせたということを含んでいるのであろう。海軍あげて予算要求項目をとりまとめたのであった。

他方で三一日には大蔵省が省議を開き、条約案への対応を検討している[25]。同省は「倫敦海軍会議成否ニ依ル財政上ノ負担ニ就テ」という文書を残しているが、大蔵省用箋にタイプ印刷されたこの書類の第一頁には手書きで「昭和五、三、三一、省議、若槻全権回訓に対する大蔵省意見、井上蔵相より浜口首相へ手交」と書き込まれている[26]。これからして大蔵省は回訓案決定の直前、三月三一日に省議を開き、財政上の負担の見地から大蔵省としての態度を決定し浜口首相に報告していることがわかる。

そこでは大蔵省の意見として大略以下のことが記されている。

一、ワシントン会議で取り決めた主力艦代艦の建造延期はロンドン会議の補助艦協定と不可分の問題となっており、ロンドン会議が不調に終われば昭和六年度より主力艦代艦建造に着手せざるを得ない。

二、その場合の建艦計画についてロンドン会議以前の海軍の計画に従えば、昭和五年度から一一年度までに主力艦建造費三億四一〇〇余万円、補助艦建造費四億八二〇〇万円、水陸設備費一九〇〇余万円、航空隊設備費三二〇〇余万円など、合計八億七七〇〇万円の経費がかかる。これに新艦艇の維持費が加わる。

三、これら建艦費、維持費を現在の海軍予算に合算すると巨額となり、将来の海軍経費は毎年四億円以上となる。

四、ロンドン会議決裂後の米国海軍の大拡張に対応して日本が対米七割を維持するには、前記ロンドン会議以前の計画八億七七〇〇万円より更に増加して九億円を超える。

五、このように年々増加する巨額の海軍経費について財政経済上の立場から観察すれば、わが国現今の財政経済状態においては到底堪えるところではない。

六、ロンドン会議での日英米三国協定原案通りに決定すれば主力艦は建造が五ヶ年延期され、大型巡洋艦、潜水艦は現有勢力で足りるゆえに、今後の建艦は軽巡洋艦、駆逐艦合計一億三〇〇〇万円で済む。

七、以上のようにロンドン会議の成否がわが国の財政上に及ぼす関係はきわめて重大である。一は八億七七〇〇万円の巨額に上り、他は一億三〇〇〇万円で足り、その差は実に七億七四〇〇万円である。

ここでは軍縮協定成立の場合の補充にかかる費用が想定されていない点で、楽観的に過ぎるところがあるが、大蔵省としては財政上の見地からロンドン会議が決裂せず、海軍軍縮が続行されることを念願していたということがわかる[27]。

大蔵省の軍縮に対するこうした立場は、三一日の省議以前から明確になっていたと思える。三月二五日、岡田のもとを三土忠造が訪れ、もし決裂となるなら大きな予算が必要となるが、到底金は出せない旨岡田に伝えている[28]。三土は立憲政友会の代議士だが、前の田中義一内閣で大蔵大臣をつとめており、それ以前から大蔵省と関係が深かった[29]。その点でこの三土の岡田への忠告は、政友会の立場を語ったというより、財政通として大蔵省の意向を代弁していると考えてよいのではなかろうか[30]。

なお、上記二で八億七七〇〇万円の根拠として言及されているロンドン会議以前の海軍の計画とは、田中内閣下の昭和三年九月一九日軍令部次長から海軍次官への商議の予報に始まり、同四年三月五日軍令部長から海相に商議が行われ、省部間の協議の結果、同年五月一四日岡田海相から三土蔵相に対し昭和五年度から同一一年度にわたる七ヶ年度継続事業として実現を求めた総額八億七六九九万七三四七円の補充計画案を指す。同計画案はロンドン会議開催の気運が生じたため、同会議の結果を待つことになり、大蔵省との交渉も自然中止となっていた。この計画は、ワシントン条約とそれに伴う国防所要兵力量の第二次改訂（大正一二年）に応じてたてられた補助艦艇補充計画が昭和六年度に完了するのを受けて構想されていた新計画であった。ロンドン会議のため一旦中止となるが、ロンドン海軍条約後の第一次補充計画の基礎となる[31]。

他方、六でいう三国協定成立の場合の建艦費一億三〇〇〇万円については、軽巡洋艦一万九千トンの建造費五七〇〇万円、駆逐艦一万二千トンの建造費四六〇〇万円の合計とされているが[32]、どうしてこの数字となったのか今ひとつはっきりしない。軍縮会議の結果、どれだけの経費を減少させられるかを確定させることは容易ではない。なぜなら「一方に於て軍艦の保有量を制限するも兵力上其の保有量を補足すへき設備を協定による制限外に於て施す場合には他方に於て経費の増加を要す」ることにもなるなど様々な不確定要素があるからである[33]。大蔵省としても、いろいろ試算をして軍縮の効果の判定を試みていくことになる[34]。

ともかく大蔵省からこの報告を受け取った井上蔵相や浜口首相にとって、このような大差は印象的だっただろう。この報告書の趣旨は、以下に見るように軍縮と財政に関する浜口や井上の言説に影響を与えることになる。

政府回訓案は三一日に出来、四月一日の閣議に諮られることになった。一日閣議前に浜口は海軍側の了解をとるため、岡田軍事参議官、加藤軍令部長、山梨次官を招く。浜口は彼らに以下のように縷々説いた。三大原則貫徹や中間案は会議決裂をもたらす危険が高く、そうなると補助艦のみならず主力艦の建造も必要となり昭和六年度より一一年度にわたって主力艦で三億四〇〇〇万円、補助艦で四億八〇〇〇万円、合計八億二〇〇〇万円が必要となって、政府の留保財源では不足することになる。米国との造艦競争が激化すると対米七割維持のためにはさらに一億四五〇〇万円を要する。こうした建艦競争は増税抜きに出来ないが、金解禁後の減税が課題となっているときに増税は全く不可能である。また、英米との関係を考えても会議決裂は英国での外債借換に障害をもたらし、米国での移民問題解決に影響を与える。そうしたことを考慮して全権請訓案を骨子とする政府回訓案を閣議に諮りたいというのである[35]。

浜口内閣として対処を迫られるいくつもの課題の中に海軍軍備の問題は位置づけられていた。そして、内閣成立当初の十大政綱に沿って、軍縮問題が財政事情と密接に結びつけて認識されている。それとともに、前日の大蔵省の報告書の趣旨が浜口の言説に反映されていることがわかるであろう。浜口は複数の政策課題に優先順位をつけることを迫られるのであった。

さて、政府回訓案の了承を求められた岡田は、前日加藤と協議済みの挨拶文に基づいて、政府回訓案を閣議に諮ることはやむを得ない、海軍の主張は従来と変わらない、それを閣議席上で次官から陳述するよう取りはからってほしい、閣議でこの案に決まった以上は海軍としてはこれにて最善の努力をするよう尽力する、という旨答えた[36]。すなわち、海軍としては三大原則をあくまで主張するが、政府回訓案が閣議決定されて条約締結に向かう以上は、やむを得ず補充を条件として従うというものである。

岡田、加藤、山梨の三人は海軍大臣官邸に戻って省部首脳に浜口との会談内容を伝え、政府回訓案を提示して協議の上、三点の修正を求めることにした。その席では次官陳述予定の原稿が三度朗読されているが、異議を唱える者はなかった[37]。先に触れたように、この次官陳述の原稿は海軍各部局の要望を集約する形で堀によって起案され、省部首脳の閲覧を経てここで更に確認を受けている。それゆえ堀の記すように「次官の陳述は海軍全部を代表してなされ」るもの[38]と考えてよいだろう。それは海軍のセクショナリズムの表現でもある。

閣議前に山梨次官から浜口首相、幣原外相に回訓案の修正三点について説明が行われたのち[39]、閣議に入った。冒頭、首相が政府回訓案作成についての方針を説明、次いで幣原外相が従来の経過、回訓案の内容を詳細に説明したのち[40]、山梨次官が海軍側の意見を述べた。三月二七日に承諾を得ている陳述である。

彼が手にしていたはずの原稿は、堀悌吉編の「昭和五年四月一日回訓ニ関スル経緯」に「陳述覚」として収録されている。その前段がこのとき山梨が述べた意見にあたる。そこでは、三大主張のうち大型巡洋艦対米七割と潜水艦現有量維持の二項目が認められないことが国防計画に与える打撃を強調し、回訓案審議の際それらを考慮するよう求めることで、政府回訓案への反対という海軍の原則的立場を改めて示していた[41]。これに対し浜口は、

「海軍として専門的立場よりは次官の只今述べたる意見は尤もなる次第と思ふ」が、「之を政府として採用することは出来ず回訓案通決定したいと思ふ」と述べ[42]、協議の結果、全閣僚一致で政府回訓案を可決している[43]。

浜口の日記「軍縮問題重要日誌」によれば、このあと山梨次官が海軍の内容充実、術力向上などに関して考慮を望む旨の「覚書」を提出、説明を行ったという[44]。前出「陳述覚」の後段がその説明文であろう。それによれば「尚茲に一言附け加へたきは若し此の回訓案が此儘此の席上に於て決定せらるるか如き場合ともならは次の御考慮を煩はしたき一事なり」として、以下に軍備制限協定の成立に伴い国防計画実施上起こり得る困難な諸点を緩和するための対策として、内容の充実と術力の向上の諸項目を列挙している[45]。つまり、山梨次官はまず「陳述覚」前段を陳述して海軍の原則的立場を示したのち、回訓案が決定され、そのあと後段の補充の要求を行ったということである。後段の補充に関する要求とほとんど同文の「覚」が「昭和五年四月一日」の日付入りで「陳述覚」末尾に添付されている。この「覚」が閣議に提出されたのであろう。三月三〇日に浜口首相、幣原外相の、三一日に井上蔵相の同意を得たものである。

山梨次官の補充に関する説明を受けて、井上蔵相は、条約締結で「一九三六年迄の製艦費八億一千万円が一億一千万円程度となる次第にて多大の余裕が出来る訳」だから、海軍の内容充実はもっともであると語り、また、「覚」は細項にわたり項目が多すぎると思うが「金額を計上していない故至極結構で自分は賛成である」旨発言し、他の大臣がこれに和している[46]。ここでも三一日に大蔵省が回訓決定に際してまとめた報告書が影響を与えているのがわかる。すなわち大蔵省はロンドン会議以前に予定されていた海軍の建艦計画費用として八億七七〇〇万円（水陸設備費、航空隊設備費を除く主力艦・補助艦建造費は約八億一〇〇〇万円）、ロンドン会議での三国協定成立の場合の建艦費一億三〇〇〇万円としたが、金額に多少のずれはあっても、井上蔵相はそれらの数字を参考に一日の閣議で発言したのだと考えられる。補充の実際のボリュームが具体化していないこの段階では、協定成立による財政上の負担減を、井上蔵相は非常に大きく想定していたのかもしれない。

浜口首相は最後に、山梨次官陳述の意見は至極もっともであり、内容充実をはかる対策も必要であり、これ以外に名案もないと思うと語り、異議がないかを諸大臣に入念に質した。各大臣は異議なく、首相の求めに応じて覚書に花押を署したのであった。[47]「陳述覚」添付の「覚」が「略式請議覚書」とされ、参列各大臣はそこに花押をしるしたというわけである。[48]浜口自身はその「軍縮問題重要日誌」に「閣議異議なく之を承認して覚書に『サイン』をなしたり」と書き残している。[49]閣議は「山梨次官提出の覚書はその希望の通り之を考慮すべきことを承認し」たのであり、[50]海軍に対する配慮として補充を約束せざるをえなかったのである。[51]これは国民負担の軽減（減税）と補充という二つの政策課題の調整を浜口内閣に迫る事態をのちにもたらすことになる。

この「覚」[52]をもとに内容の充実、術力の向上の要求項目を整理すると以下のようになる。

目的「軍備制限協定の成立に伴ひ国防計画実施上起り得へき困難なる諸点を緩和する」ため

要求内容

一、「内容の充実」

一―一、「現存艦船の勢力の向上及維持」

一―二、「航空兵力の整備」

一―三、「実験研究機関の奨励及充実」

一―四、「防備施設の改善」

一―五、「特種水上艦艇の整備」

一―六、「製艦技術及工作力の維持」
一―七、「失業防止等」
二、「術力の向上」
二―一、「教育施設の改善」
二―二、「各種演習の励行」
二―三、「勤務生活の改善等」

これらにつき「適当なる措置を講するの要あ」り、すなわち「従来艦艇建造費の為に圧迫せられ勝なりし各種経常費、演習費艦船改装費、艦船修理費等に付き充分に考慮すること」を求めているのであった。[53] 建艦費が思うにまかせないなら、それ以外の経費を得て、既存艦船、制限外兵力の有効活用を図ることなどを狙っている。これが「次官陳述稿」作成にあたって海軍内各部局から集約された要求の内実であったわけである。条約締結の代償として、以上のような海軍の補充要求が閣議の承認を受けたことになる。

回訓前後の補充問題について、以上の経緯からわかるのは、次のことであろう。

第一に、補充を条件として政府回訓案を受け入れ、条約締結を了承する路線が、岡田の意向をもとにこの段階での海軍の対応の中心となったが、補充要求の内容は、海軍内各部局の要求をまとめたものであり、それは省部一致しての海軍全体の要求と考えてよいということである。海軍のセクショナリズムは補充のための予算分捕りという形をとることになったのである。

第二に、この補充要求が覚書という形で閣議で了承されたことである。海軍の三大原則の二つを退ける形で浜口内閣は条約締結を急いだわけだが、その代償として内容の充実、術力の向上の諸要求をのんだわけである。なお、政府回訓案の線でまとめる際に浜口が発揮したリーダーシップにも注目したい。三月二七日、四月一日と海軍側の岡田や加藤に会見した際、浜口は内閣の掲げた政綱を実現すべく、決意をもって財政事情を語り、軍縮の必要性を説いているのである。

第三に、財政を担当する立場の井上蔵相は、補充の規模やそれに必要な費用が具体化していないこの段階では、条約締結、軍縮による建艦費の削減の方に関心が向いている。また、大蔵省は回訓決定に際して、財政上の見地からその意見をまとめ、浜口首相に報告しているが、そこでは軍縮が財政負担を大きく減ずることから条約の締結を望むという立場を明確にしている。この立場は浜口の海軍に対する姿勢に反映されたのである。

井上も、その下にある大蔵省も、補充の規模、経費がどれくらいのものになるか、どの程度の財政負担をまねくかという考慮は行っていない。この時点では条約成立による軍縮のもたらす効果の大きさに目を奪われて、のちに海軍が一丸となって実現を求めてくる補充の財政上の負担や国民負担の軽減（減税）との兼ね合い、すなわち政策課題の優先順位の問題には検討が及んでいないのである。先行研究は、浜口内閣が狙った軍縮による財政負担軽減をこの補充問題が圧迫し、昭和六年度予算編成に至る過程で政府をしばしば窮地に追い込むことになるとしている。[54]そこで次に回訓後の補充問題に関する経緯を見ていきたい。

**註**

（1）　堀悌吉編「昭和五年四月一日回訓ニ関スル経緯」（稲葉正夫・小林龍夫・島田俊彦・角田順編『太平洋戦争への道』別巻資料編、朝日新聞社、昭和三八年。以下「回訓ニ関スル経緯」と略記）九－一〇頁、前掲小林「海軍軍縮条約（一九二一年－一九三六年）」六三－六四頁。

(2)前掲「回訓ニ関スル経緯」一二頁。原文カタカナの資料を引用する際にはひらがなに直した。以下の引用資料でも同様である。
(3)同右二〇頁。
(4)堀悌吉「ロンドン会議請訓より回訓までの期間身辺雑録」(小林龍夫・島田俊彦編『現代史資料』第七巻満州事変、みすず書房、昭和三九年。以下「回訓までの期間身辺雑録」と略記)三六頁。
(5)前掲「回訓ニ関スル経緯」一二頁。
(6)同右二四頁、前掲堀「回訓までの期間身辺雑録」三六頁。
(7)前掲「回訓ニ関スル経緯」二三―二四頁。
(8)前掲「回訓ニ関スル経緯」二五―二六頁、前掲堀「回訓までの期間身辺雑録」三七―三八頁。
(9)前掲堀「回訓までの期間身辺雑録」三八頁。浜口は「海軍大臣事務管理たると同時に総理大臣」として答えている。
(10)浜口雄幸「軍縮問題重要日誌」(池井優・波多野勝・黒沢文貴編『浜口雄幸 日記・随感録』みすず書房、平成三年)四四四―四四五頁。
(11)「岡田啓介日記」(前掲『現代史資料』第七巻)六頁。加藤寛治はこの会見について「大に反対意見を述ぶ。岡田も重大なる結果を警告せり」と書き残している(伊藤隆他編『続・現代史資料』第五巻海軍 加藤寛治日記、みすず書房、平成六年(以下『加藤寛治日記』と略記)、九三頁)。
(12)「浜口雄幸日記」(前掲『浜口雄幸 日記・随感録』)三一八頁。
(13)前掲堀「回訓までの期間身辺雑録」三六―三七頁。
(14)前掲「岡田啓介日記」六頁。
(15)同右四頁。
(16)前掲伊藤『昭和初期政治史研究』一四八頁。当時海軍艦政本部長であった小林躋造は、昭和八年の手記においてだが、「此の一見譲歩と見へ《ママ》る転換を好機として従来海軍の内蔵せる欠陥補填の策を講じ、実質上海軍兵力の増大を計る」と岡田より積極的にとらえている（小林躋造「倫敦軍縮会議論」（伊藤隆・野村実編『海軍大将小林躋造覚書』山川出版社、昭和五六年）六六頁）。彼は軍務局長のときに航空兵力不足を聞かされ、その充実に努めたが経費がかかって進まず、艦政本部長としても主力艦改装、兵器更新ほか内容改善の急を説かれて、毎年省内の予算会議に持ち出したが認められるのはわずかであり、海軍の物質的兵力に多くの欠陥を内蔵することは熟知していたと書き残している（同右六五頁）。軍縮会議を口実に海軍予算の維持、増大をはかる動きは、昭和五年度予算編成時にもあったようである。昭和四年八月二八日宇垣一成陸相を訪れた井上蔵相は、軍縮会議の前途の浮動を利用した海軍の駆け引きを非難している（角田順校訂『宇垣一成日記』第一巻、みすず書房、昭和四三年、七二九頁）。宇垣は陸軍の立場から、軍縮問題を利用して補充問題で利を得ようとする海軍の姿勢を自分本位と批判している（同右七六五頁）。

(17) 前掲堀「回訓までの期間身辺雑録」三八頁。

(18) 前掲「岡田啓介日記」七頁。

(19) 堀悌吉「倫敦海軍条約締結経緯」（前掲小林・島田編『現代史資料』第七巻）九一頁。同書所収の小林龍夫・島田俊彦「資料解説」一四頁は堀の本資料の執筆を昭和五年末と推定している。

(20) 前掲堀「回訓までの期間身辺雑録」三八―三九頁。堀によれば次官陳述稿を見た末次次長は山梨次官に対して、「政府があれを承諾することならば予てより考えて居る軍令部組織を始め演習出師準備等に亘る諸懸案が実現出来ることになる　ホントに有難い」と語ったという（同右三九頁）。

(21) 前掲「岡田啓介日記」七頁。

(22) 前掲堀「回訓までの期間身辺雑録」三九頁、前掲「岡田啓介日記」七頁。

(23) 前掲「岡田啓介日記」七頁。

(24) 前掲小林「倫敦軍縮会議論」六七頁。小林の考えは、条約締結如何に関わらず兵力の欠陥は生ずるのだから、締結に踏み切って海軍の威信を保ちつつ補充案を立て、条約兵力量では規定作戦計画遂行に兵力の不足が生ずるも補充で威力を失しないことを国民に強調すれば、海軍の原主張は知れ渡っているので兵力量不足も容易に納得せられて政府、議会の承認を得やすいというものであった（同右六五―六六頁）。

(25)　この段階の大蔵省に関して、伊藤隆は当時主計局所属の大蔵事務官であり、全権団随員として軍縮会議に参加していた賀屋興宣の回顧談をもとに大蔵省の海軍に対する批判を論じ、また、回訓決定、批准には大蔵大臣はほとんど関与せず、省としての態度決定の会議も開かれなかったという当時の同省主税局長青木得三の昭和四〇年の談話を註に引用している（前掲伊藤『昭和初期政治史研究』一四一―一四四頁）。確かに賀屋は海軍予算に詳しかったが（迫水久常口述「官界二十年の回顧」（大蔵省大臣官房調査企画課編『聞書戦時財政金融史』大蔵財務協会、昭和五三年、口述は昭和二六、二七年）四三四頁。迫水はロンドン会議当時、大蔵省財務書記としてロンドンに駐在、全権団随員としてやって来た賀屋の下で仕事をしている）、当時まだ課長になるかならないかの地位にあったにすぎず、大蔵省の立場を彼の言説に代表させるわけにはいかないのは伊藤も指摘している通りである。なお、前掲麻田「日本海軍と軍縮」一八一頁は、全権選考に関係して加藤寛治は、「頭脳力で知られる若槻の補佐役に賀屋興宣（大蔵省主計課長）がつけば、とうてい財部では太刀打ちできないと懸念した」としている。但し当時の大蔵省に「主計課長」というポストは存在しない。賀屋は全権団派遣の時点では、大蔵事務官、大蔵大臣秘書官事務取扱であり（大蔵省百年史編集室編『大蔵省人名録』大蔵財務協会、昭和四八年、四四頁）、ロンドン会議終盤の昭和五年三月一〇日付で大蔵省司計課長になっている（同『大蔵省百年史』別巻、大蔵財務協会、昭和四四年、七一頁）。ここでは大蔵省内部資料（大蔵省財政史室編「昭和財政史資料　震災から準戦時財政まで」日本マイクロ写真、昭和五九年。以下「昭和財政史資料」と略記）をもとに回訓決定前後の大蔵省の動向を分析する。

(26)　「倫敦海軍会議成否ニ依ル財政上ノ負担ニ就テ」（前掲「昭和財政史資料」五―一七〇―Ａ―四）。

(27)　小林躋造は前掲「倫敦軍縮会議論」の「第二篇倫敦会議無かりせば」でロンドン会議がなかった場合、決裂した場合の製艦費の増加を論じているが（前掲『海軍大将小林躋造覚書』三六―四〇頁）、そこに出てくる数字は多少違え、論理の展開はここでの大蔵省のそれと同じといっていいだろう。また、岡部長景内大臣秘書官長は、昭和五年四月一日吉田茂外務次官から聞いた話として次のように書き残している。三月三〇日に回訓案について開かれた外務・海軍両省と軍令部の会議で、永井柳太郎外務政務次官は、「大蔵省側にて内密に調べたる所によれば」として会議決裂の場合と成立の場合の財政負担の相違に関して、金額に多少の相違はあるが本文引用の大蔵省資料と同様の考え方を説いている。その際、小林艦政本部長は永井の説は大いに傾聴に値すると述べている（尚友倶楽部編『岡部長景日記』柏書房、平成五年、三二八—三二九頁）。大蔵省の調査を同省の省議決定前に外務政務次官が引用しているということは、大蔵省が海軍軍縮問題については、外務省側に立っていることを意味するのだろう。

(28) 前掲「岡田啓介日記」五頁。

(29) 本書第二章参照。

(30) 回訓、条約調印を間にはさんでいるので単純に比較はできないかもしれないが、五月一二日同じく岡田を訪問した政友会の山本悌二郎は、批准しないのならば補充費に莫大な金額が必要となる、その費用を得ることができないならなぜ批准しないのか訳のわからないことになると述べた岡田に対し、「経費の点は君等憂るなかれ　いくらでも出す途あり」と語っていて（前掲「岡田啓介日記」一三頁）、批准できずに浜口内閣が倒れ、政友会内閣となったら海軍に多額の経費を支出することを示唆している（前掲伊藤『昭和初期政治史研究』二四六頁）。三土の言とは対照的である。

(31) 海軍大臣官房編『海軍軍備沿革』巌南堂書店、昭和四五年復刻、四二六—四八二頁、防衛庁防衛研修所戦史室編『戦史叢書海軍軍戦備（一）』朝雲新聞社、昭和四四年、三六三—三六四頁。前掲増田「政党内閣と枢密院」は一六三頁で、「海軍は会議に参加するにあたって総額八億七千万円という新計画（昭和五～一一年）の承認を求めた」ということを『海軍軍備沿革』四三〇頁を典拠に述べているが、厳密には、海軍軍縮会議開催の気運が生じたため、同計画の「進行は暫く之を差控ゆることとし、大蔵省に対する交渉も自然中止の姿と為」っていた（同書四二九頁）のであり、八億七六九九万七三四七円の補充計画とは、ロンドン「会議に参加するにあたって」のものでなく、ワシントン海軍軍縮条約の規定に従っての主力艦代艦建造と現勢力維持を前提とした補助艦補充のため、昭和三年ころから構想され、昭和四年五月一四日、田中内閣岡田海相の下で提議されていたもの（前掲『戦史叢書海軍軍戦備（一）』三六三—三六四、四一五—四一六頁）というべきであろう。

(32) 前掲「倫敦海軍会議成否ニ依ル財政上ノ負担ニ就テ」（前掲「昭和財政史資料」五—一七〇—A—四）。

(33)「今回ノ協定ニヨル経費減少額ノ概算」（前掲「昭和財政史資料」五－一七〇－A－八）。この文書は後出A－五、A－六と別の筆跡であり、起案者・部局の記入がなく日付も不明だが、内容や前後の収録文書からして昭和五年四月、条約調印前後のものと思われる。なお、そこでは軍縮会議の成果による経費減少の計算が困難な理由として、ほかに以下のことを列挙している。一、軍縮協定成立の場合、これを協定不成立の場合の将来必要となる経費に比較して減少すべき金額、財政計画上生ずる余裕額、海軍予算額の増減の三者は全く別個の事実である。二、いかなる程度の経費が軍縮会議がなかったならば将来必要となるか極めて不明である。三、軍艦の建造費及び維持費は国によって相違あるのみならず、同一国家でも時期によって相違がある。四、軍艦の建造費及び維持費、すなわち軍艦に関する直接費ともいうべき経費以外に各種陸上設備など間接的の経費増減の計算はすこぶる困難である。五、特に今回の会議では補助艦の協定保有量に到達するまでには六ヶ年余を要し、経費減少の程度も年毎に同一でない。

(34) 四月二二日の条約調印を控えた同月一七日、大蔵省主計局は「ロンドン協定案ノ我カ財政ニ及ホス影響」（前掲「昭和財政史資料」五－一七〇－A－五。表紙に「未定稿、主計局立案」と書き込まれ、「昭和五、四、一七」の日付の入った謄写版の文書である）及び「倫敦三国協定カ我財政ニ及ス効果ニ就テ（別案）」（同右五－一七〇－A－六。こちらには「主計局立案」との書き込みはないが、謄写版でA－五と同じ筆跡であり「昭和五、四、一七」と日付が入っている）という文書をまとめている。前者では、ロンドン海軍条約がわが国財政に及ぼす効果について至急調査するよう若槻全権から命じられた賀屋が、その計算方法について指揮を仰いできたと前書きしている。その上で若槻の意見に基づいて、昭和六年度末補助艦現有勢力維持に要する代艦建造費平均年額一億三九〇万円、ロンドンでの三国協定による補助艦保有トン数維持に要する代艦建造費平均年額七五八〇万円として（表１、表２参照）、協定の結果補助艦建造費においてその差額二八〇〇万円を毎年節約しうると記している。加えて、主力艦については協定で代艦建造着手の時期を五年間延期できるとすれば、昭和六年度以降八ヶ年間に主力艦五隻分四億二五〇〇万円の節約となると計算している。昭和六年度末時点での現有勢力維持を基準にした計算である。

　後者の「別案」は、前者で述べた若槻の意見による計算方法は仮定に基づいて計算した想像上の数字を根拠とするもので現実に立脚していないとして、ロンドン会議開催前昭和四年五月海軍省において立案した艦艇補充計画に要する経費と三国協定による昭和一一年までの代艦建造に要する経費を比較すべきとしている。それによると昭和四年五月の補充計画中、補助艦建造に要する経費が四億四九七四万円なのに対し、三国協定による代艦建造に要する経費は三億一四九八万円となって（表3参照）、協定成立により補助艦建造費において昭和五年度以降一一年度までにその差額一億三四七六万円が節約できると計算している。加えて主力艦に関しては、昭和四年五月の計画が計上している昭和一一年度までの主力艦製造費、水陸整備費計三億五九六八万円が三国協定の結果である主力艦建造着手の昭和一一年

**表1**　「昭和六年度末補助艦現有勢力維持ニ要スル代艦建造費平均年額」

| 艦種 | 昭和6年度末<br>現有勢力(噸) | 艦齢<br>(年) | 1年当平均<br>建造量(噸) | 噸当単価<br>(円) | 1年度当代艦<br>建造費(円) |
|---|---|---|---|---|---|
| 8吋砲巡洋艦 | 108,400 | 16 | 6,775 | 2,750 | 18,631,250 |
| 6吋砲巡洋艦 | 98,415 | 16 | 6,151 | 3,000 | 18,453,000 |
| 駆逐艦 | 132,495 | 14 | 9,464 | 4,000 | 37,856,000 |
| 潜水艦 | 78,497 | 13 | 6,038 | 4,800 | 28,982,400 |
| 計 | 417,807 | | | | 103,922,650 |

（出典：大蔵省「ロンドン協定案ノ我カ財政ニ及ホス影響」）

**表2**　「三国協定ニヨル保有噸数維持ニ要スル代艦建造費平均年額」

| 艦種 | 保有制限量<br>(噸) | 艦齢<br>(年) | 1年当<br>建造量(噸) | 噸当単価<br>(円) | 1年度当代艦<br>建造費(円) |
|---|---|---|---|---|---|
| 8吋砲巡洋艦 | 108,400 | 20 | 5,420 | 2,750 | 14,905,000 |
| 6吋砲巡洋艦 | 100,450 | 20 | 5,023 | 3,000 | 15,069,000 |
| 駆逐艦 | 105,500 | 16 | 6,594 | 4,000 | 26,376,000 |
| 潜水艦 | 52,700 | 13 | 4,054 | 4,800 | 19,459,200 |
| 計 | 367,050 | | 21,091 | | 75,809,200 |

（出典：大蔵省「ロンドン協定案ノ我カ財政ニ及ホス影響」）

**表3**　「倫敦三国協定ニヨル代艦建造ニ要スル経費」

| 艦種 | 代艦建造噸数(噸) | 噸当単価(円) | 代艦建造費(円) |
|---|---|---|---|
| 6吋砲巡洋艦 | 50,955 | 3,000 | 152,865,000 |
| 駆逐艦 | 26,130 | 4,000 | 104,520,000 |
| 潜水艦 | 12,000 | 4,800 | 57,600,000 |
| 計 | 89,085 | | 314,985,000 |

（出典：大蔵省「倫敦三国協定カ我財政ニ及ス効果ニ就テ(別案)」）

までの延期によって一〇年度まで不要となる。従って合計四億九四四四万円が三国協定の結果として昭和五年度以降一一年度までの七年間に節約しうると結論している。昭和四年五月補充計画を基準にした計算である。

　ほかにも「倫敦海軍会議ノ海軍々備縮少ニ関スル効果概要」（前掲「昭和財政史資料」五－一七〇－Ａ－七。前掲「今回ノ協定ニヨル経費減少額ノ概算」（五－一七〇－Ａ－八）と同じ筆跡であり、内容的に相互に関連していることから同じく昭和五年四月のものと思われる）では「倫敦海軍会議は日英米三国に関しては海軍兵力を構成する総ての艦船に対して其の制限を規定し大体に於て将来世界の補助艦建造競争を防止し得たるのみならす更に当分の間華府条約に依る主力艦建造の重荷を免かれしめ進て将来に於ける主力艦縮少《ママ》の可能性を増進し其の軍備縮少《ママ》に関する効果頗る大なるものあり」として、主力艦、補助艦の建造量縮小を試算している。軍縮の見通しについては楽観的で、たとえば主力艦建造延期量を試算したあと「今回の会議に依り醸成せられし軍縮的雰囲気より将来を推測すれは世界は一九三七年以後に於ても巨大なる主力艦の建造を再ひ見る能はさるへく一九三五年の会議に於て再度の建造延期を見るか或は大なる程度の縮少《ママ》を期待し得へく前記の数字は単純なる延期にあらすして其の大部分は結局に於て縮少《ママ》に終るへき希望を嘱し得ると云ふも敢て過言にあらさるへし」と記している。また前掲「今回ノ協定ニヨル経費減少額ノ概算」（五－一七〇－Ａ－八）では、建造費、維持費の減少額を試算している。このように、大蔵省としては条約締結の効果を計算し、今後の財政に及ぼす影響を皮算用しているのであった。その見通しはかなり楽観的である。この段階では政府が海軍に約束した補充がどれぐらいの財政負担をもたらすかに考慮は至っていない。しかし、このあと補充計画が具体化していく中で、政府の海軍に対する補充の約束が、軍縮条約成立による単純な財政負担軽減の予想を覆していくことになる。

(35)　前掲「回訓ニ関スル経緯」四三－四四頁。この会見には浜口は海相事務管理として臨んだと思われる（同右三七、四二頁）。

(36)　前掲「岡田啓介日記」七－八頁、前掲浜口「軍縮問題重要日誌」四四五－四四六頁、前掲堀「回訓までの期間身辺雑録」三九頁。加藤はこの会見について「軍令部は国防用兵の責任者として米提案を骨子とする数字は計画上同意し難き旨明言す。予より先に岡田は第一に答えたり。書物にて。故に予の反対は留を刺す。岡田は海軍の態度に付依然一貫の旨を告ぐ」と記している（前掲『加藤寛治日記』九四頁）。
(37) 前掲「回訓ニ関スル経緯」三八頁、前掲堀「倫敦海軍条約締結経緯」九一頁、前掲「岡田啓介日記」八頁。
(38) 前掲堀「倫敦海軍条約締結経緯」九一頁。
(39) 海軍側が示した三ケ条の修正希望は前掲「回訓ニ関スル経緯」三八頁に見えるが、「何れも些細の点なり。一点は外務大臣の説明より諒解し、次官之を撤回せり。他の二点は当方に於て即座に之を承認」した（前掲浜口「軍縮問題重要日誌」四四六頁）。
(40) 前掲浜口「軍縮問題重要日誌」四四七頁。
(41) 前掲「回訓ニ関スル経緯」三八－三九頁。
(42) 同右四〇頁。
(43) 前掲浜口「軍縮問題重要日誌」四四七頁。
(44) 同右。
(45) 前掲「回訓ニ関スル経緯」三九頁。
(46) 同右四六頁。
(47) 同右。
(48) 同右三八頁。
(49) 前掲浜口「軍縮問題重要日誌」四四七頁。
(50) 前掲堀「回訓までの期間身辺雑録」三九－四〇頁。
(51) 前掲伊藤『昭和初期政治史研究』一〇七頁。
(52) 前掲「回訓ニ関スル経緯」三九頁。
(53) 同右。
(54) 前掲伊藤『昭和初期政治史研究』一〇八頁。

## 第二節　軍事参議院における補充問題

海軍軍縮問題は四月一日の回訓、二二日の条約調印を受けて、軍事参議院への諮詢と同院参議会の意見の上奏を経ること、そして補充計画を具体化することが次の課題となる。本節では、軍事参議院参議会開催への過程で補充が条約批准への海軍部内合意取り付けの鍵となっていくことを確認するとともに、補充に対する財政の制約をめぐっての政府・海軍間のやりとりや、条約成立後に備えて海軍部内で始まる予算獲得のための補充計画立案について検討する。

五月二三日、岡田は訪れた久原房之助に今回の条約でも政府が補充を行えば国防不安とは言えず、政府において相当の補充を考慮すれば国防は維持できると語っている[1]。補充が焦点となるのであった。そしてその岡田は、六月七日、辞職を急ぐ加藤軍令部長に補充案が出来たあとにすればどうかと問うているが、加藤は「補充案は既に出来居れり　軍令部は最悪の場合を予想して用意しあり」と答えている[2]。軍令部で補充計画案の作成が進んでいたのである。このあと同月一〇日の加藤の単独上奏、辞表奉呈、一三日の軍令部長交代があり、新軍令部長谷口尚真が一八日、ロンドン海軍条約に伴う海軍主要兵力整備、内容充実計画に関し、今後の方針を財部海相に口頭商議している[3]。財部の日記によるならば「条約兵力を基とし航空兵力等を以て国防の目的を達し得べしとの方針決定の事」などを相談したのである[4]。

具体的には六月二七日に、まず永野修身軍令部次長から小林躋造海軍次官宛に「艦船建造補充及航空兵力増勢ニ関スル件依命申進」（海令機密第一一五号）が提出されている[5]。そこでは、ロンドン海軍条約成立の暁には同条約に則り艦船の補充整備を行う必要があるとともに航空兵力増勢の必要があるので、昭和四年三月五日付で当時の加藤軍令部長から田中義一内閣岡田海相にあてて商議された艦船補充計画（第一節でも言及したように、ロンドン会議開催の気運が生じたため、同計画の進行は会議の結果を待つことになり、大蔵省との交渉も自然中止となっていた）を取りやめ、目下軍令部で新たに計画中の艦船建造補充計画及び航空兵力増勢計画を提案、商議する予定であるとしている。そして、昭和六年度着手、一一年度末完成の艦船建造補充計画案として、ロンドン海軍条約規定の保有兵力量の全幅を活用し、制限外艦船の充実をはかる建艦計画及び航空隊二八隊増設の航空兵力充実増勢計画を内案として提案している。

他方で同じ六月二七日付で谷口軍令部長から財部海相宛に「倫敦海軍条約成立後ノ内容充実ニ関スル件商議」（海令機密第一一六号）が行われている。[6] そこでは、今回のロンドン海軍条約成立の際には、大正一二年裁定の帝国国防方針に基づく作戦計画に影響が及び、国防上困難を招くおそれがあるので、その対策として艦船建造、航空兵力増勢、防備兵器及び機関の整備などと相まって重要な内容充実の諸事項を挙げ、その実現を現下最大の急務であるとして要望している。

海令第一一五号で艦船、航空兵力の増強、同一一六号で内容充実と、補充の手続を二つに分けて始めていることが上記二つの同日付書類からわかる。[7] 四月一日の回訓案閣議決定の際、当時の山梨海軍次官が軍縮条約締結に伴って生じる国防計画上の困難緩和のため、覚書として提出して閣議の了承を得ていた海軍の補充要求がより具体化されたものといえる。

この六月二七日に岡田は谷口軍令部長から聞いた話として、軍令部ではすでに兵力補充案が出来ており、それは加藤軍令部長の時の案と同一であること、ロンドン条約には不満足だが政府が補充を行えば国防を全うできることを谷口が東郷平八郎元帥、伏見宮博恭王大将に説明したことを記しているが[8]、ここでいう軍令部の兵力補充案とは、上に記した同日付けの海相宛と次官宛の二つの提案を指しているのであろう。そして、それは六月一三日の軍令部長交代以前に加藤の下で用意してあった補充案を受けついでいるという意味であろう。この頃課題となっていた軍事参議院での条約反対派（東郷、伏見宮、加藤）の説得において、十分な補充を行うことが重要な材料となっていたのである[9]。もっとも東郷は、巡洋艦七割未満の条約は不可であり批准に反対するので補充案など不要と頑なであった[10]。谷口は七月二日再度東郷説得を試みるが結果は同じであった[11]。

こうして反対派説得が難航したため、谷口は加藤との妥協しかないとして七月三日に加藤と会談するが、財部の海相辞職を条件として持ち出され、岡田に相談している[12]。翌四日には、岡田は加藤が求めてきた財部海相の辞任について、条約批准後の辞任を財部に勧告するということを受け入れ、それと引き換えに、政府が誠意をもって補充するならば国防は維持できるということを加藤に同意させ、加藤から東郷を説得させるという妥協を行っている[13]。補充が海軍部内の合意とりつけのための材料となったのである。

これを受けて加藤は七月六日午前に東郷を訪れたが、東郷は財部の早期辞職を求め、政府が補充を約束してもあてにならない、補充のことは今聞くに及ばずと強硬な姿勢をくずさなかった[14]。同日夕方財部も東郷に面会して批准後の辞職を語るとともに、「兵力量は実際は余り二十五六年に心配にならず又其他の考案あり御批准は有之然るへし」と話して、軍縮条約期限満了の昭和一一、一二年の兵力量に問題はない、補充（「其他の考案」）もあるので条約は批准されるべきと説得している[15]。東郷は頑なな態度をなかなか改めなかったが[16]、七月一五日には訪れた加藤から、奉答文冒頭に国防上欠陥ありと記すことになったことを知らされて、補充案の内容を聞こうとするまでに軟化している[17]。東郷も補充の必要を認めるに至ったのである。予算獲得の重要性は、海軍という組織をひとつにまとめる働きをしたことになる。

ところで七月八日には、財部海相から谷口軍令部長宛に「倫敦海軍条約成立後ノ内容充実ニ関スル件回答」（官房機密第六〇九号ノ二）が発せられている。そこでは内容充実に関する六月二七日付商議（上記海令機密第一一六号）の趣旨を了承し、内容の充実整備に関して「諸般の情勢特に財政関係を考慮し其の許す範囲に於て」なるべく速やかに実行を図ると答えている。[18] 軍令部側からの二つの提案のうちのひとつに答えるという形で、財政事情の考慮を抜きには出来ないことを強調しようという意図がうかがえる。海相・海軍省側には補充は財政の許す範囲で行うという考慮が働いていたのである。

七月二一日に開催された非公式軍事参議官会議には東郷、伏見宮、財部、岡田、加藤、谷口が出席、谷口軍令部長が補充案、奉答文案を説明、財部海相の一応の説明のあと、岡田も補充によって国防は維持できる、政府は補充を行うと信ずる旨発言した。しかし伏見宮から政府としてこの補充案を実現できる見込みを尋ねられた財部海相は、「夫は政府財政の都合によりますので海軍でこれ丈入用なりと云ても財政の状況により全部実現すると は申上兼る」と答えると、そのような頼りないものでは不可である、首相から直接言質をとろうという議論が加藤などからなされた。財部は現時点で天皇の下問もないうちに首相が直接この問題で言明することはできない、自分は自己の責任で首相の腹を探ってみると話した。結局、谷口が本日の会議はここで中止し、誠意をもって欠陥補充を行う意が政府にあるや否やを確かめることを海相に求め、明日もう一度集まるということで散会となっている。[19]

補充を条件に条約批准への合意を東郷、伏見宮からとりつけようというところまで漕ぎつけたが、今度は補充の規模如何が問われることになったのである。海相は補充には財政上の制約が免れないということを軍事参議官会議の場でも明言した。財部としては緊縮財政を唱える浜口内閣の一員として、先の七月八日の軍令部長宛回答にもあったように補充も財政の許す範囲となるという考慮が依然働いていたということである。いくつもの政策課題に、限られた財源をもって対処しなければならない内閣の海相としては、海軍のセクショナリズムばかり主張するわけにはいかなかったのだろう。

しかしながら、補充の実現を条件に批准反対を抑えて海軍部内の統一を何とか保とうとしていた岡田にとっては財部の答弁は不満のほかなく、会議後、財部に向かって、あのような答弁では困る、「此補充案は海軍として是非とも為さざれば国防安全ならず　故に必ずやると云ふ信念を言明され度」と強い口調で勧告している。[20]小林海軍次官も会議後、伏見宮の質問に海相は、「自分は軍令部長と共に全責任を負ってその兵力の欠陥の補充は政府に充分やらせる確信があるから、どうか御安心願ひたい」と答えればそれで済んだのに、財部は非常に固くなっていると原田熊雄に不満を語っている。[21]但し補充の内実については、六月二七日付け軍令部からの二つの提案に見るように項目は明らかになりつつあったが、予算上どれだけの金額をどのように配分するのかは依然未定のままである。財部としては、内閣の一員として、また軍政をあずかる海相として、財政の制約を言明せざるをえないし、予算編成次第であるという原則論を強調せざるをえなかったのだろう。[22]実際、五月の帰朝以降、財部は五月三一日、六月三日、同二七日と相次いで井上蔵相の訪問を受け、財政の窮状を聞かされている。[23]他方で回訓前後以来、「兵力の欠陥をうたって補充条件をつける現実路線[24]」をとっている岡田としては、軍事参議官会議での反対派説得のために、補充についての強い意志表示を海相に求めたのである。その岡田に頼る浜口内閣にとっては「条約の批准と海軍の補充費という二重の難関を突破しなければならな」くなる。[25]予算の配分を伴う政策課題の間で調整を迫られるのであった。

七月二一日夜、首相官邸に浜口総理、財部海軍、幣原外務、江木翼鉄道、安達謙蔵内務の各大臣が集まり、同日の非公式軍事参議官会議の経過を聞くとともに、翌日の会議で首相の腹として答えるべき内容を協議した[26]。その結果、財部海相は次の通り陳述することとなる。

国防方針に基く作戦計画を維持遂行する為に兵力に欠陥ある場合之が補填を為すに付ては海軍大臣としては軍令部長と十分の協議を遂げ最善の努力を以て之が実現を期すべきは申す迄もありません。猶総理大臣に就き此の事に関し其の肚を聞きたるに「軍事当局に於て研究の結果右兵力に補填を要するものありと云ふことであれば政府としては財政其の他の事情の許す範囲に於て最善を尽し誠意を以て之が実現に努力する考なり」と確めたのであります[27]。

前段は岡田や小林の意に沿った形になっているが、後段ではあくまで政府としては財政の許す範囲で補充は行うということを譲っていない。翌朝原田に向かって浜口も「財政及び一般の事情の許す範囲において、という条件付で、海軍大臣をして答弁させる」と語っている[28]。浜口内閣としては、補充の必要は承知しつつも他方で財政の窮状を何とか打開したいという気持ちも働いていて、これで海軍側を説得できると踏んだのであろう。

しかし、二二日、非公式軍事参議官会議開会前に財部海相より答弁書を見せられた岡田は、「財政其の他の事情の許す範囲に於て」という文句を削除させる。奉答文の可決を最優先すべきときに財政の許す範囲においてと入れると財政の許さない場合はどうするかと反問が出て、立ち行かなくなると岡田は考えたのである[29]。財部は自らの責任で「財政其の他の事情を緩急按配し」に改め、このあと始まった会議で彼は、その改訂された答弁書にそって首相の意図を説明した[30]。字句の改訂については同日午後浜口の追認を得ている[31]。岡田に押しきられた形である。但し二一日夜の五相会議で財部海相答弁案が協議された際には、「財政其の他の事情の許す範囲に於て」の箇所を「緩急を按配し」とすることも検討されたようである[32]。それからすると浜口としては、表現を変えても財政事情の許す範囲で行うという趣旨は変わらないと考えていたとも想像できる。

非公式軍事参議官会議では東郷が奉答文案について、兵力量に欠陥ありで止め、それでも批准あったなら補充はそのとき審議すればよいのではないか、この補充案はなお研究を要するのではないかと述べたが、岡田が、この補充案は加藤軍令部長の時の立案で検討を重ねたものである、また欠陥ありのみで補充案を上奏しないなら軍部として職責を尽くさないものとなる旨力説し、谷口、加藤が和したので、東郷、伏見宮も異議なしとして奉答文案は可決された[33]。同日谷口軍令部長が天皇に軍事参議院への諮詢を奏請、その結果翌二三日に宮中で開かれた正式の軍事参議院参議会（海軍のみ）でも満場一致で奉答文案が可決されている[34]。

奉答文の内容は大要以下の通りである。

ロンドン海軍条約の協定によれば、大正一二年裁定の国防方針に基づく海軍作戦計画の維持遂行に兵力の欠陥を生ずるとして、今次条約が成立となるならその欠陥を最小にとどめるため昭和一一年末迄に次の対策を講ずるべきである。

一―一、「協定保有量の充分なる活用」
一―二、「現存艦船の勢力の向上及維持」
一―三、「制限外艦船の充実」
二、「作戦計画の維持遂行に必要なる航空兵力の整備充実」
三―一、「防備施設の改善」
三―二、「実験研究機関の充実」

三—三、「教育施設の改善」
三—四、「各種演習の励行」
三—五、「其の他人員器材、水陸設備、出師準備の充実改善」
以上の対策を講ずる場合は、当面の情勢にあって条約の拘束により生じる影響を緩和し、国防用兵上ほぼ支障無きを得るものと認める。[35]

先行研究はこの奉答文をもって、前段に兵力の欠陥を生ずると入れて強硬派をなだめ、しかし後段で補充対策を講ずればば国防用兵上ほぼ支障無きを得るものと認めると述べて前段の欠陥を打ち消し、全体として条約を肯定したものであるとしている。[36]あるいは「軍事参議官会議は一方で国防上欠陥ありとし、他方で補充を要求するという政府・海軍強硬派の両方が満足しかつ不満足であるという曖昧な決定をし」たとしている。[37]とりわけ補充についていては、強硬派にとっても補充をかなり明白な形でとりつけ、しかも海相を通して首相から補充に関する言質もとったという利点があったことともに、一方で政府がこの補充を約することで後に財政上の問題として苦境に立つのに対し、他方で岡田ら海軍主流（条約派）にとっては、内閣に対して収拾したという点で大きな恩を売りつつ、軍縮を財政的にはほとんど軍縮たらしめなかったことはマイナスではなかったということを指摘している。[38]つまり条約反対派、条約派ともに補充は海軍の充実拡大をもたらすものとして歓迎しているというわけである。組織の維持、拡大に結びつく予算獲得という目的の前では、両派の利害は一致し海軍という組織の一体性は保たれたということだろう。一方、政府にとっては、補充への対処がますます重要なものとなる。この段階ではまだ金額が俎上にのぼっていないが、財政状況を考えれば補充の要求に対する財政上の制約は当然予想できるのであった。[39]

上記七月二三日の奉答文の補充項目を、四月一日回訓案が閣議決定されたあとで当時の山梨次官が提出して閣僚の了承を得た内容の充実と術力の向上に関する覚書の要求内容（第一節参照）と比較すると、

一、両者ともに同じ字句で表現されている事項

「現存艦船の勢力の向上及維持」

「防備施設の改善」

「教育施設の改善」

「各種演習の励行」

二、字句は多少異なるが同じ内容を指している事項（四月一日―七月二三日）

「航空兵力の整備」―「作戦計画の維持遂行に必要なる航空兵力の整備充実」

「実験研究機関の奨励及充実」―「実験研究機関の充実」

三、その他の事項

四月一日

「特種水上艦艇の整備」

「製艦技術及工作力の維持」

「失業防止等」

「勤務生活の改善等」

七月二三日

「協定保有量の充分なる活用」

「制限外艦船の充実」

「其の他人員器材、水陸設備、出師準備の充実改善」

同じ字句、内容のものが多いのがわかる。三のその他の事項についても、「特種水上艦艇の整備」は「制限外艦船の充実」に含まれ、「製艦技術及工作力の維持」、「失業防止等」、「勤務生活の改善等」は「其の他人員器材、水陸設備、出師準備の充実改善」に包括されると考えられる。奉答文の「協定保有量の充分なる活用」は条約調印を経て協定の内容が明確となったゆえの文言であろう。かくして回訓案決定の際の補充要求と軍事参議官会議奉答文の補充要求はほぼ同じ内容とみなしてよいといえる。

第一節で見たように、回訓案決定段階での補充要求は海軍各部局の要望を総合したものであり、回訓当時の軍令部をはじめ、条約反対派の同意も得ていたが、軍事参議院の奉答文で同趣旨の文言が繰り返され、それが可決されているのである。また、奉答文の補充要求には、六月二七日に相次いで出された軍令部から海軍省宛の提案で要求された内容の充実や艦船建造補充と航空兵力増勢、とりわけロンドン海軍条約規定の保有兵力量の全幅活用や制限外艦船の充実といった事項が取り込まれている。これらのことは、奉答文に述べられている補充の要求が海軍の総意であることを物語っている。そして奉答文は、四月一日回訓案決定の閣議で補充について閣僚の了承を得たこととともに、爾後海軍が補充計画遂行を求める際の論拠となっていくのである[40]。

七月二三日軍事参議院議長東郷元帥から天皇に奉答文が捧呈され、次いで谷口軍令部長から、奉答文を首相に閲覧させるよう上奏があった。同日天皇の命により奈良武次侍従武官長が浜口首相を訪問、奉答文の嘉納を伝え、その奉答に対して下問があったとして首相に奉答文を閲覧させている[41]。浜口は二五日の閣議で奉答文に対する敷奏文案を提出、閣議の承認を得て翌二六日、天皇に拝謁、敷奏を行った[42]。

敷奏文の内容を見ると、「帝国軍備の整備充実は之を忽にすべからず」とし、軍事参議院奉答の対策は至当と考えるので、条約が批准され実施される上は、「本大臣は該対策の実行に努む」としつつも、その実行にあたっては「各閣僚と共に慎重審議し財政其の他の事情を考慮し緩急按排の宜しきを制し」た上に、「帝国議会の協賛を経て」その実現に努力し、最善を尽くすとなっている。[43] 奉答文に表された補充の必要性を認めつつも財政事情という制約の存在を示し、予算として議会の審議を経ることも明示して、海軍の望む通りとは必ずしもならない可能性を示唆しているといえよう。

非公式軍事参議官会議に備えて七月二一日に閣僚が協議して作った前出の海相答弁書では、最初「財政其の他の事情の許す範囲に於て」となっていたところが岡田の意向で削除され、財部が「緩急按配し」と改めて浜口もそれを追認していた。ここではその改訂後の表現が踏襲されているが、「緩急按排（配）」するというのは、どのようにでもとれる表現である。政府はこれを当初の意図通り財政の許す範囲でと解し、海軍側は財政に制約されずにととっても不思議ではない。但しこの敷奏文ではその前に「考慮」するという字句が入っている。財政事情を考えて補充計画の実行を緩急按排するということは、当時の財政状況を考えれば財政の許す範囲で補充を行うと解釈するのが自然ではなかろうか。浜口内閣としては、あくまで財政状況が補充実行の前提となるという立場に固執しようとしたと考えられる。

軍事参議院における補充問題について、以上の経緯から判明することは次の諸点であろう。

第一に、補充が軍縮条約批准への海軍部内の合意取り付けの重要な説得材料となっていることである。また、その補充要求項目は、軍事参議院奉答文に見る限り四月の回訓案閣議決定時に提示されたものと大差なく、それらは海軍の総意として実現を求められたのであった。それゆえ奉答文はこのあとの海軍の補充計画遂行要求の論拠のひとつとなっていくのである。予算獲得という目的は、条約をめぐって割れた海軍を一体化させる。そこには部外に向かっての海軍のセクショナリズムがあった。

第二に、補充の実行に関して、政府側はあくまで財政事情の許す範囲で行うことを明示しようとしたのに対し、海軍側では補充が部内統一のよりどころとなっていたため、制約を受けるような表現を回避しようとした。いずれ迫られる予算配分を伴う政策課題の調整を前に、浜口内閣としては裁量の余地を残しておきたかったのである。

第三に、海軍部内では条約成立後の補充のため、艦船、航空兵力の増強、内容充実のための計画の立案作業が始まっていることがわかった。この作業の延長線上に海軍の熾烈な予算要求が控えているのである。

補充要求の項目は海軍の総意として政府側に明示された。但しその詳細と金額は未定である。このあと省部間の折衝を経て海軍側の要求が細部まで確定し、それに対して財政事情を考慮した大蔵省の査定が行われていくことになるのだが、その前に枢密院での条約案の審査が待ち構えている。補充問題はそこでも重要な論点となるのであった。

**註**

（1） 前掲「岡田啓介日記」一五頁。

（2） 同右一七頁。五月七日に加藤は岡田に対して「兵力量は政府にて其不足を補充するとすれば軍令部も実行不能の補充案を出すものにあらず　今現に実行可能の案を作り居れり」と語っていてこの時点で補充計画作成に着手していることがわかる（同右一二頁）。

（3） 前掲『海軍軍備沿革』五八二頁。

（4） 「財部彪日記」（国立国会図書館憲政資料室所蔵）昭和五年六月一八日。以下に引用する財部日記はすべて昭和五年の記述である。

（5）前掲『海軍軍備沿革』五八二―五八五頁。小林次官は原田熊雄に六月一六日「早く国防の新しい計画を樹てて、枢密院に御諮詢を仰ぐ前に間に合せたい」と語り（原田熊雄述『西園寺公と政局』第一巻、岩波書店、昭和二五年、九七頁）、同月二二日には軍令部が十分研究した上で計画を立ててから諮詢した方がよいと話している（同右一〇四頁）。この時期軍令部によって計画作成中であることがわかる。

（6）同右五八六頁。なお本資料原文は「大正十三年御裁定あらせられたる帝国国防方針に基く作戦計画」とあるが、「大正十二年」の誤りであろう。

（7）条約批准後の昭和五年一〇月七日付で艦船、航空兵力の補充と内容充実は一つにまとめて海相から首相宛請議される（前掲『海軍軍備沿革』五六三―五七五頁）。

（8）前掲「岡田啓介日記」二〇頁。

（9）前掲伊藤『昭和初期政治史研究』一七六頁。

（10）前掲「岡田啓介日記」二〇頁。

（11）前掲「財部彪日記」七月二日、加藤寛一編『昭和四年五年倫敦海軍条約秘録　故海軍大将加藤寛治遺稿』昭和三一年（以下『倫敦海軍条約秘録』と略記）四六頁。昭和一三年春ごろから翌一四年二月の死去直前までに加藤が書いたという『倫敦海軍条約秘録』は、日記をもとに彼の立場から条約締結経緯をまとめたものと考えられるが、前掲『加藤寛治日記』に欠落している昭和五年六―七月の加藤の動静を知るのに有益である。池田清「ロンドン海軍条約に関する軍令部側の資料三篇」（『法学雑誌』第一五巻第四号、昭和四四年三月）にはその前半が収録されている。

（12）前掲「岡田啓介日記」二二頁、前掲『倫敦海軍条約秘録』四六―四七頁。

（13）前掲「岡田啓介日記」二二―二二頁。

（14）前掲「岡田啓介日記」二三頁、前掲「財部彪日記」七月六日、前掲『倫敦海軍条約秘録』四九―五一頁。

（15）前掲「財部彪日記」七月六日。

(16) 七月八日にも面会の岡田に東郷は財部の早期辞職を語っている(前掲「岡田啓介日記」二三頁、前掲「財部日記」七月八日)。

(17) 前掲「財部彪日記」七月一五日、前掲『倫敦海軍条約秘録』五五―五六頁。翌一六日東郷を訪れた谷口も財部に東郷の軟化を伝えている。東郷は奉答文案の補充について記した箇所、すなわち「欠陥あり」の「後続文章に就ても甚しき反対論な」しということであった(前掲「財部彪日記」七月一六日)。

(18) 前掲『海軍軍備沿革』五八六頁。

(19) 前掲「岡田啓介日記」二五頁、前掲『西園寺公と政局』第一巻一三二―一三三頁。加藤は七月一四日の岡田、谷口との会合で非公式軍事参議官会議では補充計画について説明するように求めている(前掲「岡田啓介日記」二四頁)ので、補充をもって批判の糸口としようと加藤は事前に考えていたのであろう。なお、財部自身は自らの日記に「元帥より補充兵力の現実可能の見込質問あり」として、伏見宮でなく東郷元帥から尋ねられたとしている。それに対し彼は「率直に其容易の事に非る事、併し最善を尽し実現を期するは勿論なり」と答えたが、それでは「不十分なりしならん歟議容易に進捗せす」と記している(前掲「財部彪日記」七月二一日)。

(20) 前掲「岡田啓介日記」二五頁。

(21) 前掲『西園寺公と政局』第一巻一三三頁。

(22) 七月二一日当日、なぜ軍令部長とともに全責任をもって欠陥の補充に邁進するから安心してくれと言わなかったかと原田に尋ねられた財部は、「君のやうに岡目八目なら何でも言へるけれども、さうはなかなか行かぬよ」と答えている(同右)。

(23) 前掲「財部彪日記」五月三一日、六月三、二七日。

(24) 前掲増田「政党内閣と枢密院」一七〇頁。

(25) 同右。

(26) 前掲「浜口雄幸日記」三六八頁、前掲「財部彪日記」七月二一日、前掲『西園寺公と政局』第一巻一三四頁。

(27) 前掲堀「倫敦海軍軍縮条約締結経緯」九七頁。江木鉄相が執筆した(前掲「財部彪日記」七月二一日)。

(28) 前掲『西園寺公と政局』第一巻一三四頁。
(29) 前掲「岡田啓介日記」二五－二六頁。
(30) 前掲『西園寺公と政局』第一巻一三四頁。
(31) 前掲「財部彪日記」七月二二日、前掲堀「倫敦海軍軍縮条約締結経緯」九七頁。財部日記によると彼は独断でこの字句の変更を行ったと浜口に報告している。岡田との考え方の相違を外部にさとられないようにするためか、字句の変更は海相として自己の責任で行ったことを強調するためか。
(32) 前掲伊藤『昭和初期政治史研究』一八四頁註24に引用された「江木翼関係文書」中の資料による。二一日夜の五相会議で財部海相答弁案が加筆、抹消された様子がわかる。
(33) 前掲「岡田啓介日記」二六頁。なお、当時参謀本部第一部長であった畑俊六は、七月二二日彼を訪れた軍令部第一班長及川古志郎から二一、二二両日の軍事参議官会議の様子を聞いているが、それによると東郷は奉答文中、欠陥ありで打ち切り、それ以下のことは当局責任者が行うべきことという意見のようであったという。その真意は財部海相では補充案の達成困難と見られ、いずれ批准後には海相は辞職すべきで新大臣にて政府と交渉、補充案の達成を図るのがよいとのようだという及川の見方を書き記している（伊藤隆・照沼康孝編『続・現代史資料』第四巻陸軍　畑俊六日誌、昭和五八年、みすず書房（以下『畑俊六日誌』と略記）、八、一三－一四頁）。この及川の見方に従うと、東郷は財部の海相辞職は条約批准後とすることは承知したが、補充案については未だ別の意見を有していたというところか。『畑俊六日誌』八頁に別紙として掲げられている部分は、その内容及び冒頭の「七二二　第一班長第一部長」という記述からして、二四頁の昭和五年七月二二日の箇所に挿入されるべきであろう。
(34) 前掲「岡田啓介日記」二六頁、前掲「財部彪日記」七月二三日、前掲「浜口雄幸日記」三六八－三六九頁、波多野澄雄・黒沢文貴編『侍従武官長奈良武次日記・回顧録』第三巻、柏書房、平成一二年（以下『奈良武次日記』と略記）、一一四七頁。前掲堀「倫敦海軍軍縮条約締結経緯」九六頁によれば、諮問の内容は「今次の倫敦海軍条約協定に係る帝国海軍兵力に付国防用兵上支障の有無及之が対策」ということである。ちなみに軍事参議院条例では、第一条軍事参議院は帷幄の下に在りて重要軍務の諮詢に応する所とす、第二条軍事参議院は諮詢を待て参議会を開き意見を上奏す、とある（前掲『西園寺公と政局』第一巻二八三頁）。

(35) 前掲「回訓ニ関スル経緯」五五頁、前掲堀「倫敦海軍軍縮条約締結経緯」九六頁。

(36) 前掲小林「海軍軍縮条約（一九二一年―一九三六年）」一三九頁。

(37) 前掲伊藤『昭和初期政治史研究』三四一頁。

(38) 同右一八四―一八五頁。

(39) 他方で、補充のうち内容の充実、術力の向上については、海軍部内ですでにその効果について懐疑的な意見が出されている。当時第一艦隊司令長官兼連合艦隊司令長官であった山本英輔は統帥権問題で対立する海軍部内の調停に奔走したが（前掲「財部彪日記」六月一、四日、前掲『加藤寛治日記』九九―一〇〇頁、前掲伊藤『昭和初期政治史研究』一七〇―一七三頁）、彼が五月二三日に記した「倫敦条約前後策《ママ》ニ対スル私案」（「斎藤実関係文書」（国立国会図書館憲政資料室所蔵）一九五―四九）には、条約批准の場合の善後策としての内容充実、術力向上について次のように述べている。「華府会議後に於て六割弱勢を補ふために唱へられたる海軍一般の標語なるが今亦倫敦会議に於ても政府の無力にて我主張を貫き得ざりし欠陥を再び此の美名の標語により補はんとす、実果して其名に伴ふを得べきや否や研究を要す」。その上で三つの項目をたて、精神面については「己に華府会議後より精一杯努力し居れり今更特殊の精神力の出て来たるを知らず」とし、術力向上については「艦隊の作業訓練は殆んど極度に達す」、「最早是れ以上訓練作業を増加する余地なくありとすれば不眠不休の外なし出来ない相談なり」としている。内容充実については、潜水艦の不足による国防の欠陥は「責めて航空機の拡張により多少補ひをなす外なし航空隊拡張費を容認せしむる事必要」とするとともに、防備部隊所属艦船の近代化、研究機関の充実等を主張している。加藤寛治もワシントン会議で主力艦対米六割を強いられて以降の訓練の厳しさについて、自らも連合艦隊司令長官として関わった昭和二年八月の美保関沖夜間演習での軍艦衝突事件を例に、次のように述べている。「華府会議以来の我海軍の上下は此の低比率を以て、万々一国死活の難局に迫った場合、如何にして国防の重責を全うし得るやに苦心し、量を補うに質の優越を求めんが為め名状すべからざる悲壮なる教育訓練を重ね、その結果が美保の関事件となり内外を驚かし我等海軍の将兵を泣かしめたのである」（前掲『倫敦海軍条約秘録』六頁）。

（40）前掲『戦史叢書海軍軍戦備（一）』三九六、四〇一頁。
（41）前掲堀「倫敦海軍軍縮条約締結経緯」九六―九七頁、前掲『西園寺公と政局』第一巻一三五頁、前掲「財部彪日記」七月二三日、前掲『奈良武次日記』第三巻二四七頁。
（42）前掲「浜口雄幸日記」三七〇頁、前掲「財部彪日記」七月二五日、前掲『奈良武次日記』第三巻二四八頁。
（43）前掲「回訓ニ関スル経緯」五六頁。畑俊六はこの敷奏文について「其内容は華府会議の例に依りたる何等の変哲もなきものなり」としている（前掲『畑俊六日誌』二一四頁）。国防所要兵力量の第二次改訂（大正一二年）に際し、国防方針の下問を受け、国防所要兵力量を閲覧した加藤友三郎首相は、「実行上財政関係を考慮し緩急按配し議会の協賛を経て宏謨を翼賛し奉る」と覆奏したという（前掲『戦史叢書海軍軍戦備（一）』七一頁）。文面としては浜口の敷奏文に似ている。

## 第三節　枢密院審査における補充問題

本節では枢密院審査において補充問題がどのように扱われたかを同審査の議事録などをもとに論点ごとに分析する。

七月二四日、浜口首相は天皇に条約案の枢密院諮詢を奏請する。同日中に条約案は天皇から枢密院に諮詢された。首相はまた、倉富勇三郎枢密院議長を訪問、条約の審査方を依頼し、了解を得ている[1]。

諮詢を受けて七月二六日から八月五日まで七回に及ぶ下審査が行われたが、そこでは二上兵治枢密院書記官長以下の書記官が、外務省から条約局長、欧米局長など、海軍省から軍務局長などの出席を求めて、条約文の字句を細かく検討した[2]。倉富枢密院議長は軍事参議院奉答文を提出するよう求めたが、浜口首相は閣僚と協議し、谷口軍令部長の同意も得た上で断っている。[3]

八月一一日に伊東巳代治を委員長とする審査委員九名が決定すると、原田熊雄はその人選を「財政に堪能な連中で固め」たものと評した上で、「これは国民負担の軽減とこの条約との関係から、今日財界の難局に当つてとても補充計画はうまく行くまいといふところから、そこを狙つて財政的に政府を補充計画の問題でいぢめるのぢやないか」との見方が当時流布していたことを伝えている。[4] 補充と国民負担の軽減（減税）の兼ね合いが枢密院審議の重要な議題となるであろうことがすでに予想されているのである。浜口内閣が一二、一五日と新たに井上蔵相を加えた関係閣僚の協議を行い、財政問題に関する枢密院対策を立てているのもそうした見通しを裏付ける。[5]

審査委員会は八月一八日から九月二六日にかけて一三回開かれた。[6] 政府からは浜口首相、幣原外相、財部海相の三人が出席して答弁に立った。但し、第一回は審査方針の打ち合わせのため、第一二回は審査委員会の最終意見決定のため、第一三回は審査報告決定のため、いずれも枢密院側のみで開催されている。[7] また、第二回は軍縮会議の経過と条約の内容に関する政府側三相の説明に終始しているので、質疑応答という形での審査は第三回から第一一回までである。その審査の中心となった課題は、先行研究も示すように[8]、前半では統帥権問題、後半では補充問題・国民負担軽減（減税）問題とおおまかに言えるが、枢府側審査委員の質問には重複が多く、また、同工異曲の答弁が政府側の三相によって繰り返された。それゆえ以下に補充問題に関する論点を整理し、各点に関する政府側見解をまとめて、補充問題について枢密院審査から判明することを提示したい。

## 一、妥協案承認の回訓を発するに至った財政上の理由

前述のように第二回、八月二三日の審査委員会では、軍縮会議の経過と条約内容に関する政府当局の説明が行

われた。先行研究も指摘するように[9]、浜口首相はこの席において米国提案の妥協案を承諾する回訓を発するに至った理由として、妥協案を拒んだ結果の交渉の決裂は、対英米関係の悪化、対中国関係への悪影響をもたらすといった外交上の考慮に加えて、財政状況が思わしくない中での建艦競争は国民負担の過重を招き、対英米関係悪化による通商、金融等の障害と相まって国力の低下を招来することになることを挙げている。国民負担軽減、社会政策、失業救済の要求が強まっているとき、これらを犠牲にして建艦競争を行うことはできないというのである[10]。

財政上の困難な状況が妥協案受け入れ、条約締結に政府を向かわせた主要な理由であることを明言している。そして、それは浜口内閣成立当初に発表された十大政綱の強調する財政の整理緊縮、そのための軍縮の実行という理念に沿っている。また、四月一日政府回訓案決定の閣議前に、岡田、加藤、山梨の海軍側三人に浜口が語った決意（第一節参照）に通ずる。浜口がここに述べた認識が補充問題に関する政府側の姿勢の大前提となる。それゆえ枢密院側もそれを見越して、上述の原田の言にあるように審査委員に財政に詳しい顧問官を選び、また政府側も財政問題に関して入念な対策を練ったといえる。

## 二、補充を講ずれば国防上の不安は生じないか

第二回審査委員会で浜口首相は続けて、条約の協定兵力量では作戦計画上、困難が生じるのでその困難を緩和し、国防上の不安なきを得るため「相当の途を講ずる」と明言している[11]。これに対し枢密院側は、大型巡洋艦の対米比率が昭和一一年以降七割以下に低下すること、中国での事変発生の可能性と米国の東洋政策などを挙げて[12]、国防は万全か繰り返し政府側に問いかけている。そこに補充の意義が問われることになるのであった。

九月三日の第六回審査委員会で浜口首相は、河合操委員の質問に対し、条約上の協定兵力量は国防の一部であり、他に協定以外の兵力、内容の充実、術力の向上などに加えて、外交、財政、経済など諸般の事情を考慮して通観すると国防は安全である、すなわち、「条約上の兵力量が、仮令政府が初め主張したる標準に達せざる場合に於ても、更に其の内容の充実、術力の向上等に依り補充する途あり、大体に於て国防は安全なりと断定したるものなり」と答えている[13]。国防の安全を期するための補充の必要性を認識していることを改めて示している。

同月五日の第七回審査委員会の場でも浜口は、国防に広狭二義あり、広義の国防、つまり国交の親善や民力の充実を考慮するならば、今次条約の不成立は広義国防の欠陥を招くゆえに、狭義国防、つまり軍備の点で多少の困難が生ずるとしても広義国防を全うするため本条約に調印したと述べた上で、軍備の不足も放置するわけではなく、「必要とする相当の補充方法を講」ずるとしている[14]。条約締結で対英米関係を悪化させず、また軍備拡張を抑えて減税を行うことで景気の回復をもたらし、国力の増進と良好な国際関係によって国防を全うできるという立場であり、右記一で見た認識が基本になっているが、軍備の不足も承知していてそれには補充を講ずるという。予算の配分の点では対立する政策課題の間に立たされていることに浜口は気づいているはずである。

この補充について浜口は、第八回(九月八日)の審査委員会では「単に条約上の兵力量のみを摘出して見れば、既定国防方針に基づく作戦計画の遂行上には、兵力量に於て不足若くは困難を生ずべし。然れども、条約上の兵力量のみにて国防の安危が決せらるるものにあらず、条約上の兵力量以外に於ても、相当の対策を講ずれば国防の安全は期せらるるべきものと信ず」と断言している[15]。補充は必要であり、かつ補充を行えば条約発効後も国防に不安はないという考えである。なお、浜口と財部の両相はともに、条約によって「国防上の欠陥」が生じるのではなく、「既定国防方針に基き案画せられたる作戦計画の遂行上兵力量に不足」が生じるのだと審査委員に説明している[16]。

九月一〇日、第九回の審査委員会席上では浜口は、今次の条約で日本が得た権利は、海軍当初の「三大原則」（補助艦対米総括七割、大型巡洋艦対米七割、潜水艦現有量七万八千トン維持）と大きな懸隔があるわけではなく、たとえ若干の不足があったとしても、その補充を十分に講ずる方法があり、講ずるつもりである、「故に、国防の安固を保障する責任は充分に執ることを得るものと確信す」る[17]、すなわち「内容の充実、術力の向上に付、上来概説したるが如く、兵力の補充に付適当の方途を講ずることを得べきを以て……帝国の国防上不安なきものと信ず……政府（軍部大臣を包含したる）は之に依て国防の責任を取り得べきことを言明するを得べし[18]」としている。この浜口の言明は条約批准に向けた政府側の決意を物語る一方で、補充の必要性、重要性を認識していることを意味する。

このように政府側は、補充の必要性の認識とその実施を繰り返し明言しつつ、それは軍縮の経済的効果としての国力の回復と、政治的効果としての国際関係の改善と相俟って国防の安固を保障するという立場を明確にしたのである。

ところで、こうした政府側の補充の位置づけは、第五回審査委員会（九月一日）で、統帥権干犯問題に関係して回訓決定の経緯が審査委員の河合[19]や荒井賢太郎によって取り上げられたときの浜口首相の答弁からもうかがわれる。浜口はそこで回訓決定前後の事情、特に加藤軍令部長との三回にわたる会見と四月一日の回訓決定の様子を詳細に述べている[20]。その末尾で浜口は、回訓決定の経緯をふまえれば「要するに、軍令部としては、用兵作戦の専門的見地よりすれば条約の兵力量に不足あるも、政府が国家の大局上より回訓を決定せらるるならば、之に対して国防計画実施上適当の手段を講じ、最善の努力をなして、国防の不安なからしむるの覚悟を有したるものなることは、自分の確信し居る所[21]」であると断言している。

この発言は、浜口のいうように軍令部は「回訓に際し、政府の処置に対し結局に於て異議なかりしもの[22]」であることを意味し、統帥権干犯の不成立を主張していることを第一に意味するが、一方では条約締結によって用兵作戦上生ずる兵力量の不足に対して補充計画を講ずることで、海軍が国防の不安を払拭するため全力を尽くす「覚悟」を有していることを浜口首相、すなわち内閣が「確信」していることを意味する。このことは予算編成において、兵力量の不足を補う補充計画の実施を海軍が強く求めてくることをすでに浜口が自覚していることを物語るが、それとともに、その海軍の補充要求に苦しい財政状況の中でも出来る限り応えざるを得ない事情に政府が追いつめられていくであろうことを予想させる。補充を条件として条約締結を海軍にのませた以上、浜口内閣としては補充の実施は避けられない。第二節で触れたように、軍事参議院段階で財部海相を含む政府側が財政事情の制約を強調しようとしていたのも、海軍が補充要求を強く求めてくることを見越してあらかじめ予防線をはっていたということだろう。

## 三、補充計画の開示要求と覚書

補充によって国防の安全は全うしうるという政府側の見解が示されたことを受けて、具体的な補充計画の開示が審査委員から求められることになる。

第七回審査委員会で補充計画概要の開示を求める山川健次郎委員に対し、浜口首相は「目下軍令部及海軍省に於て研究協議中にして、未だ決定するに至らざるが故に、計画の内容を言明することを得ず」と答えている。[23] 六月末段階で補充計画はすでに作成過程にあったことは第二節ですでに見た。九月のこの時期になると省部間の協議もほぼ整ってきているが、海軍省から内閣に請議がない以上、浜口としてはこのように答えたのだろう。

重ねて計画の開示を求め、条約調印後数ヶ月を経ても計画の決定を見ないのは怠慢であると非難する山川に対し、今度は財部海相が補充計画は多岐にわたるもので、短期間に立案しえず、目下軍令部で研究、立案して海軍省と交渉中である、軍令部で算出した金額に未だ海軍省が同意しておらず、公表できない、更に言えば海軍省が同意しても大蔵省が同意を与えない限り、その金額は未決定であると述べている[24]。

ここに審議は補充計画そのものに及んだことになる。この問答を受けて伊東巳代治委員長は「審議は条約の要点に入り、頗る大切なる質問に移ることとな」ったと述べ、久保田譲委員も日本がロンドン会議に参加、海軍条約に調印したのは国民負担軽減を実現するためであるとして、その目的が達成できるか否か、すなわち財政問題は「本条約の審査に最も重要なる点」としているのである[25]。補充計画に関して国民負担軽減との兼ね合いなど財政上の問題を枢密院側が重視していたことがわかる。

しかしながら政府側は補充計画の詳細、すなわち具体的な金額は開示できないという姿勢を続ける。第八回審査委員会で浜口は「経費の数字は目下海軍大臣と軍令部長との間に協議中[26]」と答え、第九回でも「目下海軍大臣と軍令部長との間に、兵力量の補充計画に関し協議中[27]」と繰り返した。同じ第九回審査委員会[28]で、荒井委員は条約調印後数ヶ月たっているのに補充計画が決定していないはずがない、それがないと諮詢に対して奉答できないと迫るが、財部海相は「軍令部長に於て大体の案を有し、其の案に基き、我々に於て相談を進め居るものなり。……右の案は軍令部長と自分との間にも未だ意見の一致を見たるものにあらず、大蔵大臣の承認を得たるものにもあらず……其の数字に付説明することは到底不可能」と述べている[29]。

補充計画策定の進行に関する政府側答弁には第九回審査委員会のあと、若干の変化が起こる。金額に及ぶ計画の詳細は開示せずの基本線に変化はないが、海軍省部間の打ち合わせの現状に関して、一歩進んだという趣旨の表現がとられるのである。第一一回審査委員会（九月一五日）で荒井委員から具体的補充計画について尋ねられた財部海相は、「大体の計画は、自分と軍令部長との間に意見一致したるものあり」と答えた。もちろん彼はこのあと「然れども、具体的数字に亘り決定したるものなし。計画の具体案に付ては、目下海軍省軍令部の間に攻究中なり」と釘をさしている。今後予算関係においてどのように変更を受けるか予知しがたく、大体の計画を説明しても無責任の嫌いがあり、また具体的計画にするためにはなお研究の余地があるからというのである。[30]

財部が省部間に意見一致があったと答弁するようになった背景には、九月一一日付で谷口軍令部長から財部海相宛に「艦船建造補充計画及航空兵力充実増勢計画ニ関スル件商議」（海令機密第一七六号）が発せられていることが関係していると考えられる。そこでは、六月二七日付で永野軍令部次長から小林海軍次官に発せられた前出の「艦船建造補充及航空兵力増勢ニ関スル件依命申進」（海令機密第一一五号）とほぼ同様の艦船建造補充計画案、航空兵力充実増勢計画案をもって、ロンドン海軍条約協定兵力量による用兵上の欠陥を最小にとどめるため軍令部で研究立案したものであり、「先般軍事参議会に於て決定せられたる奉答書の趣旨に合致し実に帝国国防用兵上必須の計画なり」として、同じく六月二七日付で谷口軍令部長から財部海相宛提示された内容充実計画案（海令機密第一一六号、前出）とともに、条約成立の際の実行が国防上喫緊のこととして強く求められているのであった。[31]六月段階での艦船、航空兵力、内容充実各分野の補充計画案の必要性が再確認され、その実現が改めて求められたということだろう。九月一一日付商議が正式に行われるに至ったのは、省部間の事前協議で了解に達したためであろうから、そうした事態に基づいて財部海相は大体の計画において軍令部長との間に意見一致があったと審査委員会において答弁したと考えられる。

なお、ここで注目しておきたいのは、軍事参議院奉答文を計画の正当性主張の根拠として軍令部が一一日付商議の中に引用していることである。第二節に見たように、補充を行えば国防用兵上支障なしという軍事参議院参議会の意見を奉答文として得ている。軍令部は海軍の総意としての同会の意見を同部立案の補充計画の正当性、換言すれば補充に伴う予算要求の妥当性の論拠とした。組織をあげて補充を、つまり予算の獲得を求めるという構えをとったことになる。

他方で、財部海相も軍事参議院の意見を枢密院に対して活用する。第八回審査委員会で国防上の欠陥を主張する河合委員に対し、財部は既定国防方針に基づく作戦計画の遂行上兵力量に不足が生ずるが、この不足は補充しうるのであり、それは「財部一己の意見にあらず、海軍最高権威者の意見も亦同様に補充することを得るものとの結論に達せり」と語っている[32]。第九回審査委員会では補充計画の大体の開示を迫る水町袈裟六委員に対し、財部は、補充計画を見ないと国防上不安であると言うが本条約で国防上の不安が決して生ずるわけではない、これは「財部一己の私見にあらず、海軍の軍事上の最高諮詢府に於ても同一の結論に達し、一人の反対なく決定したる意見なり」と断言している[33]。軍事参議院の意見が条約批准と補充の正当性を枢密院に主張する論拠として有効に活用されているのである[34]。軍事参議院奉答文は審査委員会ではついに提示されなかったが[35]、条約批准をめぐる枢密院での攻防において小さくない役割を果たしたことになる。このあとも海軍部内合意の結実である奉答文は海軍によって補充計画の遂行、予算獲得要求の論拠として利用されていく。

ところで政府側は補充計画の詳細な内容、すなわち具体的な金額を開示することを拒んできたのだが、審査委員の追及に金額を伴わない計画の概要、骨子は明らかにしている。そしてそれは四月一日閣議の際、閣僚の了承した補充に関する覚書の開示に至る。

すなわち、第八回審査委員会で、本条約によって国防上の不安を来すとするならば、それに対してどんな対策をたてるのかと尋ねる黒田長成委員に対し、浜口首相は、条約上の兵力量以外に相当の対策を講ずれば国防の安全は期せられるとした上で、条約上の協定兵力量を補う方法として、条約規定の兵力量の整備、内容の充実、術力の向上を挙げ、内容の充実とは軍艦の改装、艦船上の諸設備の改良、航空兵力の充実などであり、術力の向上とは人的要素、教育訓練についてであると答えている。[36] 財部海相も第九回審査委員会で補充計画の開示を迫る水町、荒井の両委員に対して、補充計画の各項目につき、具体的に数字を挙げて説明することは不可能だが、抽象的に概要を説明できるとして以下の骨子を示している。

一、「条約上の協定保有量まで充分に兵力を充実整備することなり」

二、「条約の制限を受けざる兵力の充実整備にして、其の最も著しきは航空兵力なり」

三、「一般に内容の充実及術力の向上なり[37]」

浜口首相もこの財部の答弁を受けて、水町委員が政府当局による欠陥補充の方法とは、条約上の兵力量の充実、条約所定以外の兵力量の充実、海軍力の充実及び術力の向上の三点であり、本条約で生ずる財政上の余裕の範囲内においてこの欠陥補充と国民負担軽減（減税）を併せて行うのが政府の趣旨かと念をおすのに対し、そのように了解してほしいと答えている。[38] 条約上の協定保有量の充実、制限外兵力の充実、内容の充実と術力の向上の三点が補充の骨子であることが明らかにされたのであった。それらは四月一日回訓案決定時の補充に関する覚書や七月二三日軍事参議院奉答文に見られる補充要求項目を大きく三つに分類したものといえよう。

浜口はこれに先立つ答弁において、補充計画に関して各項目の所要金額を知りたいといってもそれは予算の決定を待つほかに方法はない、大体の数字でも提示せよと言われてもそれは出来ないとした上で、「補充に関連し、四月一日回訓案を閣議に付議したる際、海軍次官が軍部専門家の意見を代表し覚書として内閣に提出せるものあり、補充計画の要領現はれ居れり」として覚書の趣旨を朗読している。その上で覚書は例示であり、確定計画ではなく、金額も明示していないこと、非公式のものだが閣僚一同が承認して署名していることを述べ、「補充計画の程度又は数字に関して、軍部に約束を与へたる性質のものにあらず、また予算編成前に於て与ふべきものにあらず」とことわっている[39]。第一一回審査委員会でも浜口は黒田委員の質問に対し、同趣旨の答弁を行い、最後にこの「覚書に於ては、補充計画の事項を列挙したるものにあらず、又其の程度及金額等に関し何等記述しあるものにあらず、此等は総て予算編成の際決定すべき問題なり」と断言している[40]。この答弁からうかがえるのは、覚書に閣僚一同署名はしたが、それは非公式なものであり、補充の程度、金額に関して軍部に約束したものではない、予算編成の際に決定されることであるという原則的な態度である。海軍の求める補充という政策課題は、予算編成という調整の場で解決が図られるとしたのである。

他方、財部海相は第一〇回審査委員会（九月一二日）で、「今回の補充計画に付ては回訓案を議したる四月一日の閣議に於て、主義の問題として、抽象的に閣僚の諒解を得たるものなるが故に、其の実行に付ては、内閣に於ても相当程度に考慮を加へらるるものと信じ居れり」と語っていて[41]、抽象的であろうと閣議の了解を得たのだから、補充計画の実行、すなわち予算の獲得に関しては相当の配慮が行われるべきものとの考えを示している。困難な財政状態と内閣の抱える減税などの重要施策を考えて、予算配分にはできるだけ裁量の余地を残しておきたい浜口と、海軍部内の条約反対勢力を補充の実行によってなだめるためには出来るだけ多くの予算を獲得しておきたい財部との間に、補充をめぐるニュアンスの相違が明らかになった箇所といえよう。前節で見たように財部は海軍部内の会議となる軍事参議官会議では政府側の意図を代弁して財政の制約を語っていたが、ここに見られるように海軍側の要求の主張もおろそかにできないのが海軍大臣の立場ということであろう。[42]

政府側はこうして補充覚書を審査委員会の場で明らかにはしたが、具体的な補充計画の開示は最後まで拒んだ。第一一回審査委員会の最後に審査委員長伊東巳代治は枢密院側の立場をまとめる発言を行っているが、そこにおいて彼は、「兵力量の欠陥に対する補充問題に付ては、政府の責任に於て之を決定すべきが故に、政府の決定を信任せよと云はるるも、斯くては今回の御諮詢に盲判を捺押せよと云ふに異ならず……枢密院としては……其の職責を尽し難しと思考するものなり」と論じて補充計画の開示を迫った。[43] この要求、「すなわち補充計画の明示が、政府と海軍の間における補充計画の具体化をめぐる食い違いをつつき出そうとするものであることは明らかであった」が、[44] そうした枢密院側の狙いは、上述の補充に関する覚書についての浜口首相、財部海相間の思惑の相違を踏まえれば、的を射た戦術だったといえよう。国民負担の軽減（減税）と海軍の補充要求の調整という難題を表面化させ、政府と海軍の対立をあおって浜口内閣を苦しめるには、補充計画を開示させ、海軍を刺激して政府と衝突させればよいのであった。

しかし、浜口首相は断固として計画の開示を拒んだ。すなわち、この際説明しうるものは十分に開示したと述べつつ、「政府は補充計画を枢密院に提出するの義務ありとは認むることを得ず」とした上で、参考のため必要なら確定した補充計画案を提示してもよいが、補充計画の具体案は「今日未だ決定の時機にあらざるが故に、御参考として示し得ざるは遺憾とする所」であると答えているのである。[45] 補充計画は予算編成を経て確定しうるものであるから、それ以前の段階で具体的な金額などを示しようがないということである。条約が本当に国民負担の軽減になるかという視点から枢密院が政府を追及しようとしていたとしても、結局「海軍と大蔵省の協議を待つしかなく、何の言質も得られなかった」[46] のである。

このように、政府は補充計画開示の求めに対して、海軍部内で協議中として経費金額を含め具体的なことは公表できないとした。但し、回訓案閣議決定時の補充に関する覚書を示すことで、計画の概要を明らかにしている。しかし、その覚書のもつ意味について、浜口首相、財部海相間に思惑の相違がうかがわれた。枢密院側はそこを突破口としようとしていたのだが、予算編成を経て確定するまで計画の詳細は開示できないと拒否の姿勢を貫いた政府の前に引き下がらざるを得なかったのである。対立する政策課題の調整は、予算編成を通して行うことが示されたのであった。

## 四、補充計画の策定と予算編成

上述のように、補充計画の詳細、すなわち項目ごとの具体的な数字は、海軍部内でまとまった案をもって大蔵省と交渉、その上で予算の確定を待ってはじめて明らかにしうるとされたが、政府側はその手順を枢密院側審査委員に説明して、現段階では補充計画の詳細を開示できないことを納得させようと試みている。

すなわち、第九回審査委員会において浜口首相は、今後の補充計画の扱いを大略以下のように説明している。(47)

一、補充計画の具体的方法については、最も有効にして経済的な方法を選ばねばならない。

二、この点については、目下軍令部と海軍省にて協議中である。省部一致の仮協定案ができてもそれを外部には発表できない。

三、省部一致の案が出来れば海軍当局は財政当局と交渉を始める。

四、財政当局は、一般財政の状況、軍縮の主要目的の一つである国民負担軽減の実行、明年度新規事業に関する一般の振り合い（各省要求額査定の振り合い）など予算全体にわたって考慮、勘案して海軍の要求に対する財政当局としての一応の腹案を立てる。
五、その後、蔵相と海相、海相と軍令部長との間に数回にわたる往復交渉を重ね三者の一致を見た案を一般財政計画に包含させて、一一月上旬より中旬ころに予算閣議に付す。
六、予算閣議では外相が国際関係の見地から、その他の大臣はそれぞれの見地より相当の議論がある。その結果、補充計画、減税計画の数字が変動するのは免れない。
七、要するに、補充計画、減税計画ともに一般財政計画を離れて具体的に定めることはできない。予算編成期に至らないと補充計画も減税計画も大体の数字すら説明することは出来ない。

財部海相も第一一回審査委員会で、自分と軍令部長との間で意見一致した大体の計画があったとしても、蔵相の同意を得ないと確定案として決定したものではないこと、海相は蔵相の承認を基礎として再び軍令部長と協議して改めて計画を立案して確定案とすることを語り[48]、浜口の答弁を海相の立場から補強している。

このような答弁は、政府としてはロンドン海軍軍縮条約締結の結果必要となる補充計画といえども、予算の裏付けを与えられて初めて成立する以上、例年の海軍予算と同じく通常の予算編成過程の中で審議され、予算閣議での承認をもって案として確定すること（さらにその後、帝国議会の審議に付せられる）を示すとともに[49]、補充計画の詳細、具体的な数字は、予算配分を伴うその他の政策課題との調整が行われる予算編成過程で変動するので、現時点では明らかにしようがないことを強調しようとしたと思われる。補充のための最大限の予算獲得を求める海軍部内の圧力を意識せざるをえない海相としてもその原則には従わざるを得ず、この予算編成過程をたどることを強調することで枢密院側の補充計画開示要求はかわせるのであった。

なお、ここで触れておきたいのは、浜口首相の答弁振りである。上記の答弁に加え、第一一回審査委員会でも、大蔵大臣が財政上の見地より金額を削減するのは手続の問題であって重要ではないとして補充計画の開示を迫る金子堅太郎委員に対して、浜口は「大蔵大臣との協議は決して手続上の問題にあらず、大蔵大臣並に政府は、財政上の見地及国際関係の情勢等より稽へ、軍事当局者の立案せる兵力量の計画に対し、其の実質に亘りて査定を行ふものなり」と断言している[50]。こうしたことは本来なら蔵相が答弁してもいいような内容であるが、首相の浜口がこうして予算編成過程に踏み込んで述べることとなったのも、彼が加藤高明内閣で蔵相をつとめた経験、さらには第二次大隈重信内閣の若槻礼次郎蔵相の下で大蔵次官であったことが反映されているかもしれない[51]。財政関係の答弁における浜口の存在感の大きさは、審査委員会での大蔵大臣井上準之助の不在を印象づけることにもなる。

予算編成のスケジュールに関して付言すると、補充計画を盛り込んだ予算案を一一月の閣議に提出するということは、条約の批准を急がねばならないことになる。第三回審査委員会（八月二六日）で金子委員は暑中にもかかわらず本条約案の審議を急ぐ理由を尋ねているが、これに対し浜口首相は、対内関係の点では予算編成に関係するところ大きいため予算編成前に批准決定を希望すると答えている[52]。条約締結の成果としての軍縮による余剰財源を、国民負担の軽減（減税）と海軍兵力量の補充に配分しようとする政府としては、例年一一月に閣議決定を行う来年度予算案に減税や補充を計上する必要が生じるためである。来る年度の予算に軍縮の成果、とりわけ減税を盛り込むことは浜口内閣の政綱実現となるだけに、予算編成前に批准を完了させることを求めたといえよう。それゆえ第九回審査委員会で、予算が編成されるまで補充計画が確定せず、その提示もできないなら、条約案の審議を予算が編成されて補充計画が決定されるまで延期しようと荒井委員が述べたとき[53]、浜口首相は「予算の決定を待って審議を進めんとの荒井顧問官の御意見に対しては、自分は断じて承服し難し。予算編成に関係なく、本来の審議を進めらるることと致度し」と断言しているのである。[54] 予算編成の場で補充計画と減税の金額を確定させたあとに枢密院で条約批准が否決されでもしたら、内閣の倒壊は目に見えている。

第一一回審査委員会で改めて荒井委員が、補充計画の開示がないと条約の審議を進めかねるが、予算案の確定を待たないと提示できないといって計画の内容を示さぬまま政府が条約の審議を急ごうとするのはなぜかと問うと、浜口首相は今度は財界の不安を挙げる。「具体的の計画決定するに至る迄審議を行ふを得ずとのことなれば、重大なる結果をみるべし」として強い口調で次のように述べている。すなわち、政府が本条約の批准を急ぐ理由は、主として内政の問題であるとして、財界不安の現状を概説、この上さらに本条約の審議が延期されることになったならば、「其の間種々の流言蜚語行はれ、政界の不安、一般人心の不安より、延ひて財界に重大なる悪影響を及ぼすべし」として、「国民経済全般の為に」審議を延期することはできないと断じたのである。[55] 財政、経済上の懸念が条約成立の効果を求める浜口内閣の原動力となっていたことがわかる。

以上のように、補充計画の具体化、つまり項目、金額の詳細は予算編成を待つため、政府は予算編成過程を説明することで計画の明示は現時点では出来ないことを枢密院側に納得させようとした。それはまた、予算を編成していく中で財政状況や減税、他省の要求との調整のため、海軍の要求はそのまま実現するわけではないことをも示唆するものであった。他方で政府としては、その予算編成に間に合わせるため、条約の批准を急がねばならない。軍縮の成果を減税として確定させるためだけでなく、財界不安の一掃のためにも条約の成立を急ぐというのである。それゆえに予算が編成され補充計画が確定してから審議すればよいという枢密院側の意見は受け入れられないのであった。

## 五、留保財源

補充計画の策定においてまず問題となるのは財源である。以下に政府側のこの問題に関する答弁を見る。財源の金額には、ロンドン海軍軍縮会議以前の海軍建艦計画の経緯が関係している。

財源の問題が枢密院審査委員会で初めて話題にのぼるのは第七回である。浜口首相はそこでまず、「今回の『ロンドン』軍縮会議なかりしものとすれば、海軍の現在の計画遂行に約八億七八千万円を必要としたるものなり」と述べている[56]。ここでいう海軍の計画とは、第一節でも触れたが、田中義一内閣下の昭和三年九月一九日軍令部次長から海軍次官への商議の予報に始まり、同四年三月五日軍令部長から海相に商議が行われ、省部間の協議の結果、同年五月一四日岡田啓介海相から三土忠造蔵相に対し昭和五年度から同一一年度にわたる七ヶ年度継続事業として実現を求めた総額八億七六九九万七三四七円の補充計画案を指す（主力艦及び補助艦建造費のほか水陸設備費、航空兵力充実費を含む）。同計画案はロンドン会議開催の気運が生じたため、同会議の結果を待つことになり、大蔵省との交渉も自然中止となっていた。この計画は、ワシントン条約とそれに伴う国防所要兵力量の第二次改訂（大正一二年）に応じてたてられた補助艦艇補充計画が昭和六年度に完了するのを受けて構想されていた新計画であった[57]。

浜口は続けて「然れども斯かる巨額の経費を支弁することは財源の許さざる所なるが故に、不成立となりたる昭和五年度予算の編成に際して定められたる財政計画に於ては、軍部に於ても折合ひて五億円に削減することを承諾したるものなり」と述べている[58]。これは、昭和五年度予算案を閣議決定した同四年一一月九日の浜口内閣の予算閣議において、製艦費保留に関する次のような覚書が、井上蔵相の説明のあと閣議の承認を受けていることを指している。

# 覚

昭和五年度以降同十一年度に至る帝国海軍主要兵力充実の為倫敦海軍会議の結果如何は暫く別問題として、総額八億七千六百九十九万七千三百四十七円の要求ありたるも、財政上の都合に依り主力艦及補助艦建造の財源に充当する為総額五億千四百九万九千三百二十七円を財政計画上留保することとす[59]

留保財源約五億円[60]を閣議で定め、海軍も承諾したと浜口はいうのである。すなわち、「之にては恐らく軍部の計画には不足なるべし、然れども、大なる増税、大なる募債何れも実行不可能なる現状に於ては已むを得ざる所にして、軍部は此の状態に顧み、計画を切詰めて五億円を認めたるものなり」と語っているのであった[61]。

この約五億円の留保財源について財部海相のとった立場は、不十分ながらも財政事情を考えると認めざるをえないというものであった。軍部は莫大な補充計画費用を要求するのではないかという第九回審査委員会での荒井委員の質問や、軍令部の厖大な要求に海相は軍部・政府間で苦境に立っているのではないかという第一〇回審査委員会での河合委員の質問に対し、財部は実際の日本の国力を顧みれば莫大な経費を要求してもその通りは実行できないとした。すなわち、昭和五年度予算編成に際しても、軍令部は当初、米国の大型巡洋艦建造計画に対抗して対米七割維持のため一〇億円を超える案を持ち出したが、省部間の協議で昭和六年度末現有勢力維持を基準として八億七千万円に削減して大蔵省と協議した。しかし、これでも財政の負担に堪えるところではないと削減され、結局五億円に決定されたものが現在の財政計画における留保財源であると答えている[62]。

財部海相は第一〇回審査委員会での自らの答弁について、その日の日記に「本日は河合氏より吾の思ふ壺の質問続出に付先つ思ふ事を相応に陳述し尽す事を得て心気自ら快なり」と記している[63]。この「心気自ら快」の一因は、「目下海軍大臣は板挟みの立場に在るものにあらず」という河合への答弁[64]とは裏腹に、海軍の要求と財政事情の挟撃にあう海相の立場を率直に述べることが出来たことではないだろうか。不満足ながら認めざるを得ないという財部のこの苛立ちは第一一回審査委員会での次の答弁にもうかがえる。「実は五億円の財源留保しあるも、夫れにては実際は不足なり。然れども、財政の現状に鑑み、不取敢之に決定したるものなり(65)」。

このように、財源については前年度の予算編成に際しての閣議で、約五億円の留保が承認されていた。これは海軍も承諾していると浜口は述べたが、財部も海相としてその閣議覚書を認めざるを得ない。財政事情を考えれば致し方ないという立場であった。こうして約五億円が財源として留保されることになったが、この金額も全額が補充計画に充当されることにはならないのである。

## 六、補充と減税への割り振り

内閣成立当初に発表された十大政綱のうち三つを財政金融政策が占め、財政の整理緊縮、金本位制への復帰による経済の安定を最重要課題としていた浜口内閣にとって、軍縮で得た成果を減税に還元することが求められた。他方で海軍の三大原則のうち、大型巡洋艦対米七割、潜水艦現有勢力維持という二つを欠いた政府回訓案を海軍に受け入れさせた以上、その代償として一定の補充を認めざるをえない。留保財源五億円の枠内でこの二つをどう按配するかが問題となるのである。留保財源を補充と減税にどのように割り振るかは政治的判断を求められる課題であった。すなわち政策課題として優先順位をつけて調整しなければならないのである。海軍は条約締結で生じる兵力量の不足を補い、用兵上の欠陥を埋めるために最大限の予算獲得を目指してくるであろうし、他方で内閣としては国民負担軽減策として実効ある減税の実施を求めることになる。首相浜口の鼎の軽重が問われるところである。そこで彼の審査委員会でのこの問題に関する答弁を以下に検証する。

浜口は政府側説明に充てられた第二回審査委員会の答弁で、条約締結の善後策として政府が留意すべきは、「列国間平和親交の増進、国民負担の軽減、国防の安固、此の三者を適当に調和する」ことであり、条約成立の上は昭和六年度以降の財政計画でその実現を期すべく努力するとしてこの日の発言を結んでいる。(66) 財政上調和を求められるのは後二者であり、悪化する財政の下で国民負担の軽減つまり減税と国防の安固すなわち補充の間での財源の割り振りが浜口内閣にとって重要な課題であると認識していることを示している。

第七回審査委員会では山川委員が「大体の補充計画所要金額の見込」の提示を求め、「国民負担の軽減と補充計画の遂行との二者を、如何にして同時に実行せんとするものなりや」と質問した。(67) これに対し浜口は、政府の大体の方針では条約の成立により生ずる剰余財源の一部を国民負担軽減に、一部を補充計画の実行に用いる予定だが、その所要金額は未定であること、現在約五億円の財源を海軍の計画のために留保しているが、そのうち約一億円を条約所定の艦齢超過艦の代換や条約所定保有量を満たすための建艦にあて、残り約四億円を補充計画と国民負担軽減の財源にあてる方針であることを明らかにしている。(68)

山川委員が続けて、海軍の意向は条約上の代換建造の権利を最大限行使するところにある、そうなれば制限外艦船や航空機の補充にも不足し、国民負担軽減の余地がないのではと迫ると浜口は、政府の方針は国民負担軽減と補充計画を同時に実行することであると述べた。加えて今次海軍会議の重要な目的の一つは国民負担の軽減であると明言して、条約上の代換権利の行使、補充計画の実行、国民負担軽減の実施の三者を調和して実行すると語り、軍部の理想通りの計画を実行すれば財政は崩壊する、軍部と行政部の間で適当の程度に折り合って計画の実行を定めるのが実際であるというのである。(69) ここで浜口は国民負担軽減（減税）と補充を同時に実行するといいつつも、軍縮会議の重要な目的として前者を強調していることから、減税への力点を示唆しているように思える。

　ところが、第九回審査委員会になると荒井委員の質問に対する答弁の中で浜口は減税を重視する旨をよりはっきりと述べる。すなわち彼は、今日において政府として言い得る点は「軍縮に依る余剰金（留保財源）は、補充計画（条約上の代換権利行使を含む）と減税計画との二者を調和せしめて適当に之を按排決定す」るが、「補充計画は之を軍縮の精神に照し国防に支障を生ぜざる最小限度に止め、軽税に充つべき金額を出来得る丈け多からしむる方針なりとの一事なり」と語り、そしてこの答弁の程度を超えて二者の大体の割合などは現段階では説明できないとしている[70]。両者の割合は未定だが、とにかく政府としては減税にあてる金額を大きくし、補充の費用を出来るだけ減らしたいというのである。浜口内閣は、海軍予算をより大きく削減して減税などに振り向けることを通じて、条約成立の政治的効果を確実なものとなしうるのであった[71]。この認識は先に述べたように、同内閣の補充問題、ひいては軍縮問題に対する基本姿勢であり、内閣成立当初の政綱につながっている。

　一方、財部海相はこの補充と減税の割り振りについて審査委員会では何も語っていない。先に見たように、留保財源五億円については不満足だが財政事情を考えると認めざるを得ないというのが彼の考えであった。他方で回訓案閣議決定の際の補充に関する覚書に関連して、補充の実行について内閣の相当程度の考慮を求めていた財部としては、海軍部内で条約締結に対する不満があることを考えても予算上の手厚い配慮を内閣に対して期待するところであろう。本来なら八億七〇〇〇万円欲しいところ、不本意ながら認めたのが五億円の留保財源なのだから、海軍としてはその全額を補充に充てることで、条約締結によって生じる兵力量の不足、用兵上の欠陥を埋め合わせたいと考えても不思議でない。財部が何も語らなかったところに海軍側の期するところがうかがえるとともに、この時点で補充と減税の割合に言及して言質をとられることを避けたとも考えられる。

留保財源の配分についての内閣と海軍間の思惑の相違はほかの点からもうかがえる。第九回審査委員会で水町委員は減税と補充への財源の割り振りに関する質問を行うが、そこでも浜口は右に見た第七回審査委員会の山川委員の質問への答弁と同じように、留保財源約五億八〇〇〇万円のうち条約所定保有噸数最高限度までの建造と艦齢超過艦の代換建造に約一億六〇〇〇万円を充て、差額約四億二〇〇〇万円を減税と兵力量の補充に充てると答えている。[72]しかし、この同趣旨の繰り返された答弁は、枢密院審査にあたって事前に作成されていた大蔵省案の想定問答に対する海軍省側の修正要求に従わず、大蔵省案に沿ったものだった。すなわち、海軍省は条約上の協定保有量の充実と旧艦の代換に三億六五〇〇〇余万円を必要とし、留保財源中よりこの艦船建造費を除いた約一億四三〇〇万円の剰余を減税と補充に充てるべきとして、大蔵省案の修正を求めていた。[73]浜口はこの海軍の修正要求を無視し、大蔵省の原案に従って答弁したことになる。減税を補充より優先させるという判断が彼をしてこのようにさせたのであろう。

以上のように、約五億円の留保財源の補充と国民負担軽減への割り振りについて、浜口は後者への重点的な配分を語った。軍縮の経済的効果である減税をより大きくすることは浜口内閣への国民の支持調達の拡大、つまり政治的効果の増幅をもたらすことになる。不況の中で国民負担軽減の要求に応えること、すなわち減税の実施は、景気を刺激するとともに、内閣への求心力を一段と高めることになるからである。

さて、審査委員会は九月一七日、枢密院側のみで第一二回の会合が開かれ、諮詢案に対する同委員会の最終意見が決定された。各委員より種々の意見が出たが、伊東委員長より「軍部と完全なる協調の上、堅実なる補充計画を遂行し、且人民負担の軽減を実行して本条約の目的を達成するに於て万遺憾なきに於ては、本条約を御批准あらせられ可然と存ず」との趣旨で審査報告を作成することが提案され、一同これを承認したのである。[74] 枢密院側として否決、審査延期、審査返上いずれもなしえずにここに至った経緯についてはすでに先行研究によって分析されているが、[75] 政府側が強硬な態度をくずさなかったことが枢密院側の動揺を招いた第一の原因であろう。[76]

但し、原田熊雄も指摘しているように、上記の趣旨では軍部との協調や補充計画の遂行、国民負担の軽減という条件付きの賛成のように見えるので、政府側はその点に用心を怠らなかったようである。[77] 実際に二六日の第一三回審査委員会（枢密院側のみ出席）で決定された審査報告[78]を見ると、条約の概要、各論点についての政府側答弁の要約に次いで、審査委員会の意見が付されているが、そこでは補充問題について次のように言及されている。[79]

「補充計画の成否如何、之に要する費額如何、本条約に因て生すへき剰余金如何並国民負担軽減の有無及其の程度如何の問題」は「本条約の目的を達成し得るや否やを判断する上に於て極めて重要の事項に属し正に審査の要目」であるという認識に基づいて、

一、本条約所定の兵力量によって果して国防に欠陥を生ずることなく、本条約の目的である競争的軍備に伴う危険の防止、負担の軽減が達成できるか否かは本案条約の可否判定の最重要の論点である。

二、政府側は本条約所定の兵力量に欠陥が生じても補充によって国防の安全を期しうるとする。しかし、政府の責任をもって国防の欠陥を補充し、かつ相当の減税を行うべき旨を言明するのみで補充計画は調査中としてその大綱要目をも示さず、これに要する費額や減税額の見込みについても十分な説明がない。

三、補充計画は本来国務大臣と軍令機関との合意によって立案されるべきものなので、後者の意見を聴くこと、軍事参議院の奉答文を提示することを求めたが政府側に拒まれた。

四、そこで補充計画について当局の調査が終わるまで審議を延期すべきことを提案したが、これも政府側の

同意を得ることができなかった。

五、政府側の説明によれば、本条約批准の成否を未定のままにしておくと、政治上経済上の不安を惹起して社会に及ぼす影響が大きいというので、結局これまでの審査の程度において政府の言責を信頼して決議をなさざるを得ない。

その結果、「此の際本条約を承認するの最終の決定を与えらるること蓋し已むを得さる所なりと思料す仍て審査委員会に於ては本院は国務大臣か軍部と協調を整へ国防の補充計画を遂行し且国民負担の軽減を実行して本条約の目的を達成するに違算なきを期すとの言責に信頼して本件を可決すへきものと全会一致を以て議決したり。右審査の結果を報告す」という審査報告の主文が導き出されるのであった。

これを見る限り、軍部との協調、補充計画の遂行、国民負担の軽減ということが依然として条件に付されているようにとれるが、原田が記すように、政府は結局、審査報告の内容に不満はあるが大目に見ておくという態度をとったようである。[80] いずれにしても、補充問題が国民負担軽減との関係で枢密院審査において条約可否判断の中心と見なされ、重要視されていたことが改めてわかるであろう。

審査委員会の決定を受けて一〇月一日宮中にて枢密院本会議が開かれた。[81] 伊東審査委員長が条約内容に関する部分を除く審査報告全文を朗読したのに対し、浜口首相は簡単に政府の所見を述べることで間接的に審査報告中の誤解を正し、速やかに可決されることを望んだ。[82] その所見の要旨は次の通りである。[83]

一、補助艦保有量に関する協定の結果は、既定国防方針に基づき案画された現作戦計画の維持遂行には兵力量の不足を生ずるものだが、この欠陥は適当な補充を講ずることで国防上の支障を生じさせないことについては、軍部の専門的意見もまた一致している。

二、補充計画は当局において慎重攻究中であり、未だ具体的な数字を示すことは出来ないが、内容の充実、術力の向上を主眼とするもので、その大綱要目は審査委員会で海相より説明した通りである。

三、海軍の既定計画として昭和六年度より同一一年度迄の財政計画に留保してある金額は総計約五億円なので、これをもって本条約による代換建造並びに前述の兵力量補充に要する経費と国民負担の軽減とに適宜按配するものである。

審査委員会での答弁の域を出ないが、前出の審査報告要点中、二と三に改めて反論したものであることがわかる。

次いで石井菊次郎顧問官が質問に立ち、諮詢後の議案の扱いについて議長を批判し、三大原則について政府に質したあと、補充問題について次のような質問を発した。今回の協定で決まった日米英の水上補助艦トン数はジュネーブ会議での日本の提案とほとんど同じである、同会議以降国際関係における日本の地位が悪化したということもないのだから、補充は必要としないのではないか、補充が必要というのなら潜水艦七三〇〇トン程度であり、留保財源約五億円の一部をそれに充て、その他はすべて国民負担軽減に充てることが至当ではないか、政府の補充に関する意向を知りたいという問いである(84)。

浜口内閣にとっては石井の言うように出来ればそれにこしたことはないのであろうが、内閣がすでに約束した補充について、海軍の要求が石井の述べた程度に収まるはずがないのは当然のごとく予想された。そこで浜口は、補充計画、国民負担の軽減については当局にて研究中でその具体案は予算編成期に至るまで確定しない、従って審査報告に引用されている政府側説明中の要目以上に詳細に説明する材料がないと答えるしかなかった。石井が条約によって生ずる負担軽減について大綱要目も示されないままでは本条約を審査することは困難であるとして、補充と国民負担軽減の大体の目安の具体的な開示を重ねて問うても、浜口は、約五億円を代換建造、補充計画、国民負担軽減とに適宜按配するつもりだが、予算を離れて説明することはできない、補充計画の大綱要目は審査報告に引用された審査委員会での説明のとおりである、それ以上説明できないのは遺憾だが、この程度で了解を求めるほかにないと答えている[85]。

最後に石黒忠悳顧問官が、条約の成否未定のままでは政治上経済上不安を惹起して社会に及ぼす影響大であるという審査報告中の政府側見解の真意を問い、浜口が財界が神経過敏になっていた状況を説明して質疑を終了している[86]。このあと採決に及び、全会一致で「一九三〇年ロンドン海軍条約」批准の件は可決された。翌二日の閣議で条約批准裁可奏請を決定、即日上奏、同日中に条約は批准されたのである[87]。

以上、枢密院審査における補充問題については、政府は財政事情の苦しい中で補充を実施することの必要性を認めつつも、具体的な補充計画については予算編成の手順を示してその開示を拒み、同計画をめぐる政府・海軍間の齟齬を表出させようとする枢密院側の追及の矛先をかわしたのであった。補充計画、そして補充と減税への財源の配分は予算編成を経て確定されるのである。留保財源の配分の問題は補充問題の核心であったが、枢密院審査の段階で、政府側は国民負担軽減を大きくして内閣への求心力を高め、政治的支持調達を狙う姿勢をとった。条約による制限の代償としての補充を大義名分とする海軍の予算要求との間で、浜口内閣としての意向を示したのであった。

付言すれば、補充問題に関する政府側答弁を振り返って浮かび上がってくるのは、浜口首相の条約批准に向けての断固たる姿勢である。条約批准の必要性を、財政、外交の面から多角的に説明した上で、補充をもって国防の安固は保障しうることを断言する。しかも、補充計画の開示の拒否を貫きながら、予算編成過程を示して、その拒絶が不当でないことの理由を怠りなく述べる。財界の不安を語って審査を鞭撻することも忘れなかった。そして、留保財源の割り振りに関しては、内閣成立当初に掲げた政綱実現につながる国民負担軽減の重視を言い添えることで、予算争奪に備えているのである。こうした浜口の首尾一貫して、かつ目配りのきいた答弁が、枢密院側につけこむ隙を与えなかったといえよう。

**註**

(1)　前掲「浜口雄幸日記」三六九－三七〇頁、前掲『奈良武次日記』第三巻二四八頁、前掲『西園寺公と政局』第一巻一三七頁。

(2)　枢密院下審査の議事録は外務省編『日本外交文書 海軍軍備制限条約枢密院審査記録』外務省、昭和五九年、の「千九百三十年『ロンドン』海軍条約枢密院審査記録」に「千九百三十年『ロンドン』海軍条約枢密院下審査議事要録」として収録されている。なお前掲『西園寺公と政局』第一巻一三八頁参照。

(3)　前掲「浜口雄幸日記」三七三－三七六頁、前掲「財部彪日記」八月五日、前掲『西園寺公と政局』第一巻一三九－一四一頁、伊藤隆・広瀬順晧編『牧野伸顕日記』中央公論社、平成二年、三九九－四〇〇頁。八月一七日宇垣陸相は奉答文提出拒否を肯定して、その論理を浜口に語り、浜口は同意している（前掲『宇垣一成日記』第一巻七六五－七六六頁）。八月六日枢密院副議長平沼騏一郎は奉答文をどこからか入手して倉富議長と協議、批准に反対する理由は見つけ難いが政府から奉答文提示がない以上、引用もできないと話し合っていることについては、前掲増田「政党内閣と枢密院」一七二頁参照。枢密顧問官であり審査委員にもなる河合操後備役陸軍大将は畑俊六参謀本部第一部長に奉答文閲覧を求め、八月二〇日畑は河合限りと念を押した上で一覧させ持ち帰っている（前掲『畑俊六日誌』二五頁）。

官である。

（4）前掲『西園寺公と政局』第一巻一四四頁。審査委員は以下の九名である。伊東巳代治、金子堅太郎、久保田譲、山川健次郎、黒田長成、田健次郎、荒井賢太郎、河合操、水町袈裟六。荒井は元大蔵省主計局長、水町は元大蔵次官である。

（5）前掲「浜口雄幸日記」三七八―三七九頁。そこでは一五日の協議の主題として「余剰金問題」とある。留保財源のことか。前掲「財部彪日記」八月一二日によれば、同日は首相、外相、蔵相、鉄相、陸相と海相の六相で協議している。浜口の日記によれば、八月五、八、一二、一五、一九、二二日の定例閣議後の枢密院対策会議は、五、八日と海、外、鉄、陸と首相の五相で行われたが、一二日に「井上蔵相を加ふ」と明記され六相となり、一五日は「例の関係閣僚の居残を求め」、「主題余剰金問題」とあるので前回同様蔵相を含むか。一九日は「例の四大臣の居残り」、二二日は「五相会議」とあるから蔵相は加わらなかったのだろう（前掲「浜口雄幸日記」三七五―三七六、三七八―三八一頁）。

（6）審査委員会の議事録は前掲『日本外交文書 海軍軍備制限条約枢密院審査記録』中の「千九百三十年『ロンドン』海軍条約枢密院審査議事要録」に「千九百三十年『ロンドン』海軍条約枢密院審査委員会議事要録」（以下「審査委員会議事要録」と略記）として収録されている。この議事要録は幣原外相の口授によって作成され、浜口首相の閲覧訂正を経たものであり、財部海相の発言部分は、海相の口授によって作成された海軍省の記録を照合して訂正を加えたものである。第七回審査委員会議事要録は幣原外相欠席のため浜口首相の口授により作成し、第一回、第一二回、第一三回審査委員会は枢密院側のみの会合なので議事要録は作成されていない（前掲「審査委員会議事要録」一四六頁）。前掲「浜口雄幸日記」三八七頁には九月五日の第七回審査委員会終了後、浜口は「堀田外務省欧米局長を招致し、記録に留むる為め本日の枢府委員会の問答を口授す」とある。また前掲「財部彪日記」九月八日、九月一二日には審査委員会終了後海相官邸で財部の口授を古賀峯一海軍省副官が記録したとある。主として幣原外相の口述に依拠し、また、外務省欧米局第二課で作成された（前掲小林・島田「資料解説」一三―一四頁）というから政府側、とりわけ外務省の意向が叙述に入り込んでいないか気になるが、今のところ枢密院審査過程を最も詳細に記録したもの、かつ、入手しやすいものと思われるので、本章では以下同書に基づいて枢密院審査過程を見ていくことにする。先行研究では、前掲小林「海軍軍縮条約（一九二一年～一九三六年）」、前掲伊藤『昭和初期政治史研究』が『日本外交文書』収録以前の本資料を部分的に利用している。この「審査委員会議事要録」を通読するとここにロンドン海軍軍縮問題の諸論点が凝縮されているように思う。特に各論点に関する政府側の立場を知るのに有用である。なお、枢密院審査に関する資料としては、ほかに「枢密院関係質問応答資料」（前掲『現代史資料』第七巻）がある。これは「枢密院におけるロンドン海軍条約審査に備えて作製された極秘のいわゆる想定問答集」で、海軍省軍務局が内閣、外務省、大蔵省から送られてきた資料も含めてとりまとめたもの（前掲小林・島田「資料解説」一三頁）だが、本章では枢密院審査での答弁については、より詳細で、実際の答弁に即した前掲「審査委員会議事要録」を利用することにした。

（7）前掲「審査委員会議事要録」一四七、二九三、二九五頁。

（8）前掲伊藤『昭和初期政治史研究』三四三―三四七頁。なお前掲『西園寺公と政局』第一巻一五一頁で水町委員が原田に語っている審査の要点参照。

（9）前掲伊藤『昭和初期政治史研究』一〇二、一〇六頁。なお伊藤がそこで典拠としている外務省文書中の「昭和五年八月二十三日枢密院審査委員会ニ於ケル浜口総理大臣説明要旨」は、前掲「審査委員会議事要録」中の浜口の発言記録とほぼ同文である。後者は前者をもとに作成されたか。また、第二回審査委員会での首相、外相、海相の説明はあらかじめ準備した草稿によったものであり、その草稿は再び各相の閲覧訂正を経て、枢密院書記官に送付されている（前掲「審査委員会議事要録」一六六頁）。

（10）前掲「審査委員会議事要録」一五三―一五四頁。

（11）同右一五五頁。

（12）同右二三四頁の河合委員の質問。

（13）同右二二二頁。

（14）同右二三四―二三五頁。

（15）同右二四二頁。

(16) 同右二四七、二五〇頁。
(17) 同右二六一頁。
(18) 同右二六八頁。
(19) 河合の統帥権問題に関する質問と参謀本部の関係については、前掲『畑俊六日誌』二五―二七頁参照。
(20) 前掲「審査委員会議事要録」二〇九―二一五頁。この浜口の発言部分は「回訓発送事情」（前掲『太平洋戦争への道』別巻資料編五一―五四頁）と同文である。「回訓発送事情」は九月一日の枢密院第五回審査委員会での浜口の説明用資料であり、前掲「枢密院関係質問応答資料」四一頁で「三、首相答弁（回訓発令当時の真相）」とされているものである（前掲小林・島田「資料解説」一四頁）。浜口はこの説明用資料を使って審査委員会で答弁したのであろう。それは前掲「審査委員会議事要録」二一七頁に「回訓発送当時の事情に関する総理大臣の説明草稿は、同大臣再閲を経たる上、枢密院書記官に送付せり」とあることからもわかる。
(21) 前掲「審査委員会議事要録」二一四頁。
(22) 同右。
(23) 同右二三六頁。
(24) 同右二三八頁。
(25) 同右。
(26) 同右二四二頁。
(27) 同右二五五頁、前掲『西園寺公と政局』第一巻一六二頁。
(28) 第九回の審査委員会で補充問題の論議は頂点に達する。それまでに出た議論がまとめられるとともに、その後の審議でも繰り返し言及される論点が一括して審議されたのである。当然そこでの補充にかかわる議論は具体的なものとなっている。浜口が日記にこの日の審査委員会について「質問主題は補充問題の具体案（大体金額附）と減税問題」と記し、「自分の直感によれば本日頃より枢府愈々鋒鋩を露出し来れるものの如し」と枢密院側の意図を認識している（前掲「浜口雄幸日記」三八八頁）のもそのためである。また原田熊雄が委員会の終わるのを待ち受けて浜口から審議の概要を聴き取り、すぐに一木喜徳郎宮内大臣、鈴木貫太郎侍従長に伝え、岡部長景内大臣秘書官長に牧野伸顕内大臣への報告を依頼している（前掲『西園寺公と政局』第一巻一六三頁）のもこの日の審査委員会の審議がロンドン海軍条約批准に至る最大の山場と見ていたからであろう。加えて一三日、首相の命を含んだ吉田茂外務次官は岳父牧野を訪問して一〇日の審査委員会の経過を報告するが、そこでは補充と減税の調節を問い、補充計画の開示を迫る委員への浜口の答弁は、「他の出席者には重みある大演説を聴くの思ひを為さしめ」、「委員にも相当の印象を与えたる《ママ》見受けられた」こととともに、補充計画開示の拒絶で枢密院が面目上どんな態度に出るか、その出方を懸念する悲観の念が高まっていることが伝えられたようである。これに対し牧野は、かねて首相においては補充と減税の調節は難件として苦痛に感じていたので、この点の追及が政府を刺激するのは当然であり、一〇日の経過から前途重大と考えられたのは推測に難くないという感想を記している（前掲『牧野伸顕日記』四〇六―四〇七頁）。海軍の予算要求と国民負担軽減との調整が浜口内閣の抱える難問であることを牧野は承知していた。加藤寛治も翌一一日の日記に「枢府対政府愈正面衝突、形勢嶮悪」と記している（前掲『加藤寛治日記』一〇三頁）。宇垣陸相は一三日付けで枢府の方向転換と条約の成立を予測した上で、「今後に難問ありとすれば枢府関係ではなく寧ろ海軍補充問題ならんか」と書き残している（前掲『宇垣一成日記』第一巻七七〇頁）。補充問題の審議が政局を緊張させ、その行方に多大な関心が諸方面から寄せられていたことがわかるであろう。

(29) 前掲「審査委員会議事要録」二五六―二五七頁、前掲『西園寺公と政局』第一巻一六二頁。

(30) 前掲「審査委員会議事要録」二八四頁。一方、谷口軍令部長は九月二五日金谷範三参謀総長との会談で「海軍補充計画は軍令部にては成案を得たるも、目下海軍省にて之を握りある状況なり」と語っている（前掲『畑俊六日誌』二八頁）。

(31) 前掲『海軍軍備沿革』五八七頁、前掲『戦史叢書海軍軍戦備（一）』四〇一頁。

(32) 前掲「審査委員会議事要録」二四七頁。

(33) 同右二五七頁。

(34) 前掲増田「政党内閣と枢密院」一六八頁のいうように、「軍事には権限のない枢密院としては、国防上の判定は軍事参議院を頼りとするほかなかった。したがって、批准の最終判断を下す枢密院に軍部の見解は決定的ともいえる影響力をもつことになった」とするならば、財部海相の答弁によって、政府側はこの枢密院側の弱点を効果的についたといえよう。

(35) 第一一回審査委員会で伊東委員長は改めて浜口首相に奉答文の提出を要求しているが浜口は拒んでいる(前掲「審査委員会議事要録」一九〇―一九一頁、前掲『西園寺公と政局』第一巻一六六―一六七頁、前掲「浜口雄幸日記」三九一頁、前掲『牧野伸顕日記』四〇九頁)。但し、第一〇回審査委員会(九月一一日)で国防の安全についての軍事参議院の意見を問う河合委員の質問に対し、財部が「軍事参議官会議の奉答文の内容を言明することを得ざる次第なるも、軍事参議官会議の一員として、奉答文に同意せる時の自分の意見を述ぶることとすべし」として行った説明は、奉答文の内容の骨子を明確に述べており(前掲「審査委員会議事要録」一七四―一七五頁)、九月一三日の吉田茂外務次官の牧野内大臣への報告に、「聞くものをして奉答文其ものを読聞かされたる如く感ぜしめたりと云ふ」ものだった(前掲『牧野伸顕日記』四〇七頁)。

(36) 前掲「審査委員会議事要録」一四二頁。

(37) 同右一五七―一五八頁。

(38) 同右一六二頁。

(39) 同右一六一頁。

(40) 同右一八三頁。

(41) 同右一七四頁。

(42) この財部海相の立場を谷口軍令部長は九月一五日金谷参謀総長に次のように語っている。「海軍大臣も苦しき立場にあり。全権として調印し軍事参議官として奉答文の議決に加はり二重人格となり苦しき立場にある」(前掲『畑俊六日誌』一八頁)。

(43) 前掲「審査委員会議事要録」一九〇頁、前掲『西園寺公と政局』第一巻一六五―一六六頁。なお前掲伊藤『昭和初期政治史研究』三四五―三四七頁参照。伊藤著三四六―三四七頁に引用されている伊東の発言内容はおそらく同三四四―三四五頁にも一部引用されている「倫敦条約御批准の件第十一回審査委員会に於ける伊東委員長の演説筆記」からのものと思われるが、本章で利用している「審査委員会議事要録」二八九―二九〇頁の伊東の発言記録よりも詳細なものとなっている。
(44)　前掲伊藤『昭和初期政治史研究』三四七頁。
(45)　前掲「審査委員会議事要録」二九一頁、前掲『西園寺公と政局』第一巻一六六頁、前掲『牧野伸顕日記』四〇九頁。
(46)　前掲増田「政党内閣と枢密院」一七三―一七四頁。
(47)　前掲「審査委員会議事要録」二五五、二六八―二六九頁。
(48)　同右二八六頁。
(49)　大日本帝国憲法下における予算編成過程については、本書第二章第一節参照。
(50)　前掲「審査委員会議事要録」二八六―二八七頁。予算編成における大蔵大臣の権限については、本書第二章第一節参照。
(51)　浜口は明治二八年入省の元大蔵官僚だが、官僚としての経歴の大半を徴税畑と専売畑で過ごしている（戦前期官僚制研究会編・秦郁彦著『戦前期日本官僚制の制度・組織・人事』東京大学出版会、昭和五六年、一八五頁）。
(52)　前掲「審査委員会議事要録」一七一頁、前掲『西園寺公と政局』第一巻一五五頁。
(53)　前掲「審査委員会議事要録」二五六―二五七頁、前掲『西園寺公と政局』第一巻一六二頁。
(54)　前掲「審査委員会議事要録」二六一頁、前掲『西園寺公と政局』第一巻一六二頁。第九回審査委員会のあった九月一〇日夜江木鉄相は原田に対して、政府が補充計画もその財源も示さない以上、条約が適当か否かを判断する材料がないのでその計画が出来るまで審議を延期したい、延期不承知の場合は否決するというのが枢密院の出方ではないかと推測している（同右一六三頁）。
(55)　前掲「審査委員会議事要録」二八八―二八九頁、前掲『西園寺公と政局』第一巻一六七頁、前掲『牧野伸顕日記』四一〇頁。

(56) 前掲「審査委員会議事要録」二三七頁。
(57) 前掲『海軍軍備沿革』四二六―四八二頁、前掲『戦史叢書海軍軍戦備（一）』三六二―三六四頁。
(58) 前掲「審査委員会議事要録」二三七頁。
(59) 前掲『海軍軍備沿革』四三〇頁。総額五億一四〇九万九三二七円の年割額は次の通りである。昭和五年度六百万円、同六年度一八五四万七七二九円、同七年度八七二一万三百円、同八年度八七九〇万六八二六円、同九年度九六〇三万六三八五円、同一〇年度一億五九二万四七六七円、同一一年度一億一一四七万三三二〇円（同右四三二頁）。
(60) 昭和五年九月の枢密院審査の時点では、昭和四年一一月閣議覚書にいう留保財源総額五億一四〇九万九三二七円から昭和五年度充当分六百万円を差し引いた五億八〇九万九三二七円が留保財源となる（同右五七六―五七七頁、前掲「枢密院関係質問応答資料」八二頁）。
(61) 前掲「審査委員会議事要録」二三七頁。浜口は第九回審査委員会でもこの留保財源は「海軍大蔵両省の間に協議済みのもの」であり、「昭和五年度予算編成に際し決定せるものなり」と強調しているが（同右二五四―二五五頁）、一方で前掲『海軍軍備沿革』四三〇頁において同書編者はこの留保財源に関する海軍の立場について次のように註を付けている。「此覚書は大蔵省にて作成して海軍省に内示し来りしか海軍省は之に関しては大蔵省に対して何等可否を答ふる所あらさりき。是れ蓋し海軍は八億七千余万円案に対する大蔵省の五億余万円の査定に対しては、之に同意して改訂計画を立てたることなく、右は単に大蔵省に於ける財政計画上財源の留保に係る問題と見てのことにして、海軍としては愈々実行する場合には更に不足分を要求する覚悟なりしに由れるものなりと云ふ」。実際にも海軍は昭和五年一〇月七日に請議する補充計画では七億三千万円余を第一案として要求している（同右五六三―五七二頁）。留保財源の金額について海軍内部に異論があったということかもしれないが、本文引用の財部海相の答弁からして五億円を認めざるをえないというところなのだろう、昭和五年一〇月の請議では次善の策として約五億円の補充計画案を第二案として添えている（同右五七二―五七五頁）。
(62) 前掲「審査委員会議事要録」二六一―二六二、二七二、二七四頁。昭和四年五月に海軍大臣から大蔵大臣に照会され、昭和五年度予算編成において実現の考慮を求められた補充計画案の作成に際して、海軍省と軍令部の間に艦艇補充の方針をめぐる理論上の対立と妥協があったが、それについては、前掲『海軍軍備沿革』所収の「省部協定按画」（四四一―四四六頁）、「海軍大臣ヨリ口頭ヲ以テ軍令部長ニ申入タル要旨」（四四六頁）参照。

(63) 前掲「財部彪日記」九月一二日。なお財部はこの日の委員会を第九回と記しているが、第一〇回の思い違いであろう。

(64) 前掲「審査委員会議事要録」二七四頁。

(65) 前掲「審査委員会議事要録」二八五頁。同じ一一日の審査委員会で財部は「現内閣時代に至り、保留財源約五億円を作り、之を以て主力艦及補助艦の建造費に充つることに一応定まりたるものなり」（同右二八四頁）と留保財源の決定を「一応」と表現している。また、海軍の要求を財政事情を理由に削減せざるをえないことについて財部は、第八回審査委員会で条約不成立で直ちに造艦競争に入る方が有利であるとする河合委員の発言に答える形で、「今次条約の成立なきものとして、現有勢力の維持には、海軍の計算によれば八億七千万円を要す。今日斯かる巨額の造艦費を調達し得る政治家ありや?」とも語っている（同右二四六頁）。不満足ながらも従わざるをえないことが財部を苛立たせていたのだろうか。他方で当時海軍を取り囲んでいた約五億円の財源留保で満足せざるをえないという雰囲気について、昭和五年六月から海軍次官となっていた小林躋造は昭和八年執筆の前掲「倫敦軍縮会議論」四八頁に次のように書き残している。「一体アノ財政逼迫の際に、独り海軍の為に五億八百万円の財源を留保して居る事は、各省の間に非常な問題となつたのであつて、歳入減ずれば当然此留保を解消し、国務全般の運用に支障なからしむべきであるとの議論は、閣議の際屡々閣僚から述べられたと、井上蔵相から聞かされた事もある」。留保財源五億円も全額海軍のものとはならなくなるのである。

(66) 前掲「審査委員会議事要録」一五五頁。

(67) 同右二三五―二三六頁。前掲『西園寺公と政局』第一巻一六一頁によれば、補充計画の財源や減税についての山川委員の質問など第七回審査委員会の報告を原田から受けた西園寺公望は、「減税等の点をきいたりすることは御諮詢の範囲外ではないか。議長はなぜこれらの質問をとめないか」と言ったという。

(68) 前掲「審査委員会議事要録」二三六頁。

(69) 同右二三六―二三七頁。
(70) 同右二六九頁。
(71) 前掲伊藤『昭和初期政治史研究』一一六頁。
(72) 前掲「審査委員会議事要録」二五五頁。
(73) 前掲「枢密院関係質問応答資料」八二―八三頁、前掲伊藤『昭和初期政治史研究』一八八頁。「枢密院関係質問応答資料」中の財政に関係する想定問答の部分、すなわち「倫敦海軍会議に関する財政上の説明要綱」は、大蔵省の内部資料によれば、次のような過程で作成されたと考えられる。大蔵省によってまず、確定稿に至る前段階として「倫敦海軍会議ニ関スル財政上ノ説明要綱」(前掲「昭和財政史資料」五―一七〇―C―二二、大蔵省用箋にタイプ印刷)が作成されたあと、「倫敦海軍会議ニ関スル財政上ノ説明要綱（確定ノ分）」(同右五―一七〇―C―二一、同右)が確定稿として出来あがった。これは前掲『現代史資料』第七巻所収の「倫敦海軍会議に関する財政上の説明要綱」の「大蔵省案」部分とほぼ同文である。表紙に「昭和五年八月廿貳日」の日付印が押されており、「確定ノ分　首相、外相、海相へ交付」と書き込みがあることから、八月二二日に大蔵省の決定を経て、これら三相の手に渡ったと考えられる。これに対し海軍は「倫敦海軍会議ニ関スル財政上ノ説明要領ノ件申進」(前掲「昭和財政史資料」五―一七〇―C―二四)を提出している。この資料は前二者と同じ大蔵省用箋にタイプ印刷されていることから、海軍側の要求を聞いて大蔵省がまとめたものであろう。その要求内容は前掲「倫敦海軍会議に関する財政上の説明要綱」の「海軍省修正」部分にそのまま実現されている。冒頭に「昨日御送付の主題の件に関し左記の通訂正せられ度海軍大臣の御希望に付可然御取計を得度」とあるので、大蔵省から前記「倫敦海軍会議ニ関スル財政上ノ説明要綱（確定ノ分）」が海相に交付された翌日に大蔵省宛に発せられたものであろう。浜口は海相の名で行われた海軍の修正要求に従わずに枢密院で答弁したことになる。
(74) 前掲「審査委員会議事要録」二九三頁、前掲『西園寺公と政局』第一巻一七三頁。
(75) 前掲伊藤『昭和初期政治史研究』三四八―三五〇頁、前掲増田「政党内閣と枢密院」一七四頁。
(76) 浜口はその日記に一五日第一一回審査委員会終了後、「形勢不明なるも政府の方針態度は微動なし」と記し、翌一六日閣議後、幣原外相、安達内相を招いて「秘かに或る決心を告」げている（前掲「浜口雄幸日記」三九一、三九二頁）。江木鉄相が一四、一五両日鈴木侍従長、一木宮相を訪ねて枢密院正副議長、審査委員長免官の上奏も辞さない旨伝え、それを聞いた牧野内大臣は、江木は自分のみの意見といっても首相と協議の上であることは疑いないと断言している（前掲『牧野伸顕日記』四〇八頁）ことから浜口の「決心」の内容は推測できる。もっとも第六回審査委員会（九月三日）後の四日、浜口は原田を呼び「政府は断乎たる処置をとる決心」を語り、西園寺の了承を得ることを求め、同日原田からその話を聞いた西園寺は、同意した上で、内大臣、宮内大臣、侍従長への通報を促した（前掲『西園寺公と政局』第一巻一五七－一六〇頁）。岡部内大臣秘書官長は原田から政府の断固たる態度の内容として、正副議長、審査委員長の免官処分のことを聞き、翌五日牧野内大臣に伝えている（前掲『岡部長景日記』四二一－四二三頁）。浜口の決心は早かった。但し一七日審査委員会での条約案可決の報に接して、浜口は「多少の不安なきにあらす」（前掲「浜口雄幸日記」三九二頁）と記し、財部も「眉唾ものの感去らす」（前掲「財部彪日記」九月一七日）と書き残していることから、政府側も不安が全くなかったわけではないようである。

(77)　前掲『西園寺公と政局』第一巻一七三頁。財部海相は一九日の閣議での首相による枢密院関係の報告について「蓋し尚ほ油断を許さざるものを以てなり」と記している（前掲「財部彪日記」九月一九日）。

(78)　前掲外務省編『日本外交文書　海軍軍備制限条約枢密院審査記録』中の「千九百三十年『ロンドン』海軍条約枢密院審査議事要録」に「千九百三十年『ロンドン』海軍条約審査報告」（以下「審査報告」と略記）として収録されている。

(79)　前掲「審査報告」三一〇－三一二頁。

(80)　前掲『西園寺公と政局』第一巻一八四頁。浜口は二六日当日、「全員一致委員長の原案（即無条件無警告可決）に決定」したとその日記に書き残しているが、審査報告の送付を受け熟読検討したのはその翌日、翌々日である（前掲「浜口雄幸日記」三九六－三九七頁）。波多野勝「浜口家所蔵の「浜口雄幸文書」」（『法学研究』第六七巻第七号、平成六年七月）九四－九五頁によれば、このとき浜口が目を通した審査報告が浜口家所蔵の浜口文書の中に残っていて、その余白に浜口が赤鉛筆で所々メモを書き加えているとのことである。波多野は「一読して細部に不満があったことがうかがえる」として、いくつかの浜口の書き込みを例示している。また、財部は二七日の日記に「枢密院精査委員会の報告案来る　余り不都合の点なしと認めたり　然れ共国防の欠陥と云ふ字頻出に付其点は国務大臣の先に答弁したるとすると相違に付何とか弁明しおくの必要なきかと次官より法制局長官に咄さしめたり」と記している（前掲「財部彪日記」九月二七日）。政府としてはともかく可決されたことをもってよしとするというところなのだろう。一方、西園寺公望は審査報告中の「国務大臣が……言責に信頼して」という部分に注目したのか「すべての責任を政府に負はしてゐる。あんなことで枢密院の存在理由があるのか」と批判している（前掲『西園寺公と政局』第一巻一八三頁）。

(81)　枢密院本会議の議事録は前掲外務省編『日本外交文書　海軍軍備制限条約枢密院審査記録』中の「千九百三十年『ロンドン』海軍条約枢密院審査議事要録」に「千九百三十年『ロンドン』海軍条約枢密院本会議議事要録」（以下「本会議議事要録」と略記）として収録されている。

(82)　前掲「本会議議事要録」三一六頁、前掲「浜口雄幸日記」三九八頁。

(83)　前掲「本会議議事要録」三一六頁。

(84)　同右三二〇―三二三頁。

(85)　同右三二六―三二七頁。なお前掲伊藤『昭和初期政治史研究』一一六―一一七頁参照。

(86)　前掲「本会議議事要録」三二七―三三〇頁。

(87)　前掲「浜口雄幸日記」三九九頁、前掲『奈良武次日記』第三巻二六六頁。

## おわりに

本章では、ロンドン海軍条約の批准に至る過程において、補充問題がどのように課題として浮上し、政府側、海軍側によっていかに位置づけられ、取り扱われてきたかを資料に基づいて分析してきた。その結果判明したことは次のようなことであろう。

補充の問題は海軍が政府回訓案を承諾する際の条件として浮上してきた。海軍の三大原則の実現が難しくなったとき、海軍内各部局の要求を取りまとめる形で補充要求として閣議に提出されたのである。条約の締結を最優先する浜口内閣はこの要求を容れた。しかし、そこでは補充の規模、経費がどの程度のものになるか、どれほどの財政負担を招くかという考慮は十分行われていなかった。回訓前後の時点では、条約締結、軍縮の直接の成果の大きさに目を奪われて、このあと海軍が一丸となって実現を求めてくる補充が財政にもたらす負担と国民負担の軽減（減税）との兼ね合い、すなわち政策課題の優先順位の問題には検討が及んでいないのである。

軍事参議院参議会開催にあたっては、条約批准への海軍部内の合意取り付けにおいて補充が重要な要素となっている。予算獲得という目的の下で組織としての海軍はまとまるのである。その補充について浜口内閣は回訓時点での覚書で同意していたのだが、軍事参議官たちによる審議の過程で、補充の実行と財政の制約に関する表現をめぐって内閣・海軍間のさや当てが行われる。補充の規模に関する双方の思惑が背景にあって、財政の制約の表現にこだわったのであろう。そこには、予算配分を伴う政策課題の調整をめぐる政府、海軍間の対立が潜んでいるのであった。

続く枢密院審査では、まず政府側による困難な財政事情が条約締結に踏み切った主要な理由であるとの説明に始まり、補充を講ずれば国防上の不安は生じないことが主張される。政府も補充の必要性は認識しているのである。しかし、具体的な補充の規模、金額について政府側は、枢密院側の開示要求を拒み、それらは予算編成を経て決定されるという原則を繰り返し述べる。かくして枢密院側の補充計画開示要求を退け、その追及をかわして条約批准にもちこんだのであった。他方、補充の実施は予算の裏付けを前提としている以上、海軍の要求通りになるとは限らないことになる。また、予算編成の期日に合わせるため、批准を急がねばならないことになる。そして、限られた財源を補充と減税にどのように配分するかという予算配分を伴う政策課題の調整にあたって、政府は減税重視を打ち出して海軍の機先を制したのである。ロンドン海軍軍縮問題における財政と軍備の調和という課題は、予算を手段として調整が図られ、政策課題としての優劣がつけられるのであった。

なお、この一連の補充問題をめぐる政治過程を通して、首相浜口のリーダーシップが重要な役割を果たしていたことを見逃してはならない。困難な財政事情の打開と政治的支持調達を軍縮の実施と減税によって具体化し、政権の基盤を固めようとする浜口内閣、当初の要求が実現に至らなかったことへの代償と部内の条約反対派説得の材料を求める海軍、政府・海軍間の齟齬を見出そうとする枢密院、これらの集団にとって補充問題はそれぞれの思惑、意図を実現するための格好の課題となったが、浜口首相のリーダーシップの下で、予算を手段として、海軍のセクショナリズムを抑制しつつ、国民負担軽減など他の政策課題と補充問題との調整が行われていくのであった。

# 第二章　予算編成と政治家のリーダーシップ

## ──斎藤実内閣期の予算編成と政治

### はじめに

昭和初期の我が国では、満州事変が起こって軍備拡大が続くとともに、景気回復を目指した高橋是清の財政によって、産業の発展と国民生活の向上がもたらされ、戦後の経済発展につながりうる兆しも見えていた[1]。その前には多様な国家の発展の途が用意されていたといえよう。

そこで我が国の針路をめぐる模索が行われることになるが、それは当時の政治の様々な側面で表面化する。その一つがここに見る予算編成過程であった。予算過程が「公共資金という稀少な社会的価値の分配をめぐる……諸集団間の紛争の過程」であり、その紛争とは「過程への参加者全員が分有する公益の正統性をめぐる紛争である[2]」とすれば、参加者である各官庁は、独自の「公益」を主張し、各公益を背景とする政策の実行を目指して、それを裏付ける予算の獲得を至上目標に予算過程に参加することになる。そこでは、強大な政治勢力となりつつあった軍部も形式上、制度上は各省と同列の一要求官庁として予算を要求するのであった。

予算過程は大きく三つに分けられよう。政府原案決定までの予算編成過程、議会提出後の予算審議過程、予算決定後の予算執行過程である。本章では大日本帝国憲法下、特に大正期から昭和期にかけての予算編成過程を法規、慣例に従って概括的にまとめた後、斎藤実内閣高橋財政下の予算編成過程の具体的考察を通して、当時の政治過程の一側面を描き出しリーダーシップの所在を解明することで、この時代の我が国の政治を理解する材料を提供したい。また、予算編成方式の蔵していた問題点とその改善の試みを明らかにすることで、当時の政策決定過程の特徴を考察する。

ここで予算過程のうち、予算閣議での政府原案決定、議会提出までの編成過程のみを扱うのは、大日本帝国憲法が議会の予算審議権に様々な制約を設けていたのに加えて、議会の政党勢力の弱体化が進むこの時期、政党による予算獲得を通じての「公益」実現能力が低下した結果、行政部内の予算編成過程に各勢力の政策実現の圧力が圧縮してかけられたからである。

戦前期の予算編成過程を扱った先行研究としては、戦後の予算編成過程との連続性という視点から取り上げた業績として、小島昭と伊藤大一の研究がある。前者は、戦前から戦後に引き継がれた我が国の予算編成の特徴の一つとして、各省提出の概算要求をめぐって各省と大蔵省主計局の折衝に過度な負担をかける方式がとられていたため、折衝に過剰な政治的処理が伴いやすいことを指摘している。そして、その理由として明治期以来各省の割拠性が強く、政策の総合調整を行う機会が殆ど予算編成過程に限られていること、にもかかわらず、予算編成担当機関たる大蔵省は他の省と同列であって制度的にも慣習的にも政策調整機構たるにふさわしい条件、手段を有していないことなどを挙げている。加えて戦前期独自の理由として、統帥権の独立や閣僚の単独補弼責任制により内閣の一体性が弱かったため、予算査定を通じる大蔵省主計局の政策調整力は、大蔵大臣個人の閣内での指導力に依存する度合いが戦後より大きく、また高橋是清蔵相が昭和一一年の二・二六事件で倒れて以降の大蔵大臣と大蔵省を例に、蔵相に政治力の欠ける場合は、主計局がその経験、実績をもとに政治的処理で切り抜けざるをえなかったという[3]。

一方、伊藤によれば、戦後政治過程では大蔵省が内閣に代わって予算の編成、決定を行い、それは予算が政策の数量化された表現である以上、政策自体が大蔵官僚によって決定されてきたことを意味すると断言した上で、こうした大蔵官僚主導の政策決定方式の性格と問題を政治・行政史のうちにこの方式の原型を見出すことで究明しようとする[4]。そうした目的の下で戦前期の予算編成過程の分析が行われるのであった。伊藤はその作業の前提として、この大蔵官僚主導の予算編成を通ずる政策決定方式の構造的特徴には以下のことが含まれるとする。すなわち、財源に関する情報入手の点での大蔵省と各省との落差が予算編成作業における大蔵省側の優位を保障し、両者間の交渉は、優越的立場にある大蔵省からの恩恵の引き出しという性格をもつこと、予算単年度主義の原則により予算編成が期限付き作業となることが、情報格差による大蔵省の優位を増幅すること、これらの特徴が予算編成自体の政策決定メカニズム化を容易にしたというのである[5]。

伊藤によれば、かかる特徴は、明治以降の政治・行政史の中でもとりわけ満州事変以後の時期に形成されたとする。その理由として昭和初期に大蔵原案決定後の復活折衝が閣議でこなしきれなくなり、事務当局間で折衝を行うようになったという河野一之（昭和五年大蔵省入省、同一二年以降主計局で予算編成に携わり、戦後主計局長、事務次官を歴任）の回想を引用している。さらに、その背景には内閣の政策決定能力の低下によって、すべての政策要求が予算編成過程に流入したことがあるとして、『昭和財政史』第二巻から、行政権限の分立性と政策の分裂状態の表面化、予算の分捕り傾向の強まりが異常な予算編成を招いたという指摘を引用している[6]。伊藤は加えて、弱体の内閣に代わって主計局官僚が日本の動向を考え、軍部を抑えるのに尽力したという別の大蔵官僚が戦後に語った話をもとにして、政策の全領域を覆うに至った予算編成の主導権は、大蔵官僚によって握られるに至ったと述べている。その理由のひとつとして、彼らが公債発行額の見積など財政に関する専門技術を蓄積し、それが対軍部交渉などの場で有効な力となり得たことを挙げている[7]。

以上の小島、伊藤両者の見解に共通する特徴は、予算編成過程、さらには政策決定過程における戦前から戦後への連続性の指摘である。伊藤の場合、さらに戦前戦後を通ずる予算編成過程、政策決定過程での官僚、とりわけ大蔵官僚の優位性を強調する。こうしたいわゆる戦前戦後連続論と官僚優位論に対しては、すでに村松岐夫によって戦後官僚制の実証的分析に基づき、政治過程に関する戦前と戦後の断絶、戦後における議会と政党・政治家の優位を指摘する立場からの批判が行われている[8]。しかし、この批判も戦後の政策決定過程、政治過程を分析する中から析出された戦後の独自性に基づくもの、つまり、戦後からみた断絶論であり、戦前の予算編成過程、政策決定過程の実証的分析が行われているわけではない。戦前については戦前戦後連続論者、官僚優位論者の立論が要約されるに止まっているのである[9]。

本章では、戦前期の予算編成過程を斎藤内閣期を例に実証的に分析することで、先に見た小島、伊藤の所論が妥当性をもつものかどうかを検証するとともに、大日本帝国憲法下の予算編成を通ずる政策決定方式において、閣議や政治家の果たした役割を明確にして、戦前期日本政治の研究に新たな視角を提供することを試みたい。そのことはまた、戦前と戦後の我が国の、予算編成を通ずる政策決定方式の変容と持続の問題を再考する材料を提供することにもなるであろう。

そこで、まず第一節においては、大日本帝国憲法下の予算編成方式を法律、さらには慣行に基づいて説明する。大日本帝国憲法下で予算編成の実務に携わった大蔵省主計局官僚や同時代のジャーナリストが予算編成について記した著作を利用して、同憲法下、大正期から昭和初期にかけての予算編成過程を予算関係法規の解釈やその運用面から明らかにしたい。そこでは法規に基づく制度の説明とともに、慣行として実施されている手続も明確化する。なぜなら、ここでは憲法、財政法の側面からでなく、政治過程の一部として予算編成過程をとらえたいからである。大蔵官僚の手になる予算編成過程解説は、関係法規の解釈による現行制度の説明に詳しく、新聞記者によるそれは慣行を含む実状の描写に力を入れる傾向がある。こうして手続面から予算編成過程を描くことは、法規、慣行によって保障されていた大蔵大臣及び大蔵省の権限を明確にする。それとともに、大日本帝国憲法下の予算編成過程を政治過程、政策決定過程としてとらえようとするときに基盤となる予算編成の進行手順、枠組みを供給してくれる。

次いで、第二節、第三節では、伊藤によって大蔵官僚主導の予算編成を通ずる政策決定方式が形成された時期と見なされた満州事変以降の期間のうち、斎藤内閣で高橋是清が大蔵大臣として行った財政（高橋財政）の時期の予算編成過程を、当時の大蔵省内部文書、公刊された日記や同時代の新聞記事、雑誌等を使って具体的に浮かび上がらせ、この時期の予算編成過程において政治家が果たした役割を明確にしたい。すなわち、斎藤内閣期の高橋財政下では予算額の多くを占め、政治的にも重要な意味をもった軍事費や時局匡救費の決定において、閣議や関係閣僚会議に参加する政治家が重要な役割を果たし、新規要求の採否や予算承認額の増減を左右していることを示す。また予算編成手続面では、第一節で明らかにした法規、慣例に基づく進行手順が実際の政治過程においてどのように実行されているかを具体的に示すとともに、各省による予算分捕りの傾向を是正しようと予算編成方式の改革が閣僚間で検討されたことを明らかにする。それは政党による統合が困難となる中での諸要求調整の試みであった。

以上の作業を通して、従来の研究が提示したこの時代の予算編成を通ずる政策決定方式の理解、すなわち大蔵官僚主導の予算編成、政策決定という見方に対して、より実態に即した予算編成過程、予算を通じての政策決定過程の構図が提示できるであろう。[10]

従来の研究では高橋財政期の予算編成を論じるとき、しばしば大蔵省が戦後編纂した『昭和財政史』第二巻本文の記述が典拠として引用されてきた。しかし、そこでは何年度の予算のことか、どの内閣のことか時期が明示されておらず、正確さが不十分なので同書本文を一次資料として引用することには注意しなければならない。あくまで執筆者の見解を表した研究論文と考えた方がよいが、論文としても叙述に対する典拠がほとんど示されておらず、検証できないのが難点である。[11]

また従来のこの分野の研究では、官僚の回顧録や戦後に語った後日談にのみ依存する傾向があった。[12]それらの資料には往々にして後日の自己正当化や記憶違い、編纂者の解釈が紛れ込みやすい。単独で典拠とすることには慎重であるべきだろう。

本章では、大蔵省の内部文書を収録する「昭和財政史資料」（マイクロフィルム）に直接あたるとともに、国立国会図書館憲政資料室所蔵の文書、同時代に記された日記、同時代に刊行された新聞、雑誌を活用することで、『昭和財政史』編纂の参考とするために戦後催された「昭和財政史史談会」[13]での元大蔵官僚などの回顧談だけに依存しないように心がけた。また予算編成過程中の事実確認のためにも同時代の新聞を活用した。[14]

## 註

（1）中村隆英『昭和経済史』岩波書店、昭和六一年、六三頁。
（2）小島昭「現代予算政治試論」（渓内謙・阿利莫二・井出嘉憲・西尾勝編『現代行政と官僚制』下巻、東京大学出版会、昭和四九年）一〇七頁。
（3）小島昭「日本の財務行政」（辻清明編『行政学講座』第二巻、東京大学出版会、昭和五一年）一六九－一七〇頁。政策の総合調整と大蔵省については、本書第三章、第四章参照。
（4）伊藤大一「大蔵官僚の行動様式」（伊藤大一『現代日本官僚制の分析』東京大学出版会、昭和五五年、初出は昭和五一年）一五八－一六一頁。
（5）同右一六五、一六七－一六九頁。
（6）同右一七〇－一七一頁。伊藤は関連して、広田弘毅内閣期に実現が試みられた総務庁案について、予算編成作業の一部を内閣に移すことは、主計局を事務整理機関とし、政策決定機能を内閣に移そうとするもので、こうした案が考慮されたことは、予算編成自体が政策決定としての意味を持ち始めていたことを裏付けると述べている（同右一七一－一七二頁）。総務庁案と大蔵省主計局については本書第四章参照。
（7）前掲伊藤「大蔵官僚の行動様式」一七二－一七四頁。
（8）村松岐夫『戦後日本の官僚制』東洋経済新報社、昭和五六年、同「政党と官僚制」（三宅一郎・山口定・村松岐夫・新藤榮一『日本政治の座標』有斐閣、昭和六〇年）二〇三－二〇九頁。
（9）たとえば、前掲村松『戦後日本の官僚制』一〇－一一頁では、辻清明「官僚機構の温存と強化」（岡義武編『現代日本の政治過程』岩波書店、昭和三三年）を、特に大蔵省と予算編成に言及した前掲村松「政党と官僚制」二〇四－二〇五頁では、前掲伊藤「大蔵官僚の行動様式」を引用している。一方、真渕勝は戦後財政制度の形成と定着に関する論文で、国家財政に関する権限が政府から国会に移行した点で戦前との断絶性を認めつつ、予算編成が大蔵省主計局中心に進められた点で戦前との連続性を指摘できるとしているが、そこでは前掲小島「日本の財務行政」の記述が利用されている（真渕勝「財政・金融政策」（西尾勝・村松岐夫編『講座行政学』第三巻政策と行政、有斐閣、平成六年）四九－五一頁）。

(10) 松浦正孝『財界の政治経済史』東京大学出版会、平成一四年、は高橋是清と財界の結びつきをもとに、岡田啓介内閣期の政官関係における政治の優位を論じ（一三三頁）、伊藤の大蔵官僚主導説に対して高橋蔵相の存在意義を強調している（一五一－一五二頁）。

(11) 原朗は、大蔵省の官撰財政史に収められた資料の多くは本来は一次資料ではなく、同省が本来の一次資料を用いて編纂した報告類が大部分を占めているのであり、一次資料に戻って確認し直すことをせず、本来は二次資料たる報告、調書による叙述に頼って研究を進めていると無意識のうちに官撰史所収の資料に示されている観点に影響を受けて、問題の枠組み自体や分析の手法までがこれらの報告、調書の内容にひきずられてしまうという危険を指摘している（原朗「財政・金融」（中村隆英・伊藤隆編『近代日本研究入門』増補版、東京大学出版会、昭和五八年）二五四頁）。原は特に『昭和財政史』について、財政民主主義史観ともいうべき観点から戦時財政に対する批判的分析が中心をなしているが、分析の観点を違えば相当反論の余地を残しているとも記している（同右二五六－二五七頁）。この点について続編にあたる『昭和財政史　終戦から講和まで』の編纂を大蔵省財政史室で担当した秦郁彦によれば、先の『昭和財政史』がマルクス主義的手法で書かれたため省内の不満を買っていたこと、続編の編纂にあたっては、歴代次官が集まって激励、注文が続出し、今度はイデオロギーに偏さず、実証的記述にしてくれといわれたということである（秦郁彦『官僚の研究』講談社、昭和五八年、二六三頁）。『昭和財政史』の編纂が終戦後まもない時期に始まり、監修者が「従来のいわゆる官庁的事務記録の域を脱して、いわゆる「歴史の問題」のためにも役だつもの」と自負している（『昭和財政史』各巻末掲載の大内兵衛・青木得三「監修者のことば」）ことからすれば、実証性よりもある歴史観を強調する結果になったことは当然なのかもしれない。先に先行研究として挙げた伊藤の論文は、『昭和財政史』第二巻の本文を一次資料のように引用して典拠としている点で（前掲伊藤「大蔵官僚の行動様式」一七〇－一七二、一七四、一七八頁）、その実証の不十分さは免れないといえる。

(12) 前掲伊藤「大蔵官僚の行動様式」一七〇、一七二頁。たとえば一七〇頁で伊藤は予算編成手続の面で、大蔵官僚の主導性が示されるようになったのは、満州事変以降の時期であるという同論文の主要な命題を論証するため、戦後大蔵省主計局長、次官をつとめた河野一之の文章（「わが国における予算編成の構造と過程」（日本行政学会編『行政管理の動向』勁草書房、昭和三二年）七一頁）から、概算案に関する折衝を事務当局間でも行うようになったのは昭和初期からであるという記述を引用している。しかし、河野自身「深く知っているわけではない」と留保した上で「おそらく昭和の初期頃からであったと思われる」と推測しているに過ぎない。河野自身が地方勤務から本省に戻って予算編成を管掌する主計局に配属になったのが昭和一二年六月という時期であること（大蔵省百年史編集室編『大蔵省人名録』大蔵財務協会、昭和四八年、七一頁。以下大蔵官僚の経歴は同書に拠る）を考えれば、推測に止まるのはもっともであり、そうした河野の推測に依拠する伊藤の所論は十分な説得力を有するとはいえないであろう。

(13)　大蔵省所蔵の「昭和財政史談会速記録」の一部を編集、公刊したのが大蔵省大臣官房調査企画課編『大蔵大臣回顧録』大蔵財務協会、昭和五二年、と同『聞書戦時財政金融史』同、昭和五三年である。

(14)　本章では入手のしやすさ、閲覧の便宜の点で『東京朝日新聞』縮刷版を利用した。第二節以下でも触れるように、大蔵省の内部資料や同時代に書かれた日記と比較しても同紙の予算編成関係の記事の信頼性は高いことがわかる。

## 第一節　大日本帝国憲法下の予算編成過程

大日本帝国憲法下の予算編成を規定する法規は、同憲法の第六章会計、会計法（明治二二年二月法律第四号）、会計規則（明治二二年五月勅令第六〇号）である。憲法が予算制度の大枠を定め、会計法、会計規則が詳細な規定を設けていた。大正から昭和にかけて大蔵省主計局予算決算課長、同局長をつとめた河田烈は「憲法第六章、会計法並に会計規則是が予算並に決算に関する法規の本体をなしているのであって、之によって総ての事柄が運行せられて居る」[1]と述べている。会計制度改革のため、会計法は大正一〇年（大正一〇年四月法律第四二号）に、会計規則は大正一一年（大正一一年一月勅令第一号）に大改正を受けるが、予算制度関係部分に大きな変化はない。以下では必要に応じて改正前後の変化に言及する。

予算編成手続に関しては、上記諸法に加えていくつかの閣令が出されている。中でも歳入歳出予算概定順序（明治二三年三月閣令第一二号）は、予算編成手続の円滑を図るため、会計規則中に定めた予算編成手続を行う以前に各官庁において行うべき手続を規定しているもので[2]、以下において参照する。

さて、大日本帝国憲法第六四条には、国家の歳出歳入は毎年予算をもって帝国議会の協賛を経るべしとあり、予算の準備編成の権限は行政府に属していた。さらに会計規則第六条[3]は、大蔵大臣が歳入の景況を調査し、各省の予定経費要求書に基づき歳入歳出総予算を調製する、と定めていることによって、政府部内でも大蔵大臣が予算編成の任に当たることになる。

同規則はまた、第九条で歳入歳出総予算の款項の区分は大蔵大臣が定め、第一二条で各省予定経費要求書の目の区分も各省大臣が大蔵大臣と協議して定めるとしている。第一〇条では大蔵大臣は毎年度歳入の予定高を算定し、前年度の予算額と比較して歳入予算明細書を調製することを規定している。さらに、歳入歳出予算概定順序では、第一条で歳入事務管理庁は毎年度歳入概算書を調製し、大蔵大臣に送付すること、第三条で各省大臣は毎年度歳出概算書を調製し、大蔵大臣に送付すること、第五条で大蔵大臣は各庁の歳入概算書及び歳出概算書を検案、歳入出を対照調理し、歳入出総概算書を調製すること、第八条で各省大臣は閣議決定された各省概算額内において毎年度の各省予定経費要求書を調製し、大蔵大臣に送付すること、第九条で歳入概算書及び歳出概算書の様式は大蔵大臣が定めることを規定していた。

これらの規定により、大蔵大臣は予算編成において歳入に関しては全権を保持し、歳出に関しても各省大臣の提出する歳出概算書を調製変更し、歳入出総概算書を編成して閣議に提出することができる。それゆえ、たとえ最終決定は閣議によるとしても、大蔵大臣の意見は常に予算中に表現されることになり、財政法上、予算編成に関して大蔵大臣は各省大臣より優位な地位に立っていたといえる。[4]

予算編成に関するこのような大蔵大臣の権限の行使を支えるのが大蔵官僚である。大蔵省官制は、主計局の管掌事務筆頭に「総予算総決算ニ関スル事項」を掲げ、主計局が予算編成の実務を担うことになっていて、このことは局課の新設改廃で官制が何度も改正された中でも変わっていない。[5]

さて、大日本帝国憲法下での予算編成の順序であるが、法規に基づくもの、慣行によるもの両者を含めてその過程を以下に要約する。便宜上、大蔵省と各官庁の間で交わされる文書を基準に時期を区分し、各区分内では手順や各文書の提出期限など、会計規則、閣令などの法規で定められていることを関係条規とともに示した後、慣行を含めて実際にはどのような手順、期限となっていたかを説明する。

## 一、予算編成方針の閣議決定

閣議で予算編成方針を決定することは、法規で定められているわけではなく、慣例で行われている。毎年五月中旬から六月にかけての時期に閣議でその内閣の予算に対する態度が決められることになる。[6] このとき概算の提出期限も決定された。[7] 決定された予算編成方針は、大蔵省から各省に通知され、歳入概算書、歳出概算書の作成に反映された。[8]

## 二、各省の歳入概算書、歳出概算書の提出

この段階では、歳入に関しては、歳入歳出予算概定順序（以下、概定順序と略記）第一条に基づき、歳入事務管理庁（各省または各省の一部局であって、その省主管の歳入の全部または一部を管理するもの。多数の歳入徴

収官がこれに付属する。実際には各省所管の歳入管理者として各省大臣を指すこととなる）[9]が、その管轄下にある各種の収入につき、前年度の実績などをもとに翌年度の歳入見積を立てて歳入概算書を作成する。一方、歳出に関しては、概定順序第三条に基づき、各省大臣が翌年度の所要経費の予想を立てて歳出概算書を調製する。[10]

歳入概算書は概定順序第二条に基づき、歳出概算書は同第四条に基づき、ともに経常、臨時の二部に大別され、さらに款項に分かたれ、前年度の予算と比較しての増減の理由の説明が付される。歳出を例にとれば、前年度予算の成立を根拠として、これに対する増減を計算して大体の輪郭としての概算を各省に要求させることになる。[11]各省では各局課から大臣官房会計課長（陸海軍省の場合は経理局）に要求を提出、会計課長がこれらを査定して省議にかけ、決定を得て歳出概算書として大蔵省に提出する。[12]

歳入概算書、歳出概算書の大蔵省への提出期限については、明治二二年三月閣令第一二号の概定順序第一条及び第三条では三月三一日と定めていたが、明治二六年一一月閣令第二号をもって改正され、五月三一日となった。[13]しかし、現実の慣行ではこの期限は守られることなく、すでに明治期に概算書の提出は八月、遅い場合は九月に行われるようになっていて、これは昭和期まで変わらなかった。[14]そのため、先に示したように予算編成方針を決める閣議で概算書の提出期限も改めて決定し、各省に伝達したようである。

### 三、大蔵省の各省概算査定と歳入出総概算書の調製

概定順序第五条に従い、大蔵大臣は各省からの歳入概算書、歳出概算書を検案、査定して歳入歳出の適合を図り、歳入出総概算書を調製する。[15]概定順序第六条により、それは経常、臨時の二部に大別され、さらに款項に分かたれ、前年度と比較しての増減の理由の説明が付される。

実務を担う主計局は、歳入事務管理庁からの歳入概算書で歳入見積を立てた上で、各省の会計課長はじめ、担

当者を呼んで要求内容の説明を受け[16]、各省要求の歳出概算の査定に入るが、それは各事業の緩急、計画の当否を調査し、歳入見積額と対照して、財源の範囲内で認容しうる程度の歳出を計量するという形で行われた[17]。

予算金額の算出のうち、歳出予算の見積については予定経費算出概則（明治二二年六月閣令第一九号[18]）に方法が定められている。経費の算出はその必要を生ずる法律、命令、契約その他経費を請求する確実の理由を示すべし（第一条）という基本原則の上に、一人当たりの給与、一個当たりの費用の算出は規定により、規定がないときは相場によると定めた上で（第三、四条）、第五条で給与に属する経費の積算について、定員あるものは定員を限度とし、定員なきものは前年度四月一日の現員を標準とすること、第六条で物件に属する経費の積算については、規定の個数あるものは規定の個数を限度とし、規定の個数なきものは前々年度以前三ヶ年度間に実際に使用に供した個数の平均を標準とすべきと定めている。

歳入予算についても同様で、歳入予算算出規定（明治二四年三月大蔵大臣達乾第一一六〇号[19]）では、法令または契約により収入総額の定まらないものについては、現員または現数によるべきものはその数を基として積算すること、拠るべき標準なくかつ収入額に大差ないものは、前々年度以前三ヶ年実収平均額に拠ること、但し年々収入の増加または減少の傾向あるものは、既往年度における増減比率を参酌し、適度の斟酌を為すものとすることとなっている。

実際のところ、大部の予算の項目と金額を一々審査してその要否を根本から調査することは、数ヶ月の間では出来ないことなので、前年度にすでにその項目と金額を認めて必要な経費として計上したものを基礎として審査することになる。すなわち、前年度予算を根幹としてそれに対する変化を詳細に調査する手続になっていた[20]。歳入出ともに前年度までの実績を基礎として予算の算出が行われることがわかる。結果として、各省歳出概算書の査定において焦点となるのは新規事業であった。各省は会計課長を先頭に大蔵省主計局を相手とした新規要求をめぐる折衝を重ねていく。[21]

認否を決めかねる費目については、大蔵大臣と各省大臣の政治的解決に委ねて、主計局はとにかく歳入出総概算書の案をつくってしまう。それをまず主計局の会議にかけ、次に大臣、政務官、次官、局長等の出席する大蔵省議を開いて総概算書案を決定、大臣の決裁を得て、閣議に提出されるのである。[22]

歳入出総概算書の閣議への提出期限は、概定順序第五条では当初四月一五日となっていたが、明治二六年閣令第二号で六月三〇日と繰り下げられた。しかし、この期限も守られておらず、一〇月末から一一月初めというのが実際だった。[23]

## 四、予算閣議の開催

概定順序第七条は、内閣においては四月三〇日までに歳入出総概算書を決定すべしと定め、明治二六年閣令第二号は期限を七月一五日に繰り下げていた。しかし、予算閣議、すなわち、特に歳入出総概算を議するための臨時閣議は、毎年一一月頃に行われるのが普通となっていた。[24]同月中旬には毎年秋季陸軍大演習が行われ、閣僚が陪観するので、その前に一週間前後の時間をかけて予算閣議を終えたのだが、大演習後になるときもあった。[25]

予算閣議では主計局が認否を決めかねていた費目の決定が行われ、また主計局の査定で削除された費目の復活要求が行われる。各省大臣が所管の予算復活に奮闘し、大蔵大臣が財源難を唱えて、予算分捕り戦となるのもこのときである。[26]

国家財政の中軸となる歳入歳出総予算の骨子が決するのは、この予算閣議における歳入出総概算の決定によってであり、これ以後の手続は、議会提出に備える書類の整理など形式的なものといえる。[27]それゆえ概算の決定は政治上重要な意味を有することになり、予算編成過程の中では、政局に最も緊迫感を与える段階といえよう。閣議決定後、大蔵大臣は直ちにその歳入出総概算決定額を各省大臣に通達する[28]。

## 五、予定経費要求書等の提出と歳入予算明細書の作成

この段階以降の予算編成過程については、会計規則第二章第一節ないし第三節が書類の形式、内容や期限を定めているが、他方で概定順序も第八条で予定経費要求書の調製、送付に触れていて、これら法規に基づき作業が進行していく。

まず、概定順序第八条に従い、閣議決定された各省所管経費毎項の概算額以内において、各省大臣は節約を旨として毎年度の各省予定経費要求書を調製し、大蔵大臣に送付する。会計規則第一一条は予定経費要求書について、各省大臣はその所管経費の予定高を算定し、前年度予算額と比較を行って調製の上、大蔵大臣に送付すると定め、同第一二条によって予定経費要求書は経常、臨時の二部に大別され、さらに款項目の区分を受け、なお必要の場合はさらに細分された上で、経費所要の理由と計算の根拠を示すことになっていた。加えて同規則第一三条により、各省所管経費全体に関する説明及び各款各項の説明が付される[29]。

予定経費要求書の大蔵省への提出期限は、概定順序第八条の六月三〇日が、明治二六年の閣令第二号で八月三一日となり、大正一一年改正前の会計規則も、八月三一日としていたが、改正後は同規則第一一条にあるように九月三〇日となった。しかし、実際には予算閣議開催は一一月というのが常例となっていたので、各省予定経費要求書の提出も一一月末というのが普通だった[30]。

この各省予定経費要求書は会計法第八条に従い、各目の明細を記入した上で、参考のために歳入歳出総予算に添付して帝国議会に提出された。実際には、各目明細書が別冊として調製され、同じく歳入歳出総予算に添付し

て帝国議会に提出、予算委員に配布されて予算審議の便に供するのが慣例となっていた。[31]

他方で、歳入に関して歳入事務管理庁は歳入概算書をもとにその提出以降も調査を続け、最近の事実に拠って歳入予定計算書を調製し、大蔵大臣に送付することになっていたが、これは法規によるものでなく、慣行であった。[32]

大蔵大臣はこの歳入予定計算書に基づき歳入予算明細書を調製する。[33] 歳入予算明細書の作成は、当初歳入予定計算書と同様、慣行であったが、大正一〇年の会計法改正によって第八条として、先述の予定経費要求書とともに歳入歳出総予算に付して帝国議会に提出することが規定され[34]、大正一一年には会計規則に第二章第二節歳入予算明細書が新たに挿入され、その第一〇条により大蔵大臣が歳入の予定高を算定し前年度予算額と比較を行って歳入予算明細書を調製すること、同明細書中、経常部、臨時部ともに款項、さらには目に区分すること、各項ごとに増減の事由及び計算の根拠を示すことが定められた。[35]

## 六、大蔵省の歳入歳出総予算作成と閣議提出、上奏裁可

会計規則第六条に従い、大蔵大臣は歳入の景況を調査し、各省の予定経費要求書に基づいて歳入歳出総予算を調製することになる。総予算冒頭には歳計全体に関する説明が付される。[36] 歳入の景況調査というのは、歳入事務管理庁から提出された歳入予定計算書によっている。総予算の歳入歳出ともに経常、臨時の二部に大別され、各部はさらに款項に分かたれ、なるべく歳入の性質、経費の目的を明らかにすることになっているのは、会計法第八条、会計規則第七条、同第八条に基づく。大蔵省はこうした作業を一二月初め頃から行う。歳入歳出総予算は編成が成ると直ちに印刷に付されるが、大部なので印刷に一ヶ月ほどかかった。[37] 印刷が出来上がると形式的に閣議に付され、上奏裁可を経て帝国議会に提出される。[38]

## 七、予算内示会の開催と予算綱要の公表

歳入歳出総予算の議会提出に先だって、法規に準拠したものとしてでなく慣例として毎年一二月に予算内示会が開かれていた。これは明治四一年一二月第二次桂太郎内閣が日露戦争後の不況の中で、緊縮予算（明治四二年度予算）を組んで財政の整理緊縮を計画した際、議会開会前に貴衆両院の各派代表者を首相官邸に招いて予算の内示説明を行い、理解を求めたのが先例となり、年中行事化したものであった[39]。首相の挨拶に次いで大蔵大臣が来年度予算の大体について説明し、各派代表者との質疑応答が行われた[40]。大部の予算を議会提出まで秘密にしたまま、開会後すぐに審議するのは困難なので、事前にその大体の内容を審議して便宜を図ったのである[41]。

予算内示会での説明は、大蔵省主計局が編纂した予算綱要という冊子によって行われた。これは予算の概要を記したもので[42]、膨大な歳入歳出総予算を見なくても大体のことがわかるようになっていた。当初は秘密書類とされたが、後には貴衆両院議員の大部分に配布され、新聞社にも発表されるようになる。そうなると両院議員の一部を首相官邸に招いて形式的挨拶をする必要もなくなったので、昭和五年度より予算内示会は行われず、直ちに予算綱要を各方面に配布するように改められた[43]。予算規模が大きくなり、国民経済に占める政府の役割が肥大して、予算の内容如何が経済に及ぼす影響が大きくなったことも、予算の概要だけでもなるべく早く周知させておくことが必要になった理由のひとつといえよう[44]。

## 八、帝国議会への歳入歳出総予算の提出

閣議を経て上奏裁可された歳入歳出総予算は帝国議会に提出されるが、会計法第七条は、総予算は前年の帝国議会集会の初めに提出すべきことを定めている。他方、大日本帝国憲法四二条は帝国議会の会期を三ヶ月としているので、会計年度が四月に始まる限り議会は遅くとも一二月末には召集されることになる。大正・昭和期の慣

例では、議会は毎年一二月二五日前後に召集のあと直ぐに休会となり、翌年一月二〇日前後に再開されることになっていた。この休会明け冒頭の総予算提出が慣行となっている。[45]総予算は憲法六五条に従い、予算先議権を有する衆議院にまず提出された。帝国議会の協賛を経る際にも、前年度成立の予算はすでにその必要を認め調査済みのものとして、それに対する増減を調べて協賛するというやり方になっていた。[46]

以上の予算編成過程の全体をまとめると表1のようになるが、全体を見通して二つの特徴が気づかれる。

まず第一に、予算編成方針の閣議決定から歳入歳出総予算の議会提出に至る過程は、歳入出総概算の閣議決定を境に大きく二段階に分けられること、すなわち、大蔵省への各省所管の次年度歳出に関する要求が、歳出概算としての要求と、査定され予算閣議で決定された概算の範囲内での予定経費要求書の形での要求というように二度にわたって行われているということである。そして、その前段、すなわち各省からの概算の提出、大蔵省による査定、閣議による総概算の決定と

表1　予算編成の流れ

| 手順 | 関係機関 | 準拠法規 | 規定上の期限 | 実際の時期 |
|---|---|---|---|---|
| 予算編成方針閣議決定 | 内閣 | なし | | 5月－6月 |
| 歳入歳出概算書作成，提出 | 各省→大蔵省 | 順序1，2，3，4 | 5月31日 | 8月－9月 |
| 歳入出総概算書作成，提出 | 大蔵省→内閣 | 順序5，6 | 6月30日 | 10月末－11月初 |
| 予算閣議 | 内閣 | 順序7 | 7月15日 | 11月 |
| 予定経費要求書作成，提出 | 各省→大蔵省 | 順序8，法8<br>規則12，13 | 8月31日 | 11月末 |
| 歳入予定計算書作成，提出 | 各省→大蔵省 | なし | | 11月末 |
| 歳入予算明細書作成 | 大蔵省 | 規則10，法8 | | |
| 歳入歳出総予算作成，提出 | 大蔵省→内閣 | 規則6，7，8，<br>法8 | | 12月初 |
| 予算内示会 | 内閣，貴衆両院 | なし | | 12月 |
| 総予算の議会提出 | 内閣→衆議院 | 法7，憲法65 | | 1月下旬 |

（備考）憲法：大日本帝国憲法，法：会計法，規則：会計規則，順序：歳入歳出予算概定順序及び明治二六年閣令第二号。数字は条数。

いう手続は、会計法や会計規則によるのではなく、閣令である概定順序に準拠しているのに対し、後段、つまり、各省による歳入予算明細書や予定経費要求書の作成、提出、大蔵省による歳入歳出総予算の作成は会計法、会計規則に基づく。

このことに関して、大正一三年に退官するまで長年大蔵省で予算編成に携わった西野元は次のように説明している。会計規則が歳入歳出総予算の編成を規定するにかかわらず、閣令をもってさらに一段の手続を加え、予算の編成に覆審の方法を採用したのは、予算の審議を周到ならしめるとともに、その編成手続を円滑ならしめるためである。すなわち、歳入歳出の関係は複雑であり、かつ、財政の問題は国家全般にわたる重要事項なので、その審議は慎重を期すべきであるからだが、加えて、各省の予定経費要求書は参考として議会に提出されるので、毎年繰り返される過大な要求を初めから正式に予定経費要求書に入れて作成すると事後に多大の修正が必要となり煩に堪えない。そこで、まず概括的に歳入歳出の充当を試み、一応の成算を得てから確定的な予算の編成に着手するのが機宜に適しているのである。但し、これは単に政府内部の事務の便宜から出たものなので、必ずしも法律をもって強制する必要がなく、単に閣令の定めるところに任せているというのであった[47]。

特徴の第二は、概定順序や会計規則に定める諸手続の期限が守られていないことである。各段階によって違いはあるが、二ヶ月から四ヶ月の遅れがすでに明治期から常例化していた。予算編成過程の中心を占める歳入出総概算の決定、すなわち次年度予算の大枠の決定が行われ、予算をめぐる政局の緊張も頂点に達する予算閣議を例にとれば、閣令の定める七月一五日から四ヶ月ほど遅れて催されていた。

しかし、この遅れは同時代の官僚やジャーナリストによって非難されているわけではなく、むしろ当然のように見なされ、概定順序の定める期限こそ当を失したものと考えられていた[48]。もし歳入出総概算の閣議決定が概定順序の定める期限である七月一五日に行われたとすると、予算執行が始まる年度開始期まで八ヶ月半を隔てて予算の骨子が決まることになり、それでは予算の正確さの点で問題があるというのである。すなわち、歳入歳出の積算は、その予測の時期とその予算の関わる年度との隔たりが大きくなるほど、その予測は事実と遠ざかるものとなり、予算の編成はなるべくその年度に接近した時期に行うのがよいこと[49]、その理由として、特に歳入は経済の好不況に影響されやすく、予算評価の時期が執行時期と隔たるほど歳入見積が困難さを増すことが挙げられていた[50]。こうしたことと帝国議会の協賛を得るための期間も考えると、予算執行期と四ヶ月の隔たりを残すとはいえ、歳入出総概算決定の予算閣議を一一月に慣例化している現状は妥当というのが同時代の見方であった。なお、期限以外の事項に関しては、概定順序の定める手順が遵守されていたのは見逃されるべきではない。

以上に加えて、予算は原則として漸変的方法[51]によって編成されていたことも判明した。概定順序は、歳入概算書、歳出概算書、歳入出総概算書ではいずれも前年度の予算と比較して増減の理由を説明すべしと規定している。また、概算決定後の予定経費要求書と歳入予算明細書についても、前年度予算額と比較して増減を明らかにすることが会計規則で定められていた。こうした法規が基盤となって、歳入出ともに前年度までの実績を基礎として予算の積算が行われていたのである。すなわち根幹となる前年度予算に対する変化が検討の対象となり、各省の要求、大蔵省主計局の査定、予算閣議、さらには帝国議会の審議においても、その焦点となるのは新規要求の成否ということになる。

**註**

（1）河田烈『増補新稿帝国歳計予算の話』財政経済学会、昭和七年、三頁。河田は明治四一年大蔵省入省、大正六

年主計局予算決算課長、同一一年同局予算課長、同一三年主計局長、昭和四年次官、同九年内閣書記官長、貴族院議員、同一五年大蔵大臣（第二次近衛文麿内閣）。本書は大正一五年に陸軍大学校で河田が三回にわたって行った講演をまとめて同年出版された『帝国歳計予算の話』に加筆修正したものである。

（2）大蔵省編『明治大正財政史』第二巻、財政経済学会、昭和一一年、八〇頁。歳入歳出予算概定順序の全文は同書八〇－八一頁に掲載されている。

（3）以下特にことわらない限り、引用する会計法、会計規則は大正一〇年及び同一一年の改正後の条文である。

（4）工藤重義『予算制度論』隆文館、明治四三年、七二－七三頁。工藤は明治三一年東京帝大法科卒業、法学博士。会計検査院、衆議院につとめる一方、東京帝大、海軍経理学校等で講義を行った（大日本人名辞書刊行会『大日本人名辞書』第二巻、講談社、昭和四九年、九一四頁）。

（5）大蔵省官制中の主計局管掌事務については、明治財政史編纂会編『明治財政史』第一巻、丸善、明治三七年、三四七、三五〇－三五一、三五三頁、大蔵省編『明治大正財政史』第一巻、財政経済学会、昭和一五年、五五八頁、大蔵省昭和財政史編集室編・山村勝郎執筆『昭和財政史』第二巻財政機関、東洋経済新報社、昭和三一年、資料Ⅰ法令三二七頁。他に大蔵省百年史編集室編『大蔵省百年史』上巻、大蔵財務協会、昭和四四年、一一二、一四六頁。

（6）前田美稲『予算の知識』千倉書房、昭和五年、一一五頁、森田久『予算の見方』日本評論社、大正一三年、五四頁。前田の経歴は不明である。この本を著した目的を、納税者としての国民の国家財政への関心の高まりをもとに予算に注意を払い、政府を監督するためと記している（同書序）ことからするとジャーナリストと思えるが、財政に関する専門知識にも造詣が深い。森田著は予算の通俗的解説を試みたもので、著者は東京朝日新聞記者。

（7）前掲河田『増補新稿帝国歳計予算の話』三七頁。

（8）前掲前田『予算の知識』一一五頁、前掲森田『予算の見方』五四頁。

（9）西野元『会計制度要論』日本評論社、大正一一年、前巻一五七－一五八頁、前掲前田『予算の知識』二七－二八頁。西野は明治三五年大蔵省入省、同四一年主計局、同四二年主計局予算決算課長、大正五年主計局長、同一一年大蔵次官、同一三年貴族院議員という経歴をもち、予算、会計制度に関する当時の権威で、のちに課長、局長、次官と西野と同じ経歴をたどる賀屋興宣も、予算に関する問題については西野によく相談に行ったと述べている（賀屋興宣口述「財政経済三原則と統制経済」（前掲『聞書戦時財政金融史』、口述は昭和二七年）六頁）。

(10) 前掲西野『会計制度要論』前巻七五頁、西野元『予算概論』日本評論社、大正一五年、四九頁、前掲河田『増補新稿帝国歳計予算の話』三七頁。
(11) 前掲河田『増補新稿帝国歳計予算の話』三七頁。
(12) 前掲森田『予算の見方』五四頁、前掲前田『予算の知識』一一五頁。
(13) 前掲『明治大正財政史』第二巻八一頁、前掲工藤『予算制度論』一〇一―一〇二頁。明治二二年以前の予算編成手順及び諸外国との比較は工藤著が詳しい。
(14) 明治期については前掲工藤『予算制度論』一〇六頁、大正期については前掲森田『予算の見方』五五頁、昭和期については前掲前田『予算の知識』一一五頁。
(15) 前掲西野『予算概論』四九頁、同『会計制度要論』前巻七五頁。
(16) 前掲森田『予算の見方』五五頁、前掲前田『予算の知識』一一五頁。
(17) 前掲西野『予算概論』四九頁、前掲河田『増補新稿帝国歳計予算の話』三七―三八頁。
(18) 前掲『明治大正財政史』第二巻八二―八三頁、前掲前田『予算の知識』一一三―一一四頁。
(19) 前掲『明治大正財政史』第二巻八三―八四頁、前掲前田『予算の知識』一一二頁。
(20) 前掲河田『増補新稿帝国歳計予算の話』三六頁。
(21) 牧野輝智『予算の話』東京朝日新聞社、昭和五年、三一―三二頁。牧野は本書執筆当時東京朝日新聞社編輯局主幹、経済学博士。
(22) 前掲森田『予算の見方』五六頁、前掲前田『予算の知識』一一六頁。
(23) 前掲河田『増補新稿帝国歳計予算の話』三九頁、前掲森田『予算の見方』五六頁、前掲牧野『予算の話』三二頁。
(24) 前掲西野『予算概論』五〇頁、前掲前田『予算の知識』一一六頁。

(25) 前掲牧野『予算の話』三三頁、前掲森田『予算の見方』五六－五七頁。
(26) 前掲森田『予算の見方』五七頁、前掲牧野『予算の話』三三頁。
(27) 前掲西野『予算概論』五三頁、前掲工藤『予算制度論』一〇五頁。
(28) 前掲西野『会計制度要論』前巻七五頁。
(29) 同右七六頁、前掲西野『予算概論』五〇頁、前掲河田『増補新稿帝国歳計予算の話』三九－四〇頁。
(30) 前掲河田『増補新稿帝国歳計予算の話』三九頁。
(31) 前掲西野『会計制度要論』前巻八七頁、同『予算概論』七九頁。
(32) 前掲西野『会計制度要論』前巻七六、七八頁、同『予算概論』五〇頁。
(33) 前掲西野『予算概論』五〇頁、同『会計制度要論』前巻七六頁。
(34) 前掲西野『会計制度要論』後巻一〇五－一〇六頁。
(35) 前掲西野『予算概論』五〇頁、前掲西野『会計制度要論』前巻七六－七七頁。
(36) 前掲西野『会計制度要論』前巻七七頁。
(37) 前掲河田『増補新稿帝国歳計予算の話』四二頁。
(38) 同右四三頁、前掲西野『会計制度要論』前巻八五頁。
(39) 前掲前田『予算の知識』一二三－一二四頁。
(40) 前掲森田『予算の見方』六八頁。
(41) 前掲河田『増補新稿帝国歳計予算の話』四一頁。前掲工藤『予算制度論』三〇一－三〇二頁は比較制度論の観点から、我が国の議会開会期間が比較的短く、予算の審査、議決の日数も限られているので、西欧諸国のように長期にわたって詳細な審議を尽くすのは難しく、予算案の正式提出前に公表して研究の準備の便宜を図るのが必要であると述べている。
(42) 前掲森田『予算の見方』六九頁によれば、予算綱要には予算編成方針、歳入歳出総額、前年度との増減比較、歳入の款項別増減内容、各省所管別歳出総額、各省別新規事業費、公債計画、前年度剰余金処分、主な特別会計が示されていた。

(43) 前掲河田『増補新稿帝国歳計予算の話』四一―四二頁。
(44) 前掲森田『予算の見方』七二頁。
(45) 前掲西野『予算概論』七八―七九頁、前掲河田『増補新稿帝国歳計予算の話』四二頁、前掲前田『予算の知識』一二六頁。西野著七八頁によれば、歳入歳出総予算の提出を一月の議会休会明けとするのは、審議に付すべき予算関係書類の印刷がその頃にならないと出来上がらないという事情もあったようである。
(46) 前掲河田『増補新稿帝国歳計予算の話』三六頁。
(47) 前掲西野『会計制度要論』前巻七八頁、同『予算概論』五二頁。
(48) 前掲工藤『予算制度論』一〇五―一〇六頁、前掲西野『会計制度要論』前巻七九頁、前掲前田『予算の知識』一〇六―一〇七頁。
(49) 前掲西野『会計制度要論』前巻七九頁。
(50) 前掲工藤『予算制度論』八三―八五頁。
(51) 漸変的な予算編成とは、前年度が常にたたき台で、それに一定量の上乗せをしたり、減らしたりして、主計官が新たな変化部分にのみ注意を払い、現在の要求を必ずしも精査することなく査定を行う方法であり（村松岐夫『行政学教科書』第二版、有斐閣、平成一三年、一二八頁）、時間を使うのは事情変化に対応する新規事業への考慮だけにして、予算手続を単純化する（同『日本の行政』中央公論社、平成六年、七九頁）。

## 第二節　予算編成における大臣の役割

本節では犬養毅内閣から斎藤実内閣にかけて続いた高橋財政のうち、斎藤内閣下の昭和七年度追加予算及び八年度予算の編成過程を概観し、そこに見られる特徴を論じたい[①]。

なお、新聞記事(『東京朝日新聞』縮刷版)に基づいて事実経過を追っていくが、出典としてその都度註に記すことはせず、本文の該当箇所に(六・八)などと発行月日を略記して出所を示す。これは第三節でも同様である。

## 一、昭和七年度追加予算(時局匡救予算)

### 1　五相会議による大綱審議と大蔵省査定

昭和七年六月の第六二臨時議会の最中、疲弊する農村の救済が課題として浮上し、七日の天皇の下問を契機に、斎藤実首相は農村・都市中小商工業者救済策につき議会協賛の必要ある場合は臨時議会召集も考慮すると述べるに至った(六・八)。以後、政党の賛成もあって臨時議会召集は固まっていくが、農村・中小商工業救済のための各省具体案は、大蔵、内務、農林、商工、鉄道の五相会議で審議した上で閣議に提案することが閣議で了承された(六・一一)。官僚による予算編成手続とは別に政治的考慮が配されることになったのである。

一七日第一回五相会議では、内務官僚出身の少壮大臣として農村関係者の期待を集めていた後藤文夫農相が農村救済問題の大綱を説明したのに対し、高橋是清蔵相は各閣僚は財源関係を顧慮して各自蔵相になったつもりで具体策を考えてほしいと要望しているが(六・一八)、省ではなく国家全体の立場から予算を考えてほしいということである。以後八月にかけて五相会議は数回開かれ、各省立案の土木事業、負債整理、地方税軽減などの救済案が審議されていく[②]。七月一二日の五相会議では近日救済案大綱を決定して細目を大蔵省と折衝することとなり(七・一三)、これを受けて一五日の閣議では、来る臨時議会提出の時局匡救予算案に関する各省概算要求は二三日までに大蔵省に提出し査定を受けることが決定されている[③](七・一六)。五相会議で農村救済案の大綱を決め、細目は大蔵省事務当局の査定に委ねるという方式であった。但し同会議の救済案大綱の決定も各省要求案の大蔵省提出も遅れたので、八月下旬の臨時議会に間に合わないと危惧されるようになった（七・二四）。

## 2　三土鉄相の仲介と大蔵省原案決定

この事態の解決のために三土忠造鉄相が蔵相と各相間を積極的に動いている。彼は二六日高橋蔵相と会見の後、斎藤首相を訪問、五相会議進行方針について協議、次に後藤農相と会い、さらに大蔵省の藤井真信主計局長を呼び寄せ農村救済策と予算の関係に関して意見交換した（七・二七）。藤井は翌二七日に蔵相に各省概算要求が出揃った旨報告、内容を説明して査定方針を打ち合わせている（七・二八）。八月三日の閣議が第六三臨時議会の召集日を二二日、会期を八日間と決定したあと、首相から査定の二、三日中の終了を求められた高橋蔵相は三土鉄相と協議して査定方針を再検討し、公債発行についての原則を設定している（八・四）。鉄相が予算編成に深く関与していたのである。

六日五相会議で農村対策の全案が決定したが（八・六）、同日には主計局の査定も一通り終了している。同局査定は五相会議や蔵相と関係閣僚の協議とは別に局独自の見解に基づき事務的に行われて、特に政治的解決を要する項目は省議での蔵相の決裁待ちであった（八・七）。

八日からの大蔵省議[4]では主計局の厳格な査定が一部緩和され、承認額が多少増加する見込みとされたが、各省要求額との乖離は大きく、内務省などは強硬に復活要求することを決めている（八・九、一〇）。大蔵省原案は一〇日の省議で決定され、閣議に付議されることになったが、三億四〇〇〇万円の要求のうち承認されたのは、一億四〇〇〇万円だけであった（八・一一）。

なお、政府は議会対策として、浜口雄幸内閣当時中止した予算内示会を復活させる方針で（八・一〇）、一九日に首相官邸で行うことになった（八・一三）。

### 3　閣議紛糾の回避――農村救済のため

　今回の予算は従来と異なり全く政策に属するものゆえ予め各省に内示せず、直ちに閣議に諮ることとなった（八・一一）。一一日の臨時閣議では高橋蔵相が予算査定方針、査定結果を報告[5]、各閣僚より復活要求が行われたが、大蔵省査定案の大要は認めた上で、復活要求は事務当局間の折衝に任せるとなり[6]（八・一一）、閣議の紛糾は回避されている。一二日大蔵省は省議を開き、各省復活要求に対する再査定に関し、今回は減額を目的とせず、説明を受けて時局匡救の目的に必要と考えられるものは、内務、農林両省の土木事業を中心に容認するという方針を決定している。同日には三土鉄相が蔵相を訪問、時局匡救の緊急性を説いて一部経費の復活容認を進言していた（八・一三）。このため主計局の再査定案は、土木事業を中心に四五〇〇万円の復活を認めて従来にない寛容なものとなり[7]（八・一四）、一五日の蔵相決裁を得て大蔵省原案として一六日の閣議に付議され、承認を得て時局匡救予算案の確定を見た（八・一六、一七）。

　農村救済のための予算として、その目的が限定されていた上、必要性が要求側と査定側いずれにも認識されていたことが予算編成での紛糾を避けることにつながったと考えられる。また、数年度限りの臨時的経費という時局匡救費の性格が大蔵省の査定を寛容にしたことも考えられる。こうしたことが後年の予算編成ほど閣議決定が混乱しなかった理由であろう。

　一九日の予算内示会には首相以下各閣僚、大蔵次官以下大蔵省の関係官が出席、貴衆両院の各派代表に予算綱要が提示された（八・二〇）。二二日には第六三臨時議会が召集され、二三日開会、時局匡救のための昭和七年度追加予算案は三一日に衆議院本会議で原案通り可決（九・一）、貴族院本会議でも九月一日原案可決（九・二）、議会の協賛を得た。

以上の経過をたどった昭和七年度追加予算（時局匡救予算）編成過程に窺える特徴は次のことであろう。

第一に、昭和七年度追加予算としての時局匡救予算については、特に設けられた五相会議で農村、中小商工業救済の具体案が審議されるという新たな形が採用されたことである。従来の各省概算要求の大蔵省宛提出、大蔵省による査定とは別に政治的考慮を加えることが試みられた。最終的には大蔵省に要求案が提出され、大蔵省の査定を受けるという従来通りの手順が踏まれているが、のちに軍事費について行われる閣僚による重要国策先議の方式が、この時点ですでに時局匡救費という限定された範囲で試みられたのである。

第二に、高橋蔵相とともに三土鉄相が予算編成過程で重要な役割を果たしていることである。三土は、老齢で健康も万全といえなかった高橋を補佐、代理する形で、要所で積極的に関係者間を動いた。予算案の閣議決定後も高橋の代理として、元老西園寺公望に予算案内容と成立経過を報告する役目を担っている（八・一八）。

三土については、当時のジャーナリズムもすでに財政通と認め、原敬内閣で大蔵省の勅任参事官となり、高橋是清内閣で内閣書記官長、加藤高明内閣高橋農商相の下で政務次官をつとめたことが大蔵省や高橋との信頼関係を築くことにつながったと指摘している[8]。高橋蔵相の健康がすぐれず、引退が噂される中で、高橋自身も後継蔵相に三土を考えていた[9]。当時大蔵省の中堅を占めた官僚も予算編成過程での三土の貢献が小さくなかったことを回想している[10]。

第三に農村救済という政治的課題が要求側、査定側ともに理解されていたため、また、時局匡救費の臨時的性格ゆえに予算分捕りによる閣議の紛糾が避けられたことである。第三節で見る九年度予算の編成過程とはこの点で対照的といえよう。

## 二、昭和八年度予算

### 1　軍部予算の大臣間事前折衝

昭和八年度予算については予算編成手続開始が遅れる。すなわち、昭和七年七月一五日の閣議で決定された明年度予算編成方針は、新規事業要求は緊急のものに限り、既定経費節約で財源を捻出するとともに、概算提出期限を八月一〇日とすると定めていたが[11]、先述のように、八月中は大蔵省、各省ともに時局匡救予算案の編成作業と第六三臨時議会対策に追われ、明年度予算の各省概算要求提出は相当遅延することになった（八・一八）。時局匡救予算成立後、九月半ばになってようやく各省は新規要求費目決定のため省議を開き予算案を取りまとめていった（九・一三）。高橋蔵相は景気対策から増税を否定（九・一九）、斎藤首相は各省の予算分捕り主義を憂慮して緊縮を説いている（九・二五）。

軍部予算については、陸海軍とも国際情勢を理由に新規要求を増大させたが、陸軍省の場合一〇月六日軍事参議官を召集して概算を説明、諒解を得て、天皇に上奏ののち公表している（一〇・八）。天皇はこのとき、財政困難時に膨大な軍部予算が提出されるのは、国家財政上問題ではないかと憂慮したようである。この問題について下問を受けた首相は、三土鉄相を通して蔵相の意見を求めている[12]。

荒木貞夫陸相は七日の閣議後、首相、鉄相（高橋蔵相は閣議欠席）と意見交換を行い、公債のみに財源を頼るという蔵相の考えを批判、増税の必要を主張したが、この意見を鉄相は翌日会う予定の蔵相に取り次ぐと約束している。一方、同日の談話で蔵相は改めて増税を否定していた（一〇・八）。増税による財源の確保が主張された背景としては、七日までに提出された外務省を除く各省明年度予算概算中の新規要求額合計が従来の最高額の四倍、一二億円に達しそうな状況があったのである（同右）[13]。

翌八日、三土鉄相は高橋蔵相を訪問、会談を行い[14]、増税は行わず、新規要求には徹底的削減を加え、軍事費と時局匡救費について以外は原則として承認しないこと、時局匡救費も経済情勢の好転に応じて縮小すること、国防の充実は緊急事として事務的査定に任せず蔵相と陸海両相が直接折衝することで意見一致した（一〇・九）。軍部予算については、大臣折衝で決める方針としたのである。原田熊雄は一一日朝に首相から、陸海軍予算は首相、蔵相、陸海相の四人で協議して諒解をとってから閣議にかけるつもりだと聞いている[15]。同日閣議後に三土鉄相が首相と会談して蔵相の意見を伝え、予算編成方針について協議しているが（一〇・一二）、軍部予算を別に扱うのは、首相自身の考えでもあったのだろう。

大蔵省主計局では各省概算査定のため、各省関係官を招いて折衝を始めたが（一〇・一一）、査定も進んだ二四日になると、荒木陸相は陸軍省経理局主計課長を呼び寄せて大蔵省との交渉経過を聴取し、査定案回付のあとに予定される蔵相との会見に備えた（一〇・二五）。一方で二五日の閣議では蔵相の説く増税時期尚早論が陸相を含む各閣僚に承認され、不足財源は公債によることが決定、増税論は退けられた。増税に関しては蔵相のリーダーシップが貫かれたのである。閣議では一一月半ばの陸軍大演習前までに概算を閣議決定することも申し合わされている（一〇・二六）。

二六日の蔵相・陸相会談は主計局の査定未了のため、具体的数字は議論せず意見交換に終始、蔵相は軍部予算の緊急性を認め、陸相は予算の自発的削減を試みると述べて（一〇・二七）協調姿勢を相互に示したが、蔵相の本意は国務大臣として全体の観点から予算編成に対処してほしいということだった[16]。高橋蔵相は荒木陸相に陸軍省事務当局の代弁者としてよりも国政を預かる政治家としての判断を求めたのである。こうした思惑の違いはあるものの、予算閣議や復活要求折衝以前に、予算をめぐって大臣折衝が行われていたことがわかるであろう。

二七日査定を終えて主計局原案が出来たが、各省新規要求総額のうち承認されたのは半分の六億円であった。うち三億円が時局匡救費と軍部予算に充てられていたが、両費目ともに農村経済好転の兆しや、国際情勢理解の相違を理由に大削減を蒙っていた（一〇・三一）。一日蔵相は荒木陸相、岡田啓介海相と会見して財政の窮状を訴え、要求額削減の諒解を求めたが、陸相は譲れないものもあると牽制している（一一・二）。三一日から始まった大蔵省議では、陸軍予算については満州事件費を認める一方で兵備改善費は相当の削減を施し、海軍予算や内務省の要求した時局匡救費も大きく削られ、強硬な復活要求が予想されるようになった（一一・三）。四日の省議で各省予算査定案、歳入予算案、公債発行額が確定して昭和八年度予算大蔵省原案が決定、五日各省経理局長、会計課長に内示された。新規要求総額は追加分も入れると一四億円になっていたが、半分以下の六億一〇〇〇万円に削減されたことになる（一一・五、六）[17]。五日以降各省は相次いで省議を開き復活要求を決定している。九日夜から各閣僚が陸軍大演習陪観のため離京するので、同日の閣議までに決めたいというのが政府の意向であった（一一・七）。

## 2　予算閣議の紛糾と蔵相の軍部大臣への譲歩

予算閣議は七日に開会、高橋蔵相が査定案を説明、財政の窮状を述べて諒解を求めたが、各閣僚から復活要求が続出した。そこで復活要求については軍部予算のみ蔵相と陸海相の大臣折衝に委ね、他は事務当局間で交渉すること、復活要求財源を三二〇〇万円に止め、それを含めて公債発行額を八億円以内に抑えることが閣僚間で申し合わされたが、陸海軍の復活要求は三二〇〇万円で賄えそうになく、蔵相・陸海相間の政治的解決が待たれた

（一一・八）。

この日原田熊雄に会った荒木陸相は予算規模拡大は当然で公債発行をあと二億円増やすべきだと語る一方で、高橋蔵相を理解ある人物と評し[18]、両相間での政治的解決が可能なことを示唆していた。翌八日蔵相と陸相、岡田海相との相次ぐ会見で、陸相が再考を促したのに対し、蔵相も陸軍側の譲歩を求めているが、満州事件費の復活分を大蔵省所管の予備金で賄う方法もあると示唆し、陸相も陸軍部内強硬論の緩和を目指すとして同日中の解決が予期されていた。斎藤首相も楽観し、翌日の閣議で予算案が決定できると述べている（一一・九）。大臣折衝を通して軍事費の問題は妥結への途を歩んでいることが明らかであった。首相はまた、前議会と異なり予算案を十分研究して貰う時間があるので、予算内示会は開かずに議会に臨むと語っている（同右）。

各省復活要求に対する再査定案につき、同日省議を開いた大蔵省は復活財源三二〇〇万円割振の方針としてその過半額を軍事費に充てるが、割振額の決定は閣議によること、非軍事費割振額内の配分は各省会計課長と大蔵省主計局との事務的交渉で決定すること、軍事費復活要求のうち上記割振で賄い得ない分については蔵相・陸海相間の交渉で政治的に解決することを決定している（同右）。軍部の復活要求額が巨大のため、公債発行額の拡張が観測されているが（同右）、蔵相による政治折衝を通して、公債増額で軍部の要求をある程度満たす方向が探られていたのであろう。事務折衝で済む範囲は目星がつき、軍部予算という課題の解決は政治折衝に委ねるということである。

結局九日の閣議では高橋蔵相によって復活要求財源の割振を満州事件費の予備金増額に一〇〇〇万円、各省復活要求に二二〇〇万円の充当とすること、陸海軍の兵備改善費は蔵相と陸海相が折衝して決めることが提案、了承されている。閣議後の蔵相・陸海相会談では、八億円の限度を崩して公債を増発して兵備改善費に充てることとなった。その一方で蔵相は後藤農相要求の時局匡救費の復活を拒んでいる（一一・二〇）。蔵相の軍部への譲歩の内容は、軍部予算拡大の必要性を認めて公債発行限度を九億円に上方修正して財源を作り、そこから陸海軍の復活要求に九〇〇〇万円を拠出するというもので、その分配は陸海軍当局に任せ、大蔵省は干渉しないという異例の方法が採られることになった（同右）。軍部予算をめぐる閣議の紛糾は、こうして蔵相、軍部大臣間の直接交渉で解決されたのであった。

九〇〇〇万円の配分をめぐり陸海軍が対立したが、首相の命で内閣書記官長と大蔵次官が陸海軍両省次官の間を調停した結果⑲、さらに五〇〇万円を増額して復活財源を九五〇〇万円とすることで蔵相の承認を取り、陸軍五〇〇〇万円、海軍四五〇〇万円の割当で妥協が成立した。並行して大蔵省主計局が軍部以外の各省復活要求財源二二〇〇万円の配分のため、再査定案作成にとりかかっている（一一・二〇、二一）。陸軍大演習開始が迫り、陪観のため閣僚の離京相次ぎ、予算案閣議決定は大演習後に持ち越されることになったが、一三日の談話で斎藤首相は予算案の正式決定に至らずとも、その見通しが立ったことを評価している（一一・一四）。

### 3 「大蔵副大臣」三土の異議申し立て

一四日、大蔵省は各省復活要求再査定案を各省に内示、各省は同案に対する意見をまとめて大蔵省宛回付し（一一・一五）、一五日以降大蔵省議で再査定案に対する各省再要求を審議、再復活案の細目をまとめて陸海軍割当の九五〇〇万円の内容、他の各省割当の二二〇〇万円の費目を決定し、閣議に提出する大蔵省原案を確定させ（一一・一七）、一八日、昭和八年度予算概算を正式決定すべく閣議が開かれた。しかし内務省所管の時局匡救土木事業費をめぐって閣僚間の意見一致が得られず、同日中の概算正式決定は見送られる。時局匡救予算は開始から三年度、すなわち昭和九年度限りで打ち切るとなっていたところ、同省の土木事業費に一〇年度以降に及ぶ継続費が計上され、大蔵省もそれを承認していたことを三土鉄相が問題視し、財政難の折り、多年にわたる継続事業を承認すべきでないと批判したからである（一一・一九）。[20]

柴田善三郎内閣書記官長が三土鉄相、山本達雄内相間を奔走するが、地方民の要望や大蔵省の承認を根拠に内務省事務当局が強く反発、高橋蔵相の鉄相説得も実らずに膠着状態が続いた（一一・二〇、二一）。しかし、二一日夜に至り、鉄相がこの問題での内閣瓦解も辞さずと述べると、当初は内務省を支持していた政友会が同党出身の鳩山一郎文相を先頭に鉄相支持に傾きだしたので（一一・二二）、内相は政局混乱回避を願って、二二日、斎藤首相の説得に応じ、鉄相の主張を受け入れた妥協案作成を約束する（一一・二三）。一大臣の異議で一旦決まりかけていた予算案が改訂されることになったのである。三土鉄相の従来からの財政への造詣、政略的意図はないという二三日の談話からして、鉄相自身は財政論の原則からこの問題にこだわったと推測できる。[21]それを政友会が倒閣に利用しようと動いたので、内相が譲歩したのであろう。他方で大蔵省が一旦承認した案に異議を唱え、蔵相の説得にも応じなかったことから、一心同体と見られていた高橋・三土間の関係に疎隔が生じたとの観測も行われている（一一・二三）。[22]いずれにせよ予算編成における三土の存在感は小さくなかった。

内務省所管土木事業費の改訂は、大蔵省が三土の批判を容認する形で二四日にまとまり、[23]二五日の閣議で昭和八年度予算概算がようやく正式決定された（一一・二六）。第六四通常議会は一二月二四日召集、二六日に開会したが、予算内示会は開かれず、印刷成った予算案は二六日の閣議に付され、二七日予算綱要として貴衆両院議員全員に配布された（一二・二七）。翌年一月二一日休会明け冒頭に政府は昭和八年度歳入歳出総予算案を衆議院に提出、高橋蔵相が財政演説を行い（一・二二）、二月一四日衆議院本会議で原案通り可決（二・一五）、貴族院本会議でも三月八日無修正で可決、議会の協賛を得た（三・九）。

上述の経過をたどった昭和八年度予算編成過程に窺える特徴は次の通りである。

第一に、新規要求の過半を占め、予算編成とそれにまつわる政局の帰趨を決するようになった陸海軍予算に関しては、事務当局でなく大臣間の折衝で決定されているということである。復活要求でも軍部を別扱いし、復活財源の配分を陸海軍当局に任せる異例の措置をとったが、これも高橋蔵相の政治的判断によるものであった。復活要求査定で事務当局が任せられたのは、軍事費、非軍事費の割り振りが閣議で決められた後の、非軍事費について文治各省と折衝することで、金額で比べれば陸海軍の復活要求承認額に遠く及ばない。また高橋蔵相が今回は陸海軍予算の復活要求に寛容であり、自らの判断で公債発行限度を上方修正して軍事費を手厚く遇することを行っている。蔵相高橋が予算編成の帰趨を左右しているのであった。

第二に、三土鉄相がいわば、高橋蔵相の代理として予算編成において無視できない役割を果たしている。予算編成過程の要所要所で蔵相と他の閣僚の間に入り、重要な斡旋役を演じているのだが、国務大臣とはいえ、蔵相不在のときは代わって各省の要望を聞いて蔵相に取り次ぎ、他方で蔵相も承諾した予算案に異を唱えて改訂を行わせた。(24) こうしたことから、当時の論壇では三土を「大蔵副大臣」と呼ぶ者もいた。(25) 高橋蔵相も、昭和八年度予算成立、第六四通常議会閉会後、自らの進退が政友会との関係の中で問題になったとき、八年度予算編成過程では三土との間に見解の相違を生じさせていたにもかかわらず、彼を後継の蔵相に考えていると原田熊雄に述べている。(26) 一方で蔵相、日銀総裁の経験を有し、財政問題を知悉する山本内相は、内相の職責に専念、財政運営に口を挟まず、内閣維持のために高橋蔵相を支持することを明言していた。(27)

第三に、予算編成の手続面に関しては、時局匡救予算審議の臨時議会が八月末から九月にかけて開かれたため、各省概算要求提出は遅れ、閣議で定めた期限は守られていない。概算提出後も各省新規要求が巨額のため、大蔵省主計局の査定が遅れている[28]。それでも毎年一一月半ばに催される陸軍大演習の前後に予算閣議が開かれるように取り運んでいる。首相以下閣僚が陪観のため離京するので、大演習前に予算を確定させることが一つの目標になっていたことがわかる。

**註**

（1）昭和七年度本予算については、犬養内閣の成立が昭和六年一二月と議会開会間近であったため第二次若槻礼次郎内閣の決定した歳入出総概算を踏襲しており、加えて翌年一月二一日議会休会明け冒頭に衆議院の解散が行われたため明年度予算は不成立で、大日本帝国憲法七一条に従って前年度予算施行となり、施行予算の範囲内で支弁しえない新規要求は追加予算（以下に論じる時局匡救予算としての追加予算とは別のもの）に編まれている。さらに犬養内閣が五・一五事件で倒れ、斎藤内閣が予算案を踏襲、同内閣によって六月の第六二臨時議会に提出され、可決、協賛を得る。このように予算編成過程が変則のうえ、予算案が三内閣にまたがり、内閣の政策、意図が十分に反映されたものとはいえないのでここでは取り上げない。

（2）「五大臣会議申合メモ」（「斎藤実関係文書」（国立国会図書館憲政資料室所蔵）一四〇―一五）は七月中旬の五相会議での申し合わせ事項の記録である。

（3）「時局ニ対スル応急施設ニ関スル経費ノ件」（前掲「斎藤実関係文書」一四五―五）。

（4）「昭和七年度歳出追加予算要求額査定表（昭和七・八・六）」（大蔵省財政史室監修「昭和財政史資料　震災から準戦時財政まで」日本マイクロ写真、昭和五九年（以下「昭和財政史資料」と略記）、三―〇〇九―四）の表紙には、「七・八・八、七・八・九　省議原案」と書き込みがあり、この省議の際の基本資料となったものとわかる。

（5）「昭和七年度追加予算説明」（同右三―〇〇九―六）が一一日の閣議での蔵相報告の原稿である。

（6）「昭和七年度歳出追加予算要求額査定表」（同右五―〇二〇―九）の表紙には藤井主計局長の捺印とともに、「本案に対し各省大臣より夫々復活要求希望申出あり就中主なるを左の如し」と書き込みがあり、陸軍、農林など六省の要求が略記されている。また「七・八・一一　内閣々議室にて商工大臣より」と書き込みのある中島久万吉商工相の査定額増額を求める同局長宛書簡が添えられている。なお、原文カタカナの資料本文は、引用にあたってひらがなに変えた。以下の引用資料でも同じである。

（7）「昭和七年度歳出追加予算復活要求額査定表」（同右三一〇〇九－八）は各省復活要求に対する大蔵省の再査定をまとめたものと思われるが、その表紙には、註（6）の資料と同じ筆跡で以下の書き込みがある。「当初査定に対し四六〇〇余万円の復活案を認め、殆と各省に亘り極めて寛容なる査定を為したるを以て閣議に於ては全く問題なかるへきを予想したり」。

（8）馬場恒吾「三土忠造論」（『中央公論』昭和六年三月号）二四六頁。

（9）八月一日の高橋の西園寺公望秘書原田熊雄への談話（原田熊雄述『西園寺公と政局』第二巻、岩波書店、昭和二五年、三四二頁）。『東京朝日新聞』昭和七年八月二八日、野村秀雄「政民両党の暗流秘話」（『中央公論』昭和七年九月号）二五七頁も蔵相後継として三土が有力であるとしている。高橋・三土間の蔵相譲り渡しは田中義一内閣で前例がある。

（10）斎藤内閣期に主計局司計課長、同予算決算課長の地位にあった賀屋興宣によれば、予算編成をめぐる紛糾では要求側との折衝で三土に頼るところが大きかったという（賀屋興宣『戦前・戦後八十年』経済往来社、昭和五一年、八五－八六頁）。

（11）「昭和八年度予算編成方針」（前掲「斎藤実関係文書」一四五－五）。蔵相から各省大臣宛に予算編成方針を伝える文書の表書（「昭和八年度予算編成方針ノ件」（前掲「昭和財政史資料」五－〇二一－一））には提出時期厳守の念がおされていた。

（12）高橋蔵相の原田熊雄への談話（前掲『西園寺公と政局』第二巻三八七頁）。当時の侍従武官長奈良武次も、六日の陸相、参謀総長の軍備改善案上奏時に、「財政上無理をせぬ様にと御沙汰あ」ったと日記に記している（波多野澄雄・黒沢文貴編『侍従武官長奈良武次日記・回顧録』第三巻、柏書房、平成一二年、四七一頁）。

(13) 「一般会計予算ニ関スル各省新規要求並ニ一般会計公債総額ノ推算」(前掲「昭和財政史資料」三一〇一〇一一)は昭和七年一〇月七日の日付で、外務省は未提出、陸軍省に関しては付箋が貼ってあり、「陸軍省昨夜(七日)提出せり 之に依れば」として八年度新規要求とその内訳を普通経費、時局兵備改善、満州事件費に分けて記してある。そこには「各省を通算するときは外務省の分、海軍省満州事件費、其の他各省未提出の分及八年度新規国債利子を除くも約一二億円に上る」とあって、本文引用の『東京朝日新聞』一〇月八日の記事と一致する。

(14) 前出一〇月七日付「一般会計予算ニ関スル各省新規要求並ニ一般会計公債総額ノ推算」の第一頁には「賀屋君より三土鉄相に示したるもの」という書き込みがあるので、三土は賀屋興宣主計局司計課長から本資料の提示を受け、予算編成の概要を把握した上で静養先の高橋蔵相と会談したと推測できる。

(15) 前掲『西園寺公と政局』第二巻三七九頁。原田は同日の三土との会見に関連して、軍部予算をまず首相、蔵相、陸海相四人で協議するのは首相、蔵相、鉄相共通の意見だったと述べている(同右三八〇頁)。

(16) 前掲『西園寺公と政局』第二巻三八八頁の高橋の原田熊雄への談話。高橋蔵相はこの時の荒木陸相の印象を「物解のいい人」と評し、「自分が一つだんだんにあれを政治家に教育してやらうと思ふ」とも述べている。

(17) 「昭和八年度概算査定案説明」(前掲「昭和財政史資料」六一〇〇九一七)はこの時点での大蔵省の見解をまとめたものであろう。各省新規要求を公債で賄おうとしても国民経済の堪えるところでないこと、満州事件費、兵備改善費、時局匡救費は承認してもその他の経費は緊急やむを得ないもの以外削除したことなどの査定方針を述べ、新規要求中六億八〇〇〇万円を査定案で承認すること、公債発行額は七億六八〇〇万円であること(すなわち、八億円を上限とすると復活財源分三二〇〇万円を残す)を記した上で、財政の窮状を指摘して「各位に於て此の事情を牢記せられ復活要求の如きは最小限度に止められんこと切望に堪えず」と結んでいる。この資料の内容は『東京朝日新聞』昭和七年一一月八日及び阿部賢一「危機予算とインフレーション」(『改造』昭和七年一二月号)八頁記載の一一月七日の閣議における蔵相の主張と一致するところがあり、閣議での蔵相の発言の際、参照されたものと考えられる。

(18) 前掲『西園寺公と政局』第二巻三九九頁。

(19)　柴田善三郎内閣書記官長の斎藤首相宛昭和七年一一月一〇日付電報（前掲「斎藤実関係文書」八八一―一一）。この調停に関する黒田英雄大蔵次官の回想は黒田英雄口述「高橋蔵相のもとで次官を勤めた頃のこと」（前掲『大蔵大臣回顧録』、口述は昭和一二年一〇月）九九―一〇〇頁。

(20)　「昭和八年度概算査定ノ経過」（前掲「昭和財政史資料」六―〇〇九―六）によれば、大蔵省は何らかの事情で内務省の他の新規要求を継続費として認めざるをえなくなり、その結果内務省が最も熱心に要求した河川港湾に関する継続費年限の延長も拒めなくなってしまったのであった。

(21)　前掲「昭和八年度概算査定ノ経過」には、「閣議席上鉄道大臣より前記の新規河川港湾に関する継続費は後年度の負担を多からしめ時局匡救の目的に資する所尠く、恰も地方の運動に依り鉄道新線の建設を認むるが如く此際政府の措置としては適当ならずとの議論出て」とあって、三土の問題提起が政友会出身閣僚として倒閣を狙ったものというより、多年度にわたる継続費によって地方へ利益誘導しても財政悪化を招くだけという財政家としての持論からのものであると大蔵省も認識していたことがわかる。因みに当時の論壇の一人は三土を「小問題を捕へて内閣を崩壊させようとの底意を有するてぃの人物ではない」と見るが、陸軍大演習中関西実業家の声を聞いて（昭和七年の大演習は大阪、奈良で行われた）「財政に対する不審の念」を抱いたので予算案に異議を唱えたのであろうと推測している（佐々弘雄「昭和八年政治の変局」『改造』昭和八年一月号）一四〇頁）。

(22)　巨額予算が放漫財政ではないかという危惧を各界に生じさせていたのに対し、斎藤首相は関係閣僚による財政諮問機関をつくって財政再建を担当させようとした。三土鉄相は財政の将来に危機感を抱き、この着想を支持、推進しようとし（『東京朝日新聞』昭和七年一一月一八日）、高橋蔵相は財政経済の専門家たる大蔵当局にまず財政調査を行わせる案を支持し、インフレ政策による自然増収と近い将来の満州事件費、時局匡救費の消滅によって危機は訪れないと楽観論を述べていて（同右一一月二八日）、この点でも両者は対立していた。

(23)　前掲「昭和八年度概算査定ノ経過」によると、内務省は関係する土木事業を八、九年度のみで打ち切る案を作成して大蔵省に同意を求めた。大蔵省は工事が完成しないなら、形式上二年で打ち切っても事実上続けて予算を付けなければならなくなり、財政計画として不適当であると考えたが、実行官庁の内務省が責任を負うといい、鉄相も同意するようなのであえて争わず、承認することとした。事業の継続、予算の有効活用という原則に基づき対処したと思っていた大蔵省事務当局が、多年度にわたる継続費は財政を悪化させると憂慮した三土の別の原則論に押し切られた格好である。

(24) 三土はまた、一一月九日の閣議では時局匡救予算の款項区分について注文をつけて蔵相の考慮を求め、蔵相も同意して大蔵省事務当局が匡救予算の編成換えに取りかかることもあった(『東京朝日新聞』昭和七年一一月一〇日)。

(25) 前掲佐々「昭和八年政治の変局」一四〇頁。

(26) 原田熊雄述『西園寺公と政局』第三巻、岩波書店、昭和二六年、五三頁。

(27) 小山完吾『小山完吾日記』慶應通信、昭和三〇年、五二頁。

(28) 前掲「昭和八年度概算査定ノ経過」冒頭はこの間の経過をまとめている。

## 第三節　予算編成方式改革の試みと軍部予算をめぐる対立と妥協

本節では昭和九年度予算編成を取り上げるが、政治家の果たす役割とともに、予算編成方式改革の試みにも注目する。

### 1　予算編成方式改革の提起

昭和八年四月から五月にかけては、高橋是清蔵相の進退が問題となり、政局が動揺して、例年四月半ばにはとりかかる次年度予算案の準備に各省ともとりかかれずにいた(四・一七)。大蔵省事務当局も、歳入欠陥を補い歳出膨張に対処するため増税を主張しつつも、蔵相の辞意の前に予算編成方針確立を先延ばしにしていたが(五・一)、五月二二日の首相・蔵相会談の結果、蔵相留任が決定して(五・二三)、斎藤実首相が現政権で明年度予算編成と来議会に臨む決意を明らかにし、蔵相も了承した（五・二四）。その上で蔵相は六月六日の閣議で予算編成方針の大綱を各閣僚に配布し、予算編成方式の改革に関する以下のような持論を披瀝して閣僚の同意を求めたのである。

従来は、まず各省より概算要求を大蔵省に行い、同省主計局は歳入状況を考慮した上で各省事務当局と折衝を重ね、取捨選択して査定原案を作り、これを大蔵省議にかけ大蔵省案を決定した上で蔵相が閣議に提出、蔵相・各省大臣間で折衝を重ね、予算を決定するという方式であった。しかし、各省の概算要求は省の立場からのものであり、国家全体の見地からする事業の緩急や財政の現状に照らしての取捨選択は等閑に付され、中には従来の要求を繰り返したり、将来に予算を獲得する手段として要求したりして、自省予算の多いことのみ求めて予算分捕りの弊に陥っていた。これでは歳入不足著しい昨今、適正な予算編成が困難となるのみならず、後代に累を及ぼすおそれがある。今後は予算編成着手の前にまず閣議で国家的見地に立って重要政策に関する方針を審議し、収入状況、公債発行の影響を考慮すると同時に、国家の大局より見て敢えて公債に財源を求めても歳出の計上を必要とする事項について大綱を決定、それに基づき大蔵省に概算要求を提出することとするというものである(1)。

予算分捕りの弊については、昭和八年一月二六日付で日本経済連盟会会長郷誠之助から斎藤首相に提出された「財政改善ニ関スル意見書」(2)でも言及されている。そこでは財政改善の方途のひとつとして行政機構改革が必要であり、現行内閣制度の根本的改革と国策確立実行のための新たな国務統轄機関創設を望むと述べているが、その理由として「現在の行政組織の最大欠陥たる各省の分立割拠の弊即ち予算の争奪、各省政務の重複、矛盾、煩雑及ひ之に伴ふ経費増大等」を挙げている。

このような行政機構の改革も含む提言に比して、高橋蔵相による予算編成方式改革の提案は、大蔵省に編成事務を行わせる現行予算制度を根本的に変えることなく、その運用方法の変更で改革を図り、要望に応えようとするものと考えられる。大臣を先頭にたてての各省の予算分捕りへの批判、その改革として閣僚が国務大臣としての立場で予算編成方針を閣議で決め、各省に持ち帰って編成に着手する方式の導入ということは、長年蔵相をつとめた高橋の持論だった[3]。ここで高橋蔵相によって提起された予算編成方式改革案は、財源難の一方で軍部予算など歳出増が予想される中、軍事費や時局匡救費のみならず、各省予算全般につき閣議で政治家主導による歳出抑制を行い、財政の健全化を図ろうとするものと考えられる。

また高橋財政下の大蔵省では、欧米諸国の予算過程の調査も行われているが[4]、そのことは欧米との比較を通して我が国の予算過程の問題点を認識しようという意思を財政当局者がある程度共有していたことを物語っている。

しかし、高橋蔵相のこの提案は閣僚中からの反対を招く。三土忠造鉄相によれば、予算大綱を閣議決定したのち大蔵省各省間の折衝を行わせるというこの提案では、いきなり新規要求事業額を閣議で決定することになり、各省の新規要求が山積、これに対し各閣僚は他省の要求は不必要だから削除せよとも言えず、実際には歳出膨張を来すことになる。むしろ各省新規事業の沿革を知り尽くしている大蔵省事務当局が各省とまず折衝し、大蔵省議を経て予算閣議で閣僚が取り上げ、さらに復活要求を審議するという従来の順序の方が適切である、というものであり、閣僚中にも賛意を表す者がいた（六・七）。

大蔵省事務当局も批判的であった。つまり、高橋蔵相の提案は理想としてはともかく実際には実現困難で、前もって閣議で大ざっぱな方針を決め得ても、金額、程度等を具体的に決めるのは容易でない。しかも問題となるのは計上するか否かでなく金額、程度であるから、これらが閣議で決定されない以上役に立たない。蔵相も希望を述べただけで、狙いは各省大臣の自制を求めることであろうというのであり（同右）、事務当局としては従来通りの予算編成方針を六月半ばに閣議にかける準備をしていた。この改革が行われると主計局にとっては査定で手足を縛られることになりかねないので反対は当然であろう。三土はそんな主計局の意向を閣議で代弁したのかもしれない。

結局事務当局の予想したように高橋蔵相提案の予算編成方針の大綱も拘束力をもつ閣議決定とはならず、各閣僚の注意を喚起するに止まり、例年と変わらぬ字句の予算編成方針が六月一六日の閣議で蔵相から提案され、決定される。すなわち、各省要求は財政の状況に鑑み緊急やむを得ない事項に限ること、各省は経費節約の実現を期すること、昭和九年度概算要求は昭和八年七月三一日限り提出することなどであった[5]。毎年のように新規要求は緊急のものに限るといいながら膨大な要求が提出されたり、概算提出期限も必ずしも守られなかったりしていたことを考えると従来通りの予算編成方針閣議決定が形骸化していることがわかる。蔵相の改革案は、財政難の中で予算編成の現状への危機感を表したものであったが、新方式は高橋蔵相下では軍事費について後述の五相会議という形で試みられ[6]、予算全体にわたる編成方式の改革は、のちの広田弘毅内閣馬場鍈一蔵相による昭和一二年度予算編成を待つことになる[7]。

## 2　蔵相の増税回避と主計局査定段階での大臣間交渉

こうした中で、昭和九年度予算の編成は各省で進行していく。陸軍省は軍務局、経理局で概算要求の準備をすすめ（六・一八）、六月下旬以降省議を重ねて、七月半ばまでに大まかな予算案を作成（六・二八）、さらに細部を各局課が詰めて七月末までに大蔵省に回付する手はずであった（七・一五）。内務省は時局匡救土木費について、その規模の維持を求める地方と景気回復をもとに減額の意向を持つ政府の間にあって苦心していた（六・一九）。のちに昭和九年度予算案中最大の焦点となる海軍予算に関しては、岡田啓介に代わった大角岑生海相が第二次補充計画を中心とする大規模予算を立案中と語っている（六・二〇）。二度目の海相となった大角は、この頃海軍部内の人脈では加藤寛治大将率いる艦隊派に急速に傾斜しており、条約派放逐の露骨な人事に取りかかっていたが[9]、予算面でも軍縮条約廃棄を前提に海軍軍備の拡張を推し進めることになるのである。七月一〇日には同計画が軍令部から海軍省に移牒され、軍務局でまとめられるに至り（七・一一）、省議を開いて七月末までに概算を作成、経理局で整理の上、大蔵省宛提出することとなった（七・一四、一五）。なお、荒木、大角の陸海両相は七月二一日に会見して、予算分捕りは国情に鑑みて慎み、両省相協力して国防の完成のため善処していくという海相の談話を明らかにしている（七・二二）。

他方、公債増発を抑え、歳入不足を補うべく増税が唱えられ、閣僚中でも増税やむを得ずという意見が優勢になって（六・二八）、大蔵省事務当局は先に同省内に設置された税制改正準備委員会で増税案を検討していた。しかし、増税に関しては予算編成方式改革の場合と違って、高橋蔵相の時期尚早論が優先されることになる。つまり、蔵相は七月四日、次官、局長等幹部を集め、景気回復はまだ万全といえず増税は回復に向かいかけている産業を圧迫することになり、未だその時期ではないと言明（七・五）[10]、昭和九年度での増税は困難となり、前年度同様巨額の赤字公債発行が不可避と予測されるようになった。蔵相のリーダーシップがここでは貫かれたのである。

各省概算要求の提出が近づくと、大蔵省主計局は、昭和七、八両年度の予算施行状態を調査して各省新規要求査定の基準としようとした。つまり、七、八年度には時局匡救、非常時の名を借りた必要以上の要求が多く、無駄な支出が目立ったことから、その施行実績を考慮して明年度予算の査定にあたるというのである（七・一七）。

閣議で決定した期限である七月三一日までに概算要求を大蔵省宛提出したのは、半数の六省に上り（八・一）、前年度と比べれば、期限の遵守もある程度行われたといえよう。概算要求提出が順調なのは、陸軍大演習が一〇月末に繰り上げられ、明年度予算案もその前に決定しようと査定を急ぐためであった。しかし、増税が先送りされる中、昭和八年度並に予算総額を抑えるため大幅な減額査定が予期され、追加提出を含めると一三億円を越えると予想された新規要求中、六割四分を占める軍事費や九年度限り打ち切り予定の時局匡救費をめぐり、予算編成の難航が予想されていた（八・一〇）。

主計局は八月を各省経理局長、会計課長からの概算要求の説明聴取に費やし（八・二六）、九月に査定に着手したが、説明聴取、査定にそれぞれ一ヶ月かけるのは、経費削減を期すとともに、精査を行って復活要求の余地を少なくするためであると新聞は報じている（九・一）。

焦点となった軍事費に関して、荒木貞夫陸相は九日高橋蔵相との会談で内外各方面の国策を議論した中で、対外関係では危機に直面することを説いて平和確保のため国防力拡充が必要と訴えたのに対し（九・一〇）、蔵相は一一日、国防の重要性に理解を示し、公債を増発してもその充実を図るべきと語り（九・一二）、軍事費を特別扱いする意志を示した[11]。一二日大角海相が一九三五、三六年の危機など国際情勢を説いて第二次補充計画実現の必要を述べたときも、蔵相は国防確立への理解を語っている（九・一三）[12]。国防重視は斎藤首相も認めるところであった（九・一五）。しかし、実際には財政の許す限度をどこに置くかなどで思惑が違っており、後述のようになかなか一致を得られず閣僚間で軋轢が生じることになる。主計局の査定段階でもこうして予算をめぐり大臣間の交渉が行われていた。

事務レベルの大蔵省主計局の査定は、要求額の大きい軍事費については周到に行われている[13]。たとえば、陸軍省の国防充備費年度割繰上要求に対して、九月一九日時点で主計局は、「我が国防の見地」、「資材整備の得失」、「一般経済上の見地」の三点からの査定で「主計局査定程度に之を認めるを適当とす」としているが、そこでは一

九三五、三六年の危機説を批判、ソ連の軍備充実を脅威とするのを時期尚早と断じ、年度割繰上が軍需工業及び兵器の制式決定、さらには雇用と社会に与える悪影響を指摘して、主計局査定の改定年割額が妥当であると結論している。[15] 軍事費削減を狙ったのであった。これに対し陸軍省は概算要求への理解を求めて二八日新聞発表を行い、ソ連の五ヶ年計画による軍備充実に対して満州国の治安確立のため防衛施設、作戦資材の充実を急ぐべきであると主張している。陸軍が軍縮で作戦資材整備に遅れている間にソ連は五ヶ年計画で装備を最新鋭に充実させ、我が国の脅威となっているというのである（九・二九）。主計局の査定傾向を察知した陸軍が、資材整備予算の要求実現のため自らの見解を発表して世論を味方にしようとしたと考えられる。[16] また、時局匡救費についても厳密な査定が行われ、経費削減が図られた。[17]

### 3　五相会議の重要国策先議と蔵相の軍部予算に関する判断

他方で閣僚レベルでは、斎藤首相、高橋蔵相ともに重視するとした軍事費については、特に関係閣僚間で取り上げて国防計画と財政との調和を図ることになり、その決定に政治的考慮を払うことになった。具体的には首相、蔵相、陸相、海相、外相の五相会議で外交、国防の国策を協議、樹立した上でそれに基づいて陸海軍予算を決定することになり、[18] 第一回五相会議は一〇月三日に開かれ、陸海相がそれぞれ理解するところの国際情勢と兵備充実の必要性を説明、蔵相が財政の見地から反論している。[19] 先に述べた高橋蔵相の重要国策先議の予算編成方式改革が、閣議での討議を五相会議に変えた上で軍事費について試みられることになったとみてよい。政治家主導の軍部予算編成が試みられたのである。[20]

但し、この会議は六日、一〇日、一六日と開かれ、国防国策の前提としての外交方針、国際情勢の認識を論じているが、外交工作優先の広田弘毅外相、高橋蔵相と国防充実先行の荒木陸相、大角海相の対立が解けず、陸海軍部予算の審議には入れずにいたので（一〇・七、一一）、高橋蔵相は予算は五相会議とは別に編成し、会議の結果を予算に生かすなら追加予算でもいいと発言するようになる（一〇・一七）。結局、二〇日の五回目で、諒解できる範囲の原則的事項のみ五相間で一致したとして五相会議は終息した（一〇・二一）[21]。当初の期待に反して予算編成には具体的影響を及ぼさず、例年通り主計局査定案が大蔵省議の修正を経て予算閣議にかけられ、大臣間の折衝が行われるという形をとることになるが、五相会議の過程で明らかにされた軍部の意向は蔵相の予算に対する政治的裁量に影響を及ぼすことになる。

陸軍大演習陪観のため、閣僚の離京が二二日から始まり政局は一旦休止するが、遅れていた主計局の査定はようやく終了、二三日主計局長、予算決算課長から蔵相に査定の経過が報告された[22]。軍事費殊に海軍予算についてはかなりの削減を行った模様と観測されている（一〇・二四）。巨額軍事費削減を図る主計局の見解と、陸海相との会談や五相会議で明らかにされた軍部の意向の間で、高橋蔵相の政治的判断が待たれることになった。最終的判断は主計局官僚ではなく、蔵相に委ねられているのである。

大蔵省議は二七日に始まり、主計局長が歳出予算二〇億五〇〇〇万円とした査定案の内容を説明した[23]。うち新規要求は各省要求額の半分以下、六億三〇〇〇万円に削減された。歳入見積の審議、確定のあと、三〇日からは歳出予算審議に移った。時局匡救費も半分以下に削減されている（一〇・二八、一一・一）。大蔵省はこのとき、各省要求全部を容認するならば、長期間、多額の公債発行が不可避となり、毎年八億円の歳入不足が生じ、それを補填する増税は各税平均一〇割以上、多額所得者には数十割増のものとなるというレポート[24]をまとめている。これには大幅な減額査定を正当化する狙いがあるといえよう。

特に政治的考慮の対象となったのは海軍の第二次補充計画初年度分、艦艇改装費、航空隊増設と陸軍の作戦資材整備費などであったが、一一月一四日斎藤首相との会見で高橋蔵相は、これら軍部経費の査定は政治的に重要なので種々の考慮をめぐらしていると語っている（一一・二五）。首相は前日の荒木陸相との予算に関する懇談内容を蔵相に伝え、予算編成方針を打ち合わせたが、その内容は翌日木戸幸一が湯浅倉平宮内大臣から聞いたところによると、首相の予算要求緩和の求めに陸相は同意したこと、首相が蔵相との会見で陸相のこの譲歩を伝えると、陸海相ともに部内の押さえがきかないので予算削減は不測の事態を引き起こしかねず、ある程度財政上の無理をして陸海両相が口を利けるという印象を部内に示す必要があること、残る問題の後藤農相の面目についてはそこまで無理はできず、将来の課題としておくに止めると蔵相が話したということであった[25]。この時点で斎藤首相、高橋蔵相、荒木陸相の三者間で予算編成に関するこの後の筋書きがほぼ出来上がっている。つまり軍部予算に関する陸相、蔵相の互譲と農林省予算の切り捨てである。九年度予算編成の中核にはこの三人がいたといえる。

一六日高橋蔵相は軍事費について裁断を下し、昭和九年度予算大蔵省原案が決まった。つまり、歳出総額は二〇億一七〇〇万円（九年度から独立する通信特別会計一億九〇〇〇万円を控除しているので前年度比約三二〇〇万円減）、公債発行額は七億一〇〇万円であった。陸海軍合計では三二〇〇万円増と八年度と大差ないが、歳計に占める割合は増え、他省予算の犠牲で軍事費が維持されたことになる。新規要求承認額は約六億二〇〇〇万円と要求の半分以下に削減、うち軍事費は四億円前後で、その他の各省新規要求は時局匡救費を除き全滅に近い。蔵相が語るには、内外情勢から国防充実の必要を認め、陸海軍要求の計画は全部認めるが、単価切り下げの余地ある分は当然減額し、工程の長短により直ぐに着手するものと後年度に間に合うものを区別、民間工業能力を考えて一時に巨額を計上しても実行困難であることなどから工程を繰り延べたのであった（一一・一七、一八）[26]。軍事費については名を捨て実をとった高橋蔵相の判断と言えよう。

## 4　海軍・農林両予算をめぐる予算閣議の紛糾と高橋蔵相

翌一七日第一回予算閣議が催され、高橋蔵相が大蔵省原案を説明すると、各省持ち帰って省議を開き、復活要求を準備した。新規要求承認比率三九・五％の海軍省は大蔵省案は到底容認できずとして単価引き下げ、繰り延べに異議を唱え[27]、一九日の予算省議では、補充計画、艦船改装費、航空隊増設の主要三費目の原案通りの実現を図る方針を決定、単価切り下げへの不満を改めて表明している（一一・二〇）。一方、同比率六一・三％の陸軍省は比較的冷静で荒木陸相も単価切り下げは大蔵省との折衝次第という態度であった。ほかには農林省の比率が一四・六％と厳しく、激しい復活要求が予測された（一一・一八）。

一方、高橋蔵相は一九日原田熊雄に対して、陸海軍設定の単価は大正六年当時のもので、現在ではその半分で買えるとして予算単価を半減したことを述べ、農林省予算については、農村に補助金を渡すのはよくなく、むしろ浪費防止に努めるべきだと原敬内閣時代の前例を挙げて語っている。彼は加えて地方から陳情に来た町村長に自力更生を説いていた[28]。農林省新規要求の大幅削減には高橋蔵相の農村観、農民観も影響を与えていた[29]。蔵相個人の考えが予算の行方に意味をもっていたのである。

二〇日に総額三億円を越える各省復活要求が提出されると、事務当局間の折衝とは別に閣僚レベルでは、特に強硬な海軍省との間に三土鉄相が斡旋に入ったが（一一・二一）、大角海相は蔵相に一九三五、三六年の危機を強調して主要三費目の海軍省原案通りの実現を要請している。鉄相は後藤文夫農相からも斡旋の依頼を受けた（一一・二二）。他方で、大蔵省事務当局は再査定を行い、二三、二四両日各省に再査定案を提示したが、各省の不満は強く、再復活要求が行われることになった。陸軍予算は順調にまとまり得ると観測されているのに対し、海軍予算については単価引き下げをめぐる大蔵・海軍両省間の懸隔が依然大きく、事務折衝が行き詰まり、政治折衝に期待が寄せられるようになっていたが（一一・二四）、海軍部内の姿勢強硬のため鉄相の斡旋も効を奏さず打開の途が開けずにいた[30]。

二五日に各省の再復活要求が大蔵省に提出され（一一・二七）、二八日斎藤首相は高橋蔵相、大角海相と個別に会見、意見を聴取、蔵相は主計将校を連れた海相と会見、単価に関する海軍省側説明を聴取している。また後藤農相も首相に会って農林省予算復活につき説明して大蔵省に対する斡旋を依頼、三土鉄相は首相に予算編成問題に関する情勢を報告、持論を伝えて協議した（一一・二九）。政治折衝が本格化したのであった。同日大蔵省事務当局は再査定の成案を省議に諮ったが、蔵相は慎重で、二九日に復活要求承認額決定の参考とするためか深井英五日本銀行副総裁と公債発行能力について協議、その上で省議に臨んで最終案を決定した。直ちに首相を訪問、同案を説明してこれ以上の財源捻出は不可能ゆえこれで閣内をまとめたいと述べ、首相も同意、翌三〇日臨時閣議を開くことにした。首相はその夜、荒木陸相に会って大蔵省の最終案を示し諒解を得ている。陸相は予算問題での国内の混乱は国際関係にも悪影響を及ぼすので避けたいと語っていた（一一・三〇）。陸相の同意は予算問題解決への大きな前進を意味する。

三〇日閣議に先立ち、首相は海相との会談で再査定案を内示、農相から斡旋依頼を受けた山本達雄内相とも会談、農林省予算の調停を図っている。内相は蔵相とも会見して斡旋に奔走していた（一二・一）。臨時予算閣議で各閣僚に提示された大蔵省再査定案は予算総額二一億六〇〇〇万円で八九〇〇万円の復活要求を承認していた。海軍に四四〇〇万円、陸軍二一〇〇万円、農林省には三七〇〇万円である。公債発行額は七億八〇〇〇万円で当初査定案より七九〇〇万円増加、復活要求承認額との差額一〇〇〇万円は各省の財源提供による。新規要求承認額は当初査定案の六億二五〇〇万円に復活要求承認額を加えて七億一四〇〇万円となっている(同右)。蔵相が再査定の事情を説明、国防に重点を置いた結果他省には巨額の削減を行うに至った点の了承を求めたが、大角海相が再査定案への意見を留保[31]、後藤農相や永井柳太郎拓相、広田外相なども不満を述べたが蔵相は答えなかった。一方荒木陸相は自省予算の復活に十分考慮が払われたことを感謝し、予算問題での閣議紛糾は好ましくない旨発言している。結局閣議は散会、翌日再開となった（同右）。閣議後、首相、内相、陸相、海相、農相、鉄相などの間で会談が相次ぎ、懸案の海軍、農林両予算の問題の解決が試みられている。また、海軍省は翌日の閣議に備えて再査定案の研究調査に没頭している一方で、陸軍省は経理局長が大蔵省に対し、内外情勢を考え財政当局としても財源を見出し、各省要求を満足させるよう取り計らってはと勧告している。同省は作戦資材整備費の承認が要求の半額に満たぬと不満であったが、財政上許されぬなら次年度での同費の優先的承認を求めて本年は満足する方針であった（同右）。自省予算の査定に満足して大局を憂うる陸軍というところか。陸軍は組織としては自重に徹したのである。

## 5　荒木陸相の譲歩による打開

一二月一日の閣議で予定されていた予算討議は二日に延期となるが、この延期とその後の事態収拾は天皇から示された予算問題への懸念が契機となっている。原田熊雄によれば、宮中での陪食の機会に広田外相に伝えられた予算問題紛糾への天皇の憂慮は、外相や鈴木貫太郎侍従長によって斎藤首相に伝えられたので、一日早朝首相は高橋蔵相を訪ねて天皇の意を伝えたところ、蔵相は新たに一〇〇〇万円を拠出して事態を収拾することを承知したという。首相はその上で高橋蔵相と並ぶ長老として斎藤内閣で重きをなし、蔵相経験もあって財政を知悉した山本内相にも相談、内相は第二次西園寺公望内閣蔵相当時、予算紛糾に際して陸軍に財源割譲を仰いだことを思い出し、今回も満州事件費からの融通を依頼してみることを首相に提案した。首相と会見した荒木陸相はその案に即座に同意したので、同日午後首相は再び蔵相を訪れ、陸相の承諾を伝え、蔵相の同意を得て、満州事件費予備金のうち一〇〇〇万円を陸軍から海軍に融通し、他に五〇〇万円を赤字公債増発で賄うことになった[32]。内相の仲介と陸相の協調が決め手であった。

新聞も妥協案の浮上を伝えている。すなわち、斎藤首相が山本内相、荒木陸相に斡旋を懇請して妥協の途を探った結果、浮上した妥協案として、形式上大蔵省所管となっているが実質的には陸軍向けの満州事件費予備金二〇〇〇万円の半額程度を海軍省に振り向ける、海軍側が再査定案では不満であるという意思表示をした上で再査定案でやってみて不都合な場合は追加予算を認めることを閣議で約束する、という二項目を報じている（一二・二二）。陸軍の既得権を侵すこの案への陸軍部内の反発や陸相の「おとなしく事務的に事を運んでいれば勝手なことをいわれてたまったものでない」という不満を表す一日午後の発言も報じられているが、陸相の発言は陸軍部内の反発を抑えるためのものであろう[33]。現にその発言中には、伝えられる高橋蔵相の決意不動は必ずしもそうとはいえない、予算問題をめぐって政局が急転直下するようなことがないとも限らないとの言葉があって、この問題が妥結に向かいかけていることを示唆している。

前節で見たように、昭和八年度予算編成に際し、高橋蔵相は荒木陸相に国務大臣として、国政を預かる政治家として対処することを求め、荒木を「政治家として教育してやらう[34]」としていた。少なくとも昭和九年度予算編成のこの局面において、荒木は軍政家として立ったということだろう[35]。

首相も一日午後の蔵相との会見後、記者団に対して「事情は刻々と変わってゆくのだからそれに応じて話をすすめている」と語り、事態の変化を匂わせている（同右[36]）。但し、こうして打開策が模索されたのは海軍予算だけで、農林省予算については全く進展がなかった。

二日の予算閣議前、斎藤首相は各閣僚と個別に会談し、裁定案を自ら提示、懇談を行った結果遂に妥結に至り、続いて開かれた予算閣議で正式に裁定案を示し、承認を得て九年度予算案の決定を見たのであった。すなわち海軍省の復活要求承認額は一五〇〇万円とし、その財源は一〇〇〇万円は満州事件費予備金、五〇〇万円は公債によること、農林省の要求は今後の内政会議での農村対策考究の際に十分裁量すること、というものである。大角海相はこれに今回未承認の艦船製造については将来なるべく速やかにその実現を計ること、今回承認された単価に不足を来す場合は予算の追加をなすことという留保条件を付けて同意した。後藤農相も首相案にやむなく同意、高橋蔵相も公債増発への注意を喚起した上で同意している（一二・三）[37]。事態解決のための大臣間の折衝が実を結ぶこととなったのである。復活折衝では、こうして限られた財源をめぐって省庁間で短期集中の争奪戦が繰り広げられたが、それはまた政治的合意を得るために必要な過程だったのであろう[38]。

荒木陸相の尽力が紛糾解決の鍵となったが[39]、七月二一日の陸海軍合意がここに至って生きたことになる。閣議で決定された歳出予算案総額は二一億一一〇〇万円、公債発行額は七億八五〇〇万円となった[40]。農林省予算については、関係閣僚による既設の内政会議の再開が待たれることになる（同右）[41]。二日午後に斎藤首相が宮中に鈴木侍従長を訪ね、予算円満解決の経過を説明して天皇への執奏を依頼した（同右）ところ、「拝謁被仰付旨御沙汰あり拝謁の上政務に付御下問に奉答する所」あったのは[42]、天皇の予算問題への関心を示している。

第六五通常議会は、一二月二三日に召集され、二六日に開会したが、二五日大蔵省から貴衆両院に送付され新聞にも発表された予算綱要は、開会当日両院議員に配布された（一二・二六）。休会明けの翌年一月二三日、政府は衆議院に昭和九年度歳入歳出総予算案を提出、同日衆議院で高橋蔵相の財政演説が行われ（一・二四）、二月一三日に本会議で原案通り可決、貴族院に回付された（二・一四）。同院では三月一四日に本会議で原案通り可決され、議会の協賛を得ている（三・一五）。

以上のような昭和九年度予算編成過程から窺える特徴は次のようなものである。

第一に、予算編成方式改革の提起が閣議の席で正式に蔵相からなされる一方、従来通りの方式がよいという反論が鉄相からなされていて、予算編成方式再考が大蔵省事務当局の意図とは別に、政治家によって検討されるに至ったということである。この背景には、歳入不足のため限られた財源をめぐる予算分捕りの傾向が強まり、その対策が必要と考えられるようになったという事情があろう。

第二に、一旦は退けられた重要国策先議の予算編成方式が編成過程の途中で五相会議という形で試みられたことである。国防国策を先議して予算の大枠を定めようとした試みは成功したとはいえないが、予算の編成に政治的判断をより強く反映させるために新しい形が模索されたといえる。五相会議終息後も予算閣議に前後して見られたのは、軍事費、時局匡救費など新規要求の過半を占め、かつ政治的影響も大きい費目については、事務当局に任せず、首相、蔵相と一部の閣僚が協議して大枠を決めた上で、その範囲内で事務当局に細目を任せるということである。

第三に、歳入面を補う増税の是非に関しては事務当局の意向とは別に高橋蔵相の判断が最後まで貫かれたということである。

第四に、高橋蔵相以外に予算編成で重要な役割を果たした政治家として、三土鉄相が予算閣議の頃には蔵相の代理として各省と大蔵省間の斡旋の労をとっている。高橋蔵相は昭和八年五月下旬、自身の進退問題に関しての三土の態度から近頃三土は信用が置けなくなったと述べていたが[43]、従来の経験と財政への造詣の深さから三土は依然として必要とされたということであろう。但し山本内相も蔵相と並ぶ斎藤内閣の重鎮として、内務省予算の削減にもかかわらず、大蔵、海軍、農林各省の間で斡旋に努めているし、土壇場での斎藤首相の行動も抜きに出来ない。

第五に、昭和九年度予算編成の最終局面で最も解決に資したのは荒木陸相の決断と陸軍省の自重である。復活要求に際しての海軍省の強硬姿勢に対して、陸軍省が柔軟な態度をとったのは、陸相が予め五相会議や高橋蔵相との単独会見で陸軍側の意向を蔵相に十分に伝える一方、蔵相や大蔵省事務当局の感触も得て、その上で折衝に臨んだ結果、他省より高い比率で新規要求の承認を受けることができたからであろう。最後は荒木陸相の決断で満州事件費予備金の一部を海軍に提供して予算案閣議決定に協力している。陸軍部内では不評であったが、荒木は陸軍省の行政長官としてよりも、むしろ国務大臣としての役割を優先させたのである。

第六に、予算編成の手順面では、陸軍大演習が早まるとそれにつれて予算閣議も早めて大演習前の決着を図ろうとする意図が存在していた。実際には概算要求提出までは例年になく順調だったが、各省説明聴取、主計局査定、大蔵省議ともに多大の時間を費やすことになり、予定より大幅に遅れている。

最後に、天皇の予算問題紛糾への関わりである。天皇の憂慮が事態解決の契機となったことは、昭和八年度予算編成で軍部予算の上奏時に示された天皇の財政問題への関心とともに、この時期の天皇の政治との関わり方を示すことになる。

## 註

（1）「予算編成の大綱に関する件」（前掲「昭和財政史資料」五－〇二一－九）。大蔵省では「極秘」とされているこの文章が『東京朝日新聞』昭和八年六月七日には全文掲載されている。この点からも新聞掲載の予算編成に関する情報は信頼性が高いと推測できる。なお、高橋蔵相提案のこの方式は、先に省レベルで永井柳太郎拓務大臣が試みている。永井拓相は拓務省関連予算案の編成に関し、従来の事務的方法を改め、まず拓相、植民地首脳部間で重要事業項目を決定、閣議に諮って承認を求め、これに基づいて各局課に具体的に予算を計上させる方針を決定し、早速宇垣一成朝鮮総督、中川健蔵台湾総督と協議している(『東京朝日新聞』昭和八年六月一、三日)。

(2) 前掲「斎藤実関係文書」一八〇－八。行政機構改革と予算編成権の問題については、本書第四章参照。

(3) 上塚司編『高橋是清経済論』千倉書房、昭和一一年、四一－四三頁。

(4) 大蔵省の『調査月報』には、昭和七年から九年にかけて同省理財局国庫課調査掛による次のようなレポートが掲載されている。

「英国大蔵省の組織及職能概要」第二二巻第一号(昭和七年一月)

「米国予算制度大要」同巻第四号(同年四月)

「英国の予算制度に就いて」第二四巻第七号(昭和九年七月)

「英国予算制度の法制―金銭法案解説」同巻第九号(同年九月)

「英国議会に於ける予算案審議の次第(其一)」同巻第一〇号(同年一〇月)

「英国議会に於ける予算案審議の次第(其二)」同巻第一一号(同年一一月)

(5) 「昭和九年度予算編成方針」(前掲『昭和財政史資料』五－〇二二－一〇)。添付された蔵相発各省大臣宛の六月一六日付表書には「提出時期に付ては往々決定通実行せられさる場合有之……今後右様のこと無き様十分御留意相成様致度候也」と期限厳守の念を押している。大蔵省事務当局も六月一六日に各省経理局長、会計課長を主計局に招いて予算編成方針の厳守、概算提出時期の遵守を主計局長が求めている(『東京朝日新聞』昭和八年六月一七日)。

(6) 高橋蔵相はその後も予算編成方式改革への意欲を持ち続けている。昭和八年八月二〇日、一一月一八日と原田熊雄に対して、各省大臣が国務大臣たる立場を忘れて自省のことばかり考え、予算分捕りに走ることを嘆いていて、何とかしなければならないと語っている(前掲『西園寺公と政局』第三巻、一二五、一八九頁)。

（7）本書第三章参照。
（8）海軍の第二次補充計画とは、ロンドン条約における補助艦の協定には欠陥ありとしてそれを補うもので、昭和五年に立てた第一次補充計画に続くものであった（太田正孝「予算の解説」『経済往来』昭和九年四月号）一三四―一三五頁）。
（9）秦郁彦「艦隊派と条約派」（三宅正樹編『昭和史の軍部と政治』第一巻軍部支配の開幕、第一法規、昭和五八年）二一九―二二〇頁。
（10）三土鉄相も、ロンドン世界経済会議の不成功の見通しからブロック化、低為替、高物価政策の進行を予想した上で、国内産業振興のためには増税は避けるべきと語っている（『東京朝日新聞』昭和八年七月一六日）。七月二七日藤井真信主計局長は高橋蔵相を訪問して予算編成につき協議しているが、そこでは予算総額は八年度総額を超過しないこと、公債も八年度発行総額を超過しないことなどとともに、増税は蔵相の裁断に委ね、それまでは公債一本でいくことを原則として定めている（同右昭和八年七月二八日）。
（11）首相、蔵相などに説いてまわった荒木陸相の主張について原田熊雄は、内容は大したものではないが具体的、積極的な議論が閣僚たちの気持ちを動かしたと述べている（前掲『西園寺公と政局』第三巻一四二頁）。
（12）昭和八年当時盛んに喧伝された一九三五、三六年の危機とは、当時の認識では、同年に我が国の国際連盟脱退が確定する（昭和八年三月に脱退を通告したが通告後二年間は所定の義務に束縛される）ことで、我が国の南洋委任統治領の問題が連盟を中心に論議されること、同年第二次ワシントン会議が召集され、軍縮で我が国が難局に立たされるとともに、満州問題が俎上にのぼるであろうことなどの理由で我が国が国際的に孤立し、最悪の事態に至る可能性があるのに加えて、米中密約で中国の航空計画が整備され、ソ連の第二次五ヶ年計画が完成に近づくなど我が国周辺の客観的状勢が不利になることを指している。陸海軍はこの国際的危機に備えるべき軍備充実の必要性を強調したのであった。（園田次郎「五相会議の行方」（『中央公論』昭和八年一一月号）三六四―三六六頁）。
（13）主計局による海軍概算査定の詳細は、「昭和九年度海軍予算査定資料」（前掲「昭和財政史資料」五―〇二一―三）参照。この資料の表紙には「藤井」と署名があり、藤井主計局長の手許にあったものとわかる。内容は海軍省所管と陸軍省所管に分けられていて、海軍だけでなく軍部予算の査定資料集というものである。但し海軍省所管分が「第一類査定準備書類」（第一次及び第二次補充計画、米国及び英国の建艦計画、一九三七年末での日米艦船現有量比較など）、「第二類要求説明材料」（海軍省概算内訳、条約抜粋、艦艇製造費要求額、制限内艦船現有量日米比較など）、「第三類省議材料」（海軍省新規要求査定内訳、第二次補充計画査定年割表、艦艇製造費噸当単価査定表など）、「第四類査定経過書類」（昭和九年度概算査定局議原案など）に分類され、七〇種の資料が収められているのに対し、陸軍省所管分は分類もなく一七種だけであることから、昭和九年度予算編成における軍部予算の焦点は海軍予算の方であったことがわかる。

(14)「荒木貞夫関係文書」（国立国会図書館憲政資料室所蔵）二九九の「昭和八年六月調　時局関係数字抜粋」は「大臣用」と表紙に墨書されていて荒木陸相に提出されたものと考えられるが、その「第七　隣邦等ノ陸軍」ではソ連軍の機械化の進展と九割を陸軍費が占めるソ連軍事費の急増ぶり、その産業五ヶ年計画による重工業の発展を強調している。

(15)「国防充備年度割繰上要求査定理由」（前掲「昭和九年度海軍予算査定資料」）。「我が国防の見地」の箇所では、我が国が近い将来国防上の危機に直面することを前提として作戦資材の整備をなすべしとの論は論として異議ないところであると断った上で、「国際聯盟脱退期並に華府条約改訂期たる一九三五年及一九三六年を以て我か国の最大危機と為すことは南洋の委任統治問題を別個に考慮する限り大に異議ある所なり」と述べている。また「蘇国の軍備も第一次五ヶ年計画遂行の実績より見るときは其戦時補給力等に於て未た大に欠くる所あるものの如くなるを以て蘇軍の真に我が国軍の脅威となるは寧ろ第二次五ヶ年計画完成期たる一九三七年以後と観察するを至当とすへし」と論じ、さらにもし第一次五ヶ年計画完成程度のソ連軍が既に我が国の脅威であるなら、我が国は既に昭和七・八年度において作戦資材整備完成が必要であるのに、陸軍の要求は昭和一〇年度までに整備を完成する計画であり、陸軍もまた一〇年度に整備が完成すれば国防に支障はないと認めていることになるとして陸軍主張の矛盾をついている。その結果「陸軍要求の如く其の大部分を昭和九年度中に完成せしむるの要なきものと認めらる」と断じている。「資材整備の得失」の箇所では、年度割繰上で極めて短期間に急激に多数の兵器を製造することとなれば、

一、工場で不熟練職工を多数使用することとなり、兵器の精度を低下させる。二、昭和一〇年度以降にそれまで使用した多数の熟練職工の整理を余儀なくされ却って国防上の欠陥を生ずる。三、資材の整備が遅れるほど最新式の兵器を採用出来る利益がある。四、新式兵器の制式採用にあたっては周到な調査を行い、一度制式としたものはみだりに改変しないことが陸軍の誇るところにかかわらず、もし昭和九年度に一時に多数の兵器を作製すれば、制式の決定が粗雑となる。かかる理由を列挙して「昭和九年度は大体昭和八年度を超さる範囲に於て整備するを適当と認む」としている。最後に「一般経済上の見地」の箇所では、既に昭和八年度に工場は多数の設備、職工を増置増員したところに九年度でも陸軍省要求のように八年度に倍加する整備を行うときは、さらに設備新設、職工増員を要することとなり、これらの設備、職工は一〇年度には一朝にして不要となるので経済上極めて不得策であるのは勿論、多数職工の解雇は失業問題を伴い、同年度以降打ち切られる時局匡救事業の被傭者解雇と相まって重大な社会問題を惹起するとして、主計局査定による年度割改訂が妥当と結んでいる。

(16)　陸軍省は大蔵省宛には九月下旬「昭和九年度満州事件関係予算ノ説明　陸軍省」(前掲「昭和財政史資料」五―〇二二―一)を提出している。

(17)　先に紹介した賀屋興宣は、年度を特定していないが主計局における時局匡救費査定の要点を以下のように回顧している。一、匡救費支出の金額、方法がインフレを起こさないようにすること。そのため匡救費に多額を割くわけにはいかなかった。二、匡救費の内容は、農村、中小商工業者救済の具体的効果がないといけないということ。農林省などの計画には杜撰なものが多く、効果的な資本設備に至らず、無駄に終わる計画が多かった。三、救済の必要な地域に資金がまわるようにすること。各地域の分捕り主義が目立ち、必要な所よりも要求の声が大きい所に資金が行く傾向があった。四、農家に現金収入を得させるようにすること。支出の規模が大きいのに収入増に結びつかない計画が多かった。五、便乗的要求は認めないこと。各省で従来実施したくとも予算の関係から出来なかったものを時局匡救の名にかりて実行しようというものがあった。六、短期間の臨時費である匡救費に経常的な計画を紛れ込ませないこと。官吏増員などの計画を盛り込もうとするところがあった。その上で彼は、匡救費の形で過大な支出をするとそれが国民全体にどんな犠牲を払わせることになるか十分考えられていないところがあったと批判している（賀屋興宣口述「『健全財政』とその転換」（前掲『大蔵大臣回顧録』、口述は昭和二七年七月）二〇―二一三頁）。

(18) 五相会議は対外政策会議たるを第一使命とし、対内国策会議並びに予算査定の前提たることを第二の要素とすると見られていた（佐々弘雄「挙国一致内閣再論」（『中央公論』昭和八年一一月号）五四頁）。原田熊雄に対して斎藤首相は九月二六日、陸海軍、外務、大蔵四省の大臣を集めて財政のことをゆっくり懇談してみようと語り、高橋蔵相は一〇月三日、「相当の兵備は国際関係上必要だが、いはゆる国を防衛するための軍備であるから、まづ外交が先決問題だ」と語っている（前掲『西園寺公と政局』第三巻一四九、一五三頁）。

(19) 伊藤隆・佐々木隆編「鈴木貞一日記　昭和八年」（『史学雑誌』第八七編第一号、昭和五三年一月）七三頁。同日記には一〇日の五相会議についても荒木陸相の語る会議の詳しい内容が記されている。

(20) 五相会議が予算編成方式改革の側面を有することを指摘しているものとして、藤田安一「高橋是清と五相会議」（『政治経済史学』第二七三号、平成元年一月）一四頁。

(21) 五相間の諒解事項の骨子は、我が国と不可分の関係にある満州国の発展を助長すること、国防は安全感を脅かされない範囲内で財政の状況をも顧慮しその充実を図ること、外交では中国、米国、ロシアに対し親善関係を増進する諸方策を講じること、現下の国際関係、国内状況に鑑み諸政の改革を図ると共に国民精神の作興を期することであった（『東京朝日新聞』昭和八年一〇月二一日）。「十月二十日五相会議ニ於ケル陸軍側提示」（前掲「斎藤実関係文書」一五二―三）にこの時点での陸軍の認識を見ると、対内国策は未確立で関係閣僚間で重ねて研究審議が必要というものであった。佐々木隆「荒木陸相と五相会議」（『史学雑誌』第八八編第三号、昭和五四年三月）は、「鈴木貞一日記」を用いて、五相会議での外交方針論議と荒木陸相の立場に焦点を当てて論じている。ソ連主敵論に基づく対ソ国防策の優先を図る荒木陸相と陸軍首脳部の画策が広田外相や外務省首脳部の賛同を得られず、陸相の政治的立場が行き詰まる過程を描いているが、本文で先に見たように陸軍の対ソ国防策重視は財政面でも大蔵省の反対をまねいていたのである。

(22) 前掲「昭和九年度海軍予算査定資料」中の「海軍省所管昭和九年度概算新規要求額査定内訳区分表　局議原案」

の表紙には「本案は第二次中間査定にして之に対し十月二十二日再査増額の上局議決定となりたるものなり」の注記がある。主計局が海軍予算に関して入念に査定を行った上で、一〇月二二日に局議決定したことがわかる。

(23)　一〇月二五日付「各省概算査定額前年度予算額比較表」（前掲「昭和財政史資料」三―〇一一―三）は、省議のために作成されたものであろう。

(24)　「昭和九年度各省概算要求ト将来ノ国民負担ニ就テ」（前掲「斎藤実関係文書」一四五―二四）。

(25)　『木戸幸一日記』上巻、東京大学出版会、昭和四一年、二八五頁。斎藤首相・荒木陸相間の協議の具体的内容は前掲「鈴木貞一日記　昭和八年」八四頁参照。

(26)　大蔵省は単価引き下げのため、軍需品納入値段、民間会社の注文値段、中央官庁、市町村の注文値段、軍需工業会社の状況、大量注文による単価引き下げの可能性などについて入念な調査を行い、加えて各省予算施行の実態も調査して査定に役立てたようである。それが概算要求提出以後の査定、省議が長時日となった理由であると観測されている（『東京朝日新聞』昭和八年一一月一九日、阿部賢一「九年度総予算批判」（『経済往来』昭和九年一月号）二二頁）。また、主計局で軍事費査定に携わった賀屋興宣によれば、長年軍部予算査定に携わった者が、軍部側担当者の陥った前後の考え方の矛盾、予算要求中の不合理をつく方法が有効であり、また、陸海軍省経理局の積算の単価に口をはさみ、陸海軍と軍需企業との契約単価を市場単価と比較することも手がかりとなった。但し、先方の要求中の強弱を見分けることが大切で、強く押すものをある程度満足させ、そうでないものを抑える形で折り合いをつけ、さらに陸海軍間のバランス、軍部と他省のバランスにも注意を払う必要があったという（前掲賀屋『健全財政』とその転換」一八―二〇頁）。

(27)　海軍予算中の単価切り下げ問題について当時の論壇の一人は、軍部の請負、購入の中には国家補助的要素も加わるから市井で取引される日用品価格とは趣を異にする点も参酌しなければならないが、概して購入単価は商人間におけるよりも割高になっているのは事実として、大体において大蔵省当局の主張が当たっていると論じている（阿部賢一「国防費と財政」（『改造』昭和九年一月号）二一〇頁）。

(28)　前掲『西園寺公と政局』第三巻一八七頁。

(29) 高橋蔵相の農民観や陳情への対応については、昭和八年九月から蔵相秘書官事務取扱となった久保文蔵の回顧談がある（久保文蔵口述「高橋大蔵大臣の思い出」（前掲『大蔵大臣回顧録』、口述は昭和二六年四月）一一九－一二四頁）。一一月二五日原田熊雄に対して後藤農相は、蔵相とは農村に対する根本の観念が違っているようで予算が非常に困難になっていると語り、一方蔵相は、農相が農村を煽動していろんな運動をさせていると批判している。二七日にも農相は原田に蔵相への不満を伝えている（前掲『西園寺公と政局』第三巻一九一－一九二頁）。

(30) 当時軍事参議官であった海軍大将加藤寛治の日記によれば、一一月二〇日予算単価について関心を払っていた加藤は、二四日伏見宮軍令部総長に伺候したところ、総長は大角海相の決意（大角は同じ加藤の日記によれば、二二日に辞意を申し出ていた）を是認し、閣議で破綻を見た場合は即答せず保留して自分に報告の上、軍事参議官会議を開くことなく辞意を通告すべきと語っていて（伊藤隆他編『続・現代史資料』第五巻海軍 加藤寛治日記、みすず書房、平成六年、二三九頁）、軍令部側の強い姿勢が窺われる。一方、二五日高橋蔵相は、海軍予算単価半減に関係して、蔵相の下に各所から激励の投書が来ていること、その中には海軍と民間軍需工場の契約単価が不当に高いことや工場拡張費の名目で資金がばらまかれたりしていることを指摘し、単価半減に支持を寄せるものがあることを原田熊雄に語っている（前掲『西園寺公と政局』第三巻一九一頁）。

(31) 大角海相はさらに三〇〇〇万円なければ不可として留保した。翌一二月一日早朝、海相に電話した加藤寛治によれば、海相は興奮して海軍至上主義をもって単価において争うと語ったという（前掲『続・現代史資料』第五巻二四〇頁）。

(32) 前掲『西園寺公と政局』第三巻一九四－一九五頁。馬場恒吾「われわれは如何なる内閣を望むか」（『中央公論』昭和九年三月号）一三六－一三七頁もこの内相の仲介の話を紹介している。斎藤内閣における斎藤首相、高橋蔵相、山本内相の三長老の役割については、前掲松浦『財界の政治経済史』一一八－一一九頁参照。斎藤実の「日記」（前掲「斎藤実関係文書」二〇八－八五）では、一一月三〇日には「（夜）鈴木侍従長、堀切翰長」とあり、一二月一日の項には「午前大蔵大臣私邸を訪ひ用談」、「午后五時荒木陸相を官舎に訪ふ」とある。当時の侍従武官長本庄繁の日記によると、一二月一日侍従長が「総理との予算に関する状況を奏上」した後、天皇は「武官長を御召になり海軍予算に関する対策を御下問あらせる」。本庄はまた荒木陸相に予算の状況を聞き、まとまるであろうと奉答している（伊藤隆他編『本庄繁日記』第二巻、山川出版社、昭和五八年、三七七頁）。他方、二日に荒木陸相と面会した鈴木貞一は、陸相は「一千万を投して海軍を救はんと決心せられたり」と記している（前掲「鈴木貞一日記 昭和八年」八五頁）。「昭和九年度陸軍予算ニ就テ」（前掲「斎藤実関係文書」一四五‐二二）は、一二月一、二日両日の閣議での陸相説明の要旨で、柳川平助陸軍次官から堀切善次郎内閣書記官長を通して斎藤首相に提出され、その内容は満州事件費削減の困難や作戦資材整備費の繰上を訴えるものであるが、陸軍の譲歩が原則の後退と解されないように閣議で表明された陸軍の公式見解か。

(33)　当時の陸軍部内の不満の例として、軍務局軍事課予算班で陸軍予算編成の実務にあたっていた西浦進は荒木陸相の政治的妥協を批判していた（木戸日記研究会・日本近代史料研究会編『西浦進氏談話速記録』上巻、日本近代史料研究会、昭和四三年、六四、九四、一〇〇頁）。陸軍省新聞班長に就いていた鈴木貞一も荒木陸相による譲歩に失望した旨語っている（同『鈴木貞一氏談話速記録』下巻、昭和四九年、三三五‐三三六頁）。また、第一四師団長として満州にいた畑俊六は、小磯国昭関東軍参謀長から聞いた話として、荒木陸相の一〇〇〇万円拠出による決着は「大臣の外誰も知るものなく軍事課長の如き憤慨して一日登庁せざりしとのこと」と翌昭和九年二月二日の日記に記している（伊藤隆・照沼康孝編『続・現代史資料』第四巻陸軍 畑俊六日誌、昭和五八年、みすず書房、六二頁）。当時の軍務局軍事課長は山下奉文大佐である。彼ら陸軍中堅の幕僚たちは省益を優先して予算分捕りを考えているから、西浦の言うように「自分達で苦労して大蔵省と折衝して来た当時としては一、〇〇〇万円というのは大きな金ですから、こいつを海軍に譲れなんていうと、それはもう恨み骨髄に徹する」（前掲『西浦進氏談話速記録』上巻九四頁）のである。

(34)　前掲『西園寺公と政局』第二巻三八八頁。

(35)　西浦進は「荒木さんは宇垣さんをかつて大いに叩いたんだが、荒木さん自身が陸軍大臣になって三年経つと同じことをやっている」（前掲『西浦進氏談話速記録』上巻一〇〇頁）、「大臣になってみるとえらい丸いことばっかり言っている」（同右九四頁）、「荒木さんも堕落した」（同右六四頁）と考えたと語っているが、それは西浦が荒木を「なんだ。政治家になって」（同右）と評したように、荒木陸相が政治家として、陸軍省の行政長官というより国務大臣として行動したということであろう。なお、荒木陸相のこの譲歩に対する陸軍内の反応を派閥対立の観点から述べたものとして、北岡伸一「陸軍派閥対立（一九三一～三五）の再検討」（近代日本研究会編『年報近代日本研究』第一巻昭和期の軍部、山川出版社、昭和五四年）六五、九〇頁。

(36) 同じ記者団への談話で斎藤首相は、三〇日夜の鈴木侍従長との会見について、かねて一度会って話をしようと約束していたので会ったまでで首相が宮中を訪れると世間が煩わしく侍従長に来てもらった、別に予算の話などしたのではない、と予算問題との関連を表向き否定している（『東京朝日新聞』昭和八年一二月二日）。

(37) 前掲佐々木「荒木陸相と五相会議」四八－四九頁は、昭和九年度予算問題の最終的決着とそこでの荒木陸相の役割について、大蔵省所管の満州事件費一〇〇〇万円と陸軍の好意による譲与一〇〇〇万円、合計二〇〇〇万円のうち、一五〇〇万円を海軍予算の増額に、残り五〇〇万円を農林省予算の増額に充てることになったとしている。しかし一二月二日予算閣議決定の海軍予算復活要求承認額は、本文に記した通り陸軍の譲歩による大蔵省所管満州事件費予備金一〇〇〇万円の融通と赤字公債増発による五〇〇万円の計一五〇〇万円であり、陸軍がこれ以外にさらに一〇〇〇万円譲歩したわけではない。佐々木が論拠の一つとする『西園寺公と政局』第三巻一九五頁から一九六頁にかけての記述も、陸軍の譲歩は一〇〇〇万円でありそれと別に五〇〇万円の赤字公債増発を高橋蔵相が認めたことを示すが、それら金額は合わせて（農林省予算ではなく）海軍予算に振り向けられたことは、『東京朝日新聞』一二月三日の紙面に出た高橋蔵相、荒木陸相、大角海相の談話に明らかである。前掲「昭和九年度陸軍予算ニ就テ」では、一般予算に言及した箇所で、重点を置くべき事項を「海軍軍備、中級以下各層及農村更生」の順で列挙しており、海軍予算の充実に次いで農村対策が考えられていたが、前者のみへの配慮となったことで、鈴木貞一は一二月二日陸相と懇談したあと「本日陸相の決心にて予算決定す。海軍の醜状見るに忍ひす。後藤農相には気の毒なり」と記しているのである（前掲「鈴木貞一日記　昭和八年」八五頁）。農相が復活を要求した農村救済予算は内政会議による検討を待つことになり、実際に同会議を経て閣議で追加予算として承認されたのは翌年二月である。

(38)　行政学者は戦後の予算編成過程における復活折衝について、「短期間のうちに限られた財源をめぐる利益集団間の激しい争奪戦を展開させ、運動への自己充足感とともに政治的合意を調達する、一種の政治的儀式である」（新藤宗幸「予算の編成」（西尾勝・村松岐夫編『講座行政学』第四巻政策と管理、有斐閣、平成七年）二二一頁）と述べているが、こうした指摘は戦前期の復活折衝にもあてはまるということであろう。

(39)　原田熊雄の談（前掲『西園寺公と政局』第三巻一九七頁）。

(40)　論壇での昭和九年度予算評価として、軍事費が優遇された結果、時局匡救費など農村問題対策が犠牲にされたという批判があった。このような批判に対して、陸海軍当局は一二月九日共同で声明を発表、軍民離間を策すものと非難している（『東京朝日新聞』昭和八年一二月一〇日）。一二月三日の『東京朝日新聞』社説「決定せる予算案」は、歳出総額二一億一〇〇〇万円のうち陸軍費四億五〇〇〇万円、海軍費四億九〇〇〇万円で軍事費が総額の四割五分を占めるが、歳出のうち国債利子、恩給年金、為替低落対策費の合計六億円を除いた一五億円の一般国費のうち軍事費が六割三分を占めることに憂慮を示し、また、軍事費の犠牲となって時局匡救費が大きく削減されたとしている。『改造』昭和九年三月臨時増刊所収の「各国財政の現況」は、軍事費が歳出の半分近くを占める一方で時局匡救費が削減されたことは、国民所得が減少し、財政収入支出が市場としての国民経済に対して持つ重要性が拡大している今日において、我が国の経済活動に重大な影響を与えると論じている。また東京帝大経済学部教授土方成美は、内務、農林両省予算の減少が大きく、海軍予算の第二次補充計画計上による増加が目立つことから、昭和八年度予算に比しさらに軍事予算の色彩を濃厚にしたと評した上で、まず増税その他経常歳入増加の手段を講ぜず、新規要求を抑えることで形式上経常歳出を経常歳入で支弁する原則を実現したことが本予算の特徴であるとし、経費削減方法が単価切り下げによっていることは、今後追加予算の提出を予想させると述べている。また軍需工業が利益を伸ばしていて単価切り下げの余地が大きく、切り下げで節約を図ることは妥当だが、大蔵省が各省予算評価の根拠にまで立ち入り、単価を計算するには、各方面の事情に通じた専門家が必要となるのに加えて、軍需工業に関する限り価格の決定に介入することになり、経済界に与える影響が大きいと憂慮している。その解決策として彼は経済産業政策立案、予算計画の決定、各省予算施行の監督などの職能を有する独立の機関ないし内閣直属の一局を設置すべきで、それは経済参謀本部であるとしている（土方成美「予算問題と内政改革」（『中央公論』昭和九年一月号）五四－五九頁）。予算編成方式や行政機構の改革が必要との認識があったことがわかる。軍需景気は昭和八年下期に全面化し、軍需関係会社が一斉に増配を行っていた（『東京朝日新聞』昭和八年一一月二六日）。

(41) 農村問題を討議する内政会議は首相、内相、蔵相、陸相、農相など八相が出席して一二月五日に再開され二二日までに数回開かれたが、自力更生を重視する高橋蔵相と積極政策を主張する後藤農相、農村の安定を求めて農相を支持する荒木陸相の意見が対立、結局二二日の会議で農相の提案の趣旨は尊重して農村対策五項目を列挙した覚書を作成し、その実行のための追加予算については大蔵、農林両省事務当局間の折衝を待ち、農村負担軽減策については別に調査機関を設けることとして内政会議は終息した（前掲『西園寺公と政局』第三巻一九九、二〇三－二〇四頁、『東京朝日新聞』昭和八年一二月二三日）。政治的意味合いをもつこの追加予算の査定では蔵相の意向が優先された。一二月二四日の閣議で決定された農林省追加予算案のうち内政会議の決定によって計上されたのは六五四万円（うち農業土木費四〇〇万円）で赤字公債を主たる財源としていた。農林省の当初要求約二〇〇〇万円から大幅に削減されたことになる（『東京朝日新聞』一月一六日、一二月二五日）。

(42) 斎藤実「日記」一二月二日（前掲「斎藤実関係文書」一二〇八－八五）。前掲『本庄繁日記』第二巻、一二月二日の条（三七七頁）には「正午過首相参内、予算の纏まりし旨奏上す。荒木陸相の英断にて陸軍割宛《ママ》満州費一千万円を海軍に融通す」とある。なお、斎藤首相は三月一四日に昭和九年度予算案が議会の協賛を得た際も、同月一七日に宮中に参内、鈴木侍従長を通じて予算案成立の経過を上奏している（『東京朝日新聞』昭和九年三月一八日）。当時の内大臣牧野伸顕も同日の日記に侍従長より聞いた話として、閑院宮参謀総長の軍事計画上奏の際、天皇から「九年度の軍事予算は厖大なるものなるが、此れは国民の忍んで負担するものなれば里［厘］毫も無駄をせず有効に支出有之度御注意」があったと記している（伊藤隆・広瀬順晧編『牧野伸顕日記』中央公論社、平成二年、五七〇頁）ことからして、天皇の予算問題への関心は続いていたのである。

(43) 五月二四日の原田熊雄への談話（前掲『西園寺公と政局』第三巻八六－八七頁）。

# おわりに

本章では戦前の政治体制において予算編成過程、あるいは予算を通じての政策決定過程がいかなるものであったかを解明するため、まず大日本帝国憲法以下の諸法規と慣行に基づいて予算編成過程がどのように進行していったかを明らかにした上で、斎藤実内閣期高橋是清蔵相の下での予算編成過程を大蔵省内部文書や同時代の資料を使って分析した。この時期の予算編成を概観して判明する特徴は、次のようなものであろう。

第一に、この時期においては、政策の決定の主導権を握ったのは大蔵官僚ではないということである。軍部予算や農村救済予算といった金額が大きく、かつ政治的にも注目を集めていた費目については大臣折衝が大蔵省事務当局の査定と別に行われ、政治的考慮が払われていた。この背景には、財政収支が改善しないまま、財源が限られた中で、各省による予算分捕りの傾向が強まっていたことがある。そうした状況を政治家主導で解決することが狙いであったといえよう。予算を通じての政策決定の行方を左右する力を行使しえたのは、閣議や五相会議に集う政治家たちであり、とりわけ高橋蔵相、斎藤首相、荒木陸相、三土鉄相、山本内相ら一部の有力閣僚主導の政策決定が行われていたということが明らかになった。政党による統合が困難となる中で、政策決定における閣僚の主導権をこのような形で維持しようとしたのである。蔵相と各省大臣間で紛糾が生じた際には特定の閣僚が調停役として重要な役割を果たしている。斎藤内閣では三土鉄相が高橋蔵相と各省大臣の間を取り持った。過去に蔵相をつとめ、財政に明るかったことが三土にこの役割を担うことを可能にしていた。加えて山本内相や斎藤首相も最終局面で斡旋に入り、荒木陸相の譲歩を引き出している。荒木は陸軍省の省益の貫徹よりも国務大臣として国政に資することを優先したといえよう。大蔵官僚主導の政策決定方式の成立を二次資料に依存して主張していた従来の研究に対して、新たな構図を提示しえたはずである。

第二に、その延長上に予算編成方式改革が課題として認識されていたことである。閣議で国家的見地から重要政策に関する方針を審議し、予算の大綱を決して、それに基づいて各省に概算要求を出させるという構想が存在したのである。国策を閣僚間で先議してそれに沿った予算を編成するという形で、重要国策を予算に反映しやすくしようという試みが高橋蔵相を中心に斎藤内閣期に行われていることを示すことができた。各省の概算要求、大蔵省主計局による査定、大蔵省案決定、予算閣議、復活折衝、政府案決定という従来の過程を改めて、政治的判断が予算にこれまで以上に反映できるようにしようとした。政治的統合という課題に、内閣の指導力を強化して対応しようとしたのである。斎藤内閣期には結局、昭和九年度予算編成過程において、五相会議という形で軍部予算について試みられて終わるが、重要国策先議は、対象を拡げてこのあとの時期に行われる。次章で考察する広田弘毅内閣期馬場鍈一蔵相による予算編成がそうである。

加えて、大日本帝国憲法下の予算編成の手順を当時の法規、慣例に従って明らかにしえた。それは今後、本章で扱ったのとは異なる時期の予算編成過程の分析を通して政治過程、政策決定過程を考察する際の基礎材料を提供したことになる。

# 第三章　重要国策先議と予算編成方式の改革

## ―広田弘毅内閣期の大蔵省と内閣調査局

### はじめに

高橋是清が蔵相をつとめた斎藤実、岡田啓介両内閣期の予算編成では、各省の予算分捕りが激化し、予算閣議の紛糾など混乱が生じていた[1]。一方、広田弘毅内閣はその成立時に軍部、殊に陸軍が国防の充実強化を求めて予算問題での配慮を組閣協力の条件としたことから[2]、高橋財政後期には抑制されていた軍部予算の増加が不可避となる。その結果、広田内閣では重要国策を反映しやすく、かつ各省による予算分捕りを招かないように予算編成方式を改めることが課題となるのであった。

そこで高橋蔵相期には予算全般にわたっては実現しなかった閣議による重要国策先議と予算編成方式の改革が実行されることになる。予め閣議で重要国策を定めてそこに優先的に予算を配分することで、閣僚間、事務当局間の折衝が紛糾、交錯して混乱するのを避け、政策決定における内閣の主導権を維持、強化することを目指したのであった。

本章では昭和一二年度予算について試みられた重要国策先議、予算編成方式の改革で大蔵省と内閣調査局が果たした役割を検証することで、この時期の予算編成を通じての政策決定過程の特徴を明らかにしたい。馬場鍈一蔵相を中心とする閣僚のリーダーシップの下で、官僚機構中の要の位置にあって、予算編成を通じての政策決定の実務を担うのは新旧いずれの組織なのか。広田内閣政綱に明記され、政治過程の焦点のひとつとなった行政機構改革との関連で、大蔵省主計局の移管や予算編成権の問題を考察していく前提としても、この時期の予算編成方式の改革が実際にどのように行われたかを把握しておくことが重要である。[3]

内閣調査局は、昭和一〇年五月岡田啓介内閣の下で政策立案機関として内閣審議会とともに設立されていた。[4]内閣調査局官制（昭和一〇年五月一一日勅令第一一九号）[5]第一条には、内閣調査局の事務として「一　重要政策ニ関スル調査」とともに「二　特ニ内閣総理大臣ヨリ命ゼラレタル重要政策ノ審査」が規定されている。同官制の起案にあたった[6]横溝光暉（内閣官房総務課長兼法制局参事官）が同年四月に執筆した「内閣調査局官制要義（未定稿）」は、この重要政策の審査の好例として予算編成を挙げている。その部分は次の通りである。[7]

如何なるものに付て内閣総理大臣が審査を命ぜらるるか、固より時と場合とに依るべく、予め之を定め難きも、各省大臣より閣議に提出さるべき重要政策案に付ては、自然内閣調査局に審査を命ぜらるること多かるべく、其他時宜に応じ内閣総理大臣より特に審査を命ぜらるることあるべきなり。例へば予算の編成に付ても、統一ある国策に基かず、各省に於て分散的割拠的に立案せられ、従つて各省予算分捕の弊甚しく、予算概算として閣議の決定を経るものは、部分的事務的予算の集計にして、予算が国務として尊重せらるることなく、単に財務としてのみ扱はれたるものに過ぎざる現状は、当に之を改革すべきなるものなるが故に先づ財務当局に於て予算査定を為すに先《ママ》ち、内閣調査局に於て各省の予算概算に関し、官庁本位を棄てたる国家本位の立場より総合的に検討を加へ、之を閣議に提出して取捨を決し、然る後編成を完了するに至らしめなば、無駄を省き紛乱を防ぎて国策の遂行を強力ならしむべし。内閣直属の予算局を設置すべしと為すの論は今暫らく之を措くも、内閣調査局が如上の役割を果してこそ初めて設置の効果を現すものと思料せらる。此の如きは「特に内閣総理大臣より命ぜられたる重要政策の審査」に該当する好適のものたりと信ずるなり。

内閣調査局はその設立にあたって、予算編成への介入、すなわち国家本位の立場から各省概算要求に総合的検討を加えて閣議に提議し、そこでの選択に資することが重要な役割として期待されていたということになる。果たして同局はこの役目を十分に担い得たであろうか。

他方、大蔵省官制では「主計局に於ては左の事務を掌る」として筆頭に「総予算総決算に関する事項」を挙げ[8]、大蔵省分課規程中、予算課の項の最初には「総予算の調整に関すること」とある[9]。予算編成を主要な業務のひとつとしてきた大蔵省は新たな予算編成方式の導入にどのように対処したのだろうか。

広田内閣期の重要国策先議と予算編成方式の改革の問題については、大蔵省編纂の『昭和財政史』のほかに、いわゆる国策統合機関についての研究がすでに言及している。『昭和財政史』は事実の経過を簡単に記すだけで大蔵省による国策案の査定や内閣調査局の介入には触れていない[10]。一方、国策統合機関に関する代表的な研究である御厨貴の論考では、内閣調査局や吉田茂同局長官が重要国策の決定と昭和一二年度予算編成に中心的役割を果たしたと位置づけている[11]。その他の研究でも、内閣調査局などの国策統合機関がこの時期の政局で重要な役割を果たしたというこれまでの通説にたってこの問題を解釈しているものが多い[12]。

本章では、当時の新聞記事に基づいて現実の政治過程を把握した上で[13]、先行研究が見過ごしてきた大蔵省や内閣調査局の内部文書という一次資料を分析することで、広田内閣下の重要国策先議と予算編成方式改革について新たな見解を提示し、そこで大蔵省や内閣調査局が果たした役割を明らかにする。それは内閣調査局が重要国策決定や予算編成において主導権を有していたという従来の理解の妥当性、さらにはこの時期の政治過程における国策統合機関の役割を高く評価する通説の妥当性に再検討を迫ることになるであろう。

なお、新聞は『東京朝日新聞』縮刷版を用いたが、昭和一一年の同紙の記事を以下に引用するに際しては、本文中に（三・二三）などと発行月日を略記し、その都度註に記すことは行わなかった。

**註**

（1）斎藤内閣期については本書第二章参照。

（2）原田熊雄述『西園寺公と政局』第五巻、岩波書店、昭和二六年、一八―一九頁、木戸幸一『木戸幸一日記』上巻、東京大学出版会、昭和四一年、四七六頁、防衛庁防衛研修所戦史室『戦史叢書陸軍軍需動員（一）計画編』朝雲新聞社、昭和四二年、五五〇―五五一頁。

（3）本書第四章参照。

（4）岡田啓介『岡田啓介回顧録』中公文庫、昭和六二年、一四六頁。

（5）石川準吉『総合国策と教育改革案』清水書院、昭和三七年、資料編五九―六〇頁。

（6）読売新聞社編『昭和史の天皇』第一七巻、読売新聞社、昭和四七年、七四―七七頁。

（7）横溝光暉「内閣調査局官制要義（未定稿）」（前掲石川『総合国策と教育改革案』資料編）一三七頁。本資料の末尾一四三頁に「昭和一〇、四、二三―横溝」とある。前掲『昭和史の天皇』第一七巻七六頁でも横溝は同要義は自分が書いたと語っている。なお、原文カタカナの資料の引用にあたっては、ひらがなに変えた。以下の引用資料でも同じである。

（8）　大蔵省昭和財政史編集室編・山村勝郎執筆『昭和財政史』第三巻財政機関、東洋経済新報社、昭和三一年、資料Ⅰ三三七頁。
（9）　同右三四一頁。
（10）　前掲山村『昭和財政史』第三巻財政機関、一三五－一三七頁、大蔵省昭和財政史編集室編・西村紀三郎執筆『昭和財政史』第三巻歳計、東洋経済新報社、昭和三〇年、一七三頁。
（11）　御厨貴「国策統合機関設置問題の史的展開」（同『政策の総合と権力』東京大学出版会、平成八年）は、「実際には内閣調査局が介入して重要国策を決定したのである。この予算編成過程で、吉田調査局長官が馬場蔵相と共にリーダーシップを発揮した」として（五一頁）、「当時事実上調査局が果たしつつあった『予算ノ統制按配ニ関スル事項ヲ掌ル』こと」（五七頁）、「馬場蔵相・吉田調査局長官ら革新勢力は、事実において石原プランを受容した予算を作成したのであった」、「三〇億円にも上る大予算を五相会議と調査局の主導によって決めたことは、大蔵省の既成エリートに強い衝撃を与えた」（六二一－六二三頁）と述べている。
（12）　井出嘉憲「非常時体制と日本〈官〉制」（同『日本官僚制と行政文化』東京大学出版会、昭和五七年）、池田順『日本ファシズム体制史論』校倉書房、平成九年、古川隆久『昭和戦中期の総合国策機関』吉川弘文館、平成四年、林健久「ファシズム財政の原型―馬場鍈一蔵相論」（東京大学社会科学研究所編『ファシズム期の国家と社会』第二巻戦時日本経済、東京大学出版会、昭和五四年）など。これら先行研究の問題点については後述する。
（13）　新聞は予算編成に関わる情報の宝庫である。高橋財政下の主計局で予算編成業務に長く関わった賀屋興宣が、ジャーナリズムは主計局を華々しく扱ったと回顧している（賀屋興宣「私の履歴書」〔『私の履歴書』第一九集、日本経済新聞社、昭和三八年〕二三二頁）ように、予算編成は毎年下半期の新聞に多くの話題を提供していた。それはここで扱う昭和一一年についても同様である。

## 第一節　閣議での重要国策先議の試み

予算編成方式の改革は成立当初から広田内閣の課題とされていたようである。三月二三日の『東京朝日新聞』にはすでに政綱の実現と従来のような各省大臣による予算分捕り回避のため、閣内に関係閣僚による小委員会を設けて国策の具体化、計数化を行いたい旨の政府の意向が報じられている（三・二三）。但し、そうした予算編成方式改革の動きが本格化するのは、衆議院解散、総選挙のため未成立だった昭和一一年度予算案が、実行予算として五月の第六九特別議会の協賛を得たのちになる(1)。

五月二九日、馬場鍈一蔵相は閣議において昭和一二年度予算編成方針に関し、従来のようにまず各省会計当局が大蔵省主計局と折衝することを止め、閣議で優先事項を決定して、その費用を優先的に予算に計上することを提案して閣議の了解を得、申し合わせ事項とした（五・三〇）。翌三〇日の馬場蔵相の談話によれば、この狙いは政府が実行すべき政策は閣議で定めていくということであり、従来のような大蔵省主計局の事務が先行するやり方を見直すことであった（五・三一）。この閣議申し合わせを出発点に一二年度予算編成で編成方式の改革が試みられていくことになる。

すなわち六月二日の閣議では、五月二九日閣議申し合わせをもとに、各省は六月中に庶政一新の具体案を調査研究し、七月三日の閣議に持ち寄って一二年度予算案に計上すべき重要国策として協議することとし、また、この重要国策の内閣先議に基づく予算編成方式を一二年度予算編成で必ず実現させるため、五月二九日閣議申し合わせを各省に通知して周知徹底を図ることとなった（六・三）。六月二日付で藤沼庄平内閣書記官長から各省次官宛に発せられたこの通牒に含まれる五月二九日閣議申し合わせでは、「昭和一二年度予算編成に当りては経費の支出を現内閣の特に力を尽すべき政策の実行に集中することとし……各省予算の要求は従来の如く各省より直接大蔵省に折衝することなく、一応閣議に於て審議し緩急先後を決すべきものとす」[2]となっている。これを受けて各省は相次いで予算省議を開き例年より早く新規事業の検討作業に取り組むことになった。

しかし、この閣議申し合わせにみられるような閣議中心で大蔵省主計局と直接折衝させない方式に関しては、大蔵省側から何らかの異議が唱えられたものと思われる。なぜなら、六月一六日の閣議では、各省からの国策の氾濫を危惧し、国策間の優劣をつけるため、広田首相は七月一〇日までに各省準備の国策を文書などの形で提出するように閣僚に要望しその承諾を得ていたが（六・一七）、一六日付で各省次官宛に発せられた五月二九日閣議申し合わせ実行に関する通牒[3]では、「各省より重要国策に属する事項を閣議に提出する時期は遅くも七月十日迄」とすることに加えて、閣議に対し重要国策として審議を求める事項の参考として提出する資料（具体的実行方法、所要経費など）は、「同時に大蔵省にも之が送付を受くること」という一項が含まれているのであった。また「重要国策に付閣議に於て先議するは例年の各省予算概算要求提出前に於ける準備行為とも見るべきもの」であり、明治二二年閣令第一二号歳入歳出予算概定順序を何ら変更するものではないという項目も入っている。歳入歳出予算概定順序は会計法、会計規則に定める予算編成手続以前に大蔵省と各省との間で行うべき手続を定めたものであり、歳入、歳出の概算書を各省が大蔵省に提出すること、大蔵省が各省概算書を査定することはこの閣令が根拠になっていた[4]。大蔵省への重要国策関係資料の提出を求め、予算編成の準拠法規を持ち出して査定の権限が大蔵省に属することを間接的に確認させたのは、大蔵省事務当局側からの予算編成方式改革についての意思表示であろう。六月二日付の通牒が内閣書記官長名で出されていたのに対し、一六日付通牒は内閣書記官長と大蔵次官の連名で各省次官宛に出されていることからもそれはうかがえる。

一六日付通牒ではさらに、重要国策決定の閣議では大体の所要経費の検討を行うがそれは参考のためであり、「右金額に付ては後日概算閣議に於て更に改めて審議の上正式に之を決定すること」とあり、概算提出期限を八月一〇日と定めているが、結局大蔵省主計局が各省との折衝を行う従来型予算編成方式を全て否定するのではなく、重要国策決定に閣議のイニシアティブを保ちつつ、その後の各国策への予算配分の実務は、大蔵省主計局に行わせるという従来型方式との折衷といえる。五月二九日付閣議申し合わせで提起された予算編成方式改革は、その実行方法を明確にするという形で従来の方式を取り込むことになったといえよう。結果として昭和九年度予算編成において高橋蔵相が提起した予算編成方式改革案[5]が、ここに至って実現することになったのである[6]。

七月三日の閣議が近づくと書記官長、法制局長官、調査局長官の内閣三長官が各省提出の国策の採否決定に備えて各省間の連絡調整にあたり、国策に検討を加え、国策審議の閣議の進行方法を協議していた（六・三〇）。閣議前に、このように国策選択の必要性が強調されたのは、各省が国策樹立に便乗して、多年放置されてきた政策を重要国策と銘打って実現を図ろうとする兆しがすでに看取されていた（六・二五）からであった[7]。

七月三日の閣議にはまず逓信省の国策案が提案され（七・四）、七日には司法省所管の国策案が閣議で説明された（七・八）。主管大臣として自省の国策を説明したあと、国務大臣の立場に立って自由討議を行い、採否を決定するという手順だったが（七・七）、案の定各省国策案が山積、連日閣議を開いて進捗を図ろうとしても討議しきれなくなった（七・八）。結局一〇日までに各省国策案も出揃わず、同日の閣議では国策審議方法を変更することになり、各省大臣の国策説明を中止して文書での首相、蔵相への提出のみとし、広田首相、馬場蔵相が中心になって書面による検討を行い、庶政一新に該当する真の重要国策の原案を作成したあと改めて閣議での討議に付することになった（七・一一）。

七月一三日、広田首相が「『調査局が大蔵省の予算の審議権を奪ふんぢゃないか』といふことをしきりに言ふ者があるが、決してさういふことはない。ただ一応自分の参考のために調査局で所謂国策の内容を検討してもらふため、書類を出させたんだ」と言っていたと原田熊雄は語っている。[8] これは六月一六日付け通牒と七月一〇日の閣議申し合わせに従って、各省から内閣宛に国策案の「書類を出させ」、内閣「調査局で所謂国策の内容を検討」、整理したものが首相の参考とされるということである。

この審議方法の変更にあたっては、国策の名の下に諸政策が一挙に提案され、その処置に窮したことに加えて、大臣が閣議で説明した国策が自由討議で否決されるとその大臣の面目問題を引き起こしかねないということ、国策と一般の新規要求の混淆を排することが考慮されたようである。但し政府としては閣議中心の原則の下に国策審議の方法を若干修正しただけという立場であった（同右）。重要国策先議の方式が、その方法に関する事務当局も巻き込んだ十分な議論もなく導入されたことで、要求元の各省庁にその目的が十分認識されていなかった結果としての修正であろう。国策の氾濫と閣議による採否決定の難しさについては、昭和九年度予算編成に際し、高橋蔵相の予算編成方式改革の提案に対して三土忠造鉄相が表明した危惧の通りになったといえる。[9]

七月一四日閣議に寺内寿一陸相が陸軍の国防予算の大綱及び主要国策に関する所見を文書で提出した（七・一五）ほか、一七日の閣議までには各省国策案が出揃った（七・一八）。首相とともに国策選択の任にあたる馬場蔵相は一八日の談話で、増税、公債発行にも限度があるので国策の採否は広田内閣政綱の三大方針、すなわち国防の充実、産業貿易の振興、国民生活の安定を基準に行うが、その決定は八月一〇日の概算要求提出後に政治的に行われるだろうと語っている（七・一九）。また、二五日には八月一〇日期限の各省概算要求提出後に要求側の説明を聞いた上で決定に至るだろうと改めて語っている（七・二六）。内閣三長官が出揃った国策案を検討、整理した上で広田首相と馬場蔵相が相談して取捨選択することになっていたが、国防予算、国民生活安定に関する各国策、財政計画の間の調整が難航して、審議はなかなか進捗しないと報じられている（七・二四、二七、二九）。

各省が国策の名の下に多年の懸案の一挙実現を図って国策案が山積したこと、海軍省が具体的数字を伴った第三次補充計画を自由討議に付すと軍事上の機密が漏れるとおそれて、経費明細を伴わない大綱の提出に止めたこと（七・一四、一八）などがこうした事態をもたらしたといえる。馬場蔵相が八月二日語ったように、国策以外の単なる新規要求も含んだ概算の提出によって、具体的数字を伴った歳出要求の全貌が明らかにならないと取捨選択もままならないということだろう（八・三）。大蔵省が八月四日、六日の両日開催した国策予算省議では、各省国策案について主計局長の説明が行われているが、政策そのものについては議論の余地も少なくなく、その決定は国策閣議の審議を待つこととして、事務当局としては各省国策案とその査定に臨む態度を決定しておきたい意向であると報じられている（八・四、七）。

以上の経緯は次のようにまとめられるであろう。予算編成方式の改革として導入されようとした重要国策の先議は、当初大蔵省主計局を除外する形で進められようとした。閣僚による審議の先行を想定していたのである。その通りに進めば内閣調査局が吉田長官の下で実務の中心となることもあったであろう。しかし、この方向はすぐに軌道修正された。大蔵省が関与することが明文化され、従来の方式が否定されないようになったのである。大蔵省がその力量を発揮しうる余地が生じたことになる。現実に閣議による国策審議が始まると、当初意図した通りにははかどらず、結局は馬場蔵相が中心となって国策案の取捨選択が進められるようになるのであった。

**註**

（1） この昭和一一年度予算編成において、すでに内閣調査局の介入が見られる。昭和一一年三月一六日付で内閣調査局は長官吉田茂の名で広田首相にあてて、第六九議会に提出すべき昭和一一年度追加予算案及び法律案に関して意見を上申している。この上申は同月二〇日付で、藤沼庄平内閣書記官長から馬場蔵相宛に通牒という形で伝えられている（「内閣審議会及び内閣調査局に関する件」（「内閣総理大臣官房総務課資料」（国立公文書館所蔵）二A－四〇－資五））。また、同年四月七日、同じく吉田長官から広田首相宛で「緊急実施ヲ要スル重要国策」を上申していて、同月一七日付で各大臣の供覧となっている（「内閣の重要政策に関する内閣調査局上申について」（前掲「内閣総理大臣官房総務課資料」二A－四〇－資五））。後者は各政策の必要性を数行で記したもので、「第一　特別議会に於て実現を計るべきもの」、「第二　次期通常議会に於て実現を計るべきもの」、「第三　其の他緊急実現を要するもの」に分類されているが、「第一」は前者の資料の内容と重なっている。『東京朝日新聞』四月一八日は、内閣調査局は現在までまとめた調査案を整備して五月末までに広田首相に提出するように命じられている旨を報じているが、後者の資料はそれと関連するのかもしれない。

（2） 前掲西村『昭和財政史』第三巻歳計、東洋経済新報社、昭和三〇年、資料Ⅰ六二四頁。参考のため、以下に全文を引用する。

昭和十二年度予算編成方針

昭和十一年五月二十九日

閣議申合

昭和十一年六月二日

内閣書記官長　藤沼庄平

各省次官宛

昭和十二年度予算編成に関し去月二十九日左の通閣議申合有之候条御諒知相煩度依命此段及通牒候

記

昭和十二年度予算編成に当りては経費の支出を現内閣の特に力を尽すべき政策の実行に集中することとし之が為に大蔵省に於ては歳入の増加を図り、各省に於ては従来の歳出に再検討を加へ節約し得る限り緊縮して調整を図ると共に、各省予算の要求は従来の如く各省より直接大蔵省に折衝することなく、一応閣議に於て審議し緩急先後を決すべきものとす

（3）同右六二五頁。参考のため、以下に全文を引用する。

昭和十二年度予算編成に関する件

昭和十一年六月十六日

内閣書記官長
大蔵次官

各省各次官宛

昭和十一年五月二十九日閣議申合に付嚢に内閣書記官長より通牒有之候処右閣議申合の実行に関しては左記事項御了知相成度此段依命及通牒候

記

一、昭和十一年五月二十九日の申合に依り重要国策に付閣議に於て先議するは例年の各省概算要求提出前に於ける準備行為とも見るべきものにして本申合に依り明治二十二年閣令第十二号歳入歳出予算概定順序を何等変更するの意にあらざるものなること

二、昭和十二年度予算編成に当りては経費の支出を現内閣の特に力を尽すべき重要国策の実行に集中することとなりたるを以て其の他の経費の要求は極力之を差控ふることとすること尚今回の申合に依り各省より重要国策に属する事項を閣議に提出する時期は遅くも七月十日迄とし此の種経費にして右時期に遅れたるものに付ては各省の節約等に依る財源捻出の方法によるの外詮議に加へざることを厳守し度きこと

三、各省より今回の申合に基き閣議に対し重要国策として審議を求むる事項竝之が参考として提出せらるべき其の具体的実行方法、所要経費（後年度に亘るものは後年度分迄）等の関係資料は同時に大蔵省に之が送付

を受くること
四、閣議に於て重要国策の決定を為すに当りては参考として大体の所要経費の検討を為すも右金額に付ては後日概算閣議に於て更に改めて審議の上正式に之を決定すること
五、各特別会計に付ても大体前各項に準ずること
六、昭和十二年度各省歳入歳出概算は昭和十一年八月十日限り各特別会計の概計は昭和十一年八月三十一日限り之を提出すること

（4）歳入歳出予算概定順序はじめ、大日本帝国憲法下での予算編成に関する諸法規とその運用実態に関しては、本書第二章参照。
（5）本書第二章第三節参照。
（6）当時朝鮮総督として京城にいた宇垣一成は、「一如庵随想録十六」に六月二一日の記事として次のように書き残している（『宇垣一成日記』第二巻、みすず書房、昭和四五年、一〇七〇頁）。
国策に関する重要事項を最初に閣議で決定して夫れから予算の編成に掛ると云ふことは殆ど歴代政府の希望して実現し得ざりし処であるが、夫れが現内閣で出来れば誠に結構、非常時の御蔭と感謝すべきである。併し下手をすると毎年十月末より十一月中旬に亘りての予算折衝でゴタゴタする騒ぎを七月頃より始めて十一月予算決定の土壇場まで持越すの結果に導くの恐ありとす。切に然らざらんこと望みて止まず。

予算編成方式の改革が懸案であったことがわかる。また予算編成の「ゴタゴタ」の時期が早まることになるだろうという指摘も的を射ている。
（7）宇垣は政府に提出された重要国策案について、「殆んど全部が吾々が六七年前在京中に耳にしたるもの計りである」とした上で、「古物でも棚曝しでも結構也。是非世の中に出し働かして貰いたいものである」（同右一〇七四頁）と七月八日に記している。
（8）前掲原田『西園寺公と政局』第五巻一一三頁。
（9）本書第二章第三節参照。

## 第二節　各省国策案と大蔵省、内閣調査局

次に、大蔵省財政史室編「昭和財政史資料　震災から準戦時財政まで」所収の各省国策案と大蔵省及び内閣調査局の文書[1]をもとに、各省国策案についての大蔵省と内閣調査局の対応を比較し、それぞれが果たした役割を検討する。

### 一、大蔵省

ここに収録された各省国策案の文書は、前出の六月一六日付通牒に従い、各省から大蔵省に送付されたものと考えられる。陸軍省と海軍省からの文書は収録されておらず、鉄道省及び大蔵省自身は国策案を提出しなかったようである。

各省国策案に関する文書は次の通りである。

冊子番号六－〇一五のうち

一、　昭和十一年七月十日　外務省所管　予算ニ関係アル重要国策

二、　産業伸長土木事業五箇年計画ノ樹立ニ関スル件　内務省

三、　地方財政調整交付金制度ノ確立ニ関スル件　内務省

　　　保健施設ノ拡充ニ関スル件　内務省

四、　保健施設ノ拡充ニ関スル件参考書

五、　昭和十一年七月二日　予算ニ関係アル重要国策　司法省

六、　昭和十一年七月二日　予算ニ関係アル重要国策　別表

義務教育八年制実施計画竝経費概算　文部省（昭和一一、七、一六印刷内閣提出案）

七、　農林省重要政策概要

八、　商工省国策案

一〇、逓信省所管国策要綱

拓務省

対満事務局関係重要国策ニ関スル経費

二〇、昭和十一年七月十五日　予算ニ関係アル重要国策中職員充実ニ対スル補遺　司法省

書式や表現は様々だが、各省いずれもいくつかの政策を重要国策として、その必要とする理由、施策の内容と期待される効果などを述べるとともに、要求する経費の明細を明記している。各文書の日付から七月前半に作成、提出されているのがわかる。

これらの各省国策案について、大蔵省が検討を加え、評価をまとめたのが以下の文書である。図表などを除いていずれも大蔵省用箋にタイプ印刷されている。

冊子番号六－〇一五のうち

九、　商工省所管重要国策ニ関スル経費昭和十二年以降概計表　昭和一一、七、三一

一一、外務省所管重要国策ニ対スル意見（昭一一、八、四）

一二、昭和十一年八月　内務省所管重要国策ニ関スル意見　大蔵省主計局

一三、司法省所管経費ニ関係アル重要国策ニ対スル意見
一四、農林省重要政策ニ対スル意見　昭一一、八、六
一五、拓務省所管重要国策ニ対スル意見　昭一一、八、四
一六、電力国策ニ対スル意見　昭一一、八、四
一七、海運国策ニ対スル意見　昭一一、八、四
一八、航空国策ニ対スル意見　昭一一、八、四
一九、商工省国策案ニ対スル意見　昭一一、八、五　主計局
二二、農林省所管重要国策ニ関スル経費（要求見込）ト同系統ニ属スル経費昭和七年度以降予算額調　昭和十一、八、五

「意見」との名を付された文書ではいずれも、提出された各省国策案を精査した上で、国策として採り上げ予算を計上すべきか否か、一般概算査定での事務的詮議にまわすべきなどの見解がその理由とともに記されている(2)。また、外務省の経済外交遂行と商工省の貿易国策など重複する政策の指摘も行われている(3)。そして要求額に対する査定案が示され、査定の参考のための多数の資料が図表などの形で添えられているのであった。当時懸案とされたこれらの政策に関して、財政的観点からの大蔵省の判断を知ることができる。また、七月半ばまでに提出された各省国策案が八月初旬までに大蔵省で精査されたことが上記文書の日付から判明する。前に述べた八月四日、六日開催の大蔵省議に合わせて作成されたのであろう。但し、詳しく内容を吟味、査定している一方で各文書が「……ニ対スル意見」という名称になっているのは、従来の予算編成方式と異なる重要国策先議に対して、同省が一歩距離を置いているかのような印象を与える。査定は厳密に行っても名称は謙虚にして、ひとまずは大蔵省と

しての考えをまとめ、閣議での国策選択に資する形にしておくということだろうか。

大蔵省はさらに、こうした各省ごとの国策案とそれに対する評価を総括するかたちで以下の文書をまとめている。

冊子番号六一〇一五のうち

二一、重要国策ニ関スル経費要求見込額昭和十二年度以降概計表　昭和十一年八月三日

二三、重要国策ニ関スル経費査定額昭和十二年度以降概計表　昭和十一年八月十日

二四、重要国策トシテ要求ニ係ルモノニ付大蔵省ノ容認シタル事項調　昭和一一、八、一二

二一の文書は、外務省、内務省、大蔵省、司法省、文部省、農林省、商工省、逓信省、拓務省の各省所管の国策に関する経費要求見込額を昭和一二年度から同二一年度までの年度毎に表にしたものと、各省別に案件毎の内訳を表にしたものである。前出各省提案の国策案で各省の要求する経費額をまとめたものといえる。

二三は前記各省提案の国策案を「重要国策として認めたる分」と一般概算査定にまわす「普通費として認めたる分」に分け、それぞれの査定額を前記各省所管別に昭和一二年度から二一年度までの年度毎の表にしたものと、各省別に案件毎の内訳を表にしたものである。各省国策案について、前出の大蔵省「意見」文書で同省が示した査定をまとめたものといえる。

二三の「重要国策として認めたる分」と「普通費として認めたる分」は各省提案の重要国策案中、大蔵省の容認したものだが、そこから査定金額を省き、案件名を詳細に明記して各省別に「重要国策として認めたる事項」と「普通費として認めたる事項」に分類、列挙して採択の結果をわかりやすく表にしたものが二四である。[4] いずれの省の表にも備考として「前掲事項は其の趣旨を認めたるものにして要求事項の内訳及要求額を其の儘容認し

たる意にあらず金額に付ては概算査定の際更めて詮議するものとす」という断り書きが添えられている。大蔵省としての最終的見解は、あくまで概算査定で示すということなのだろう。

## 二、内閣調査局

一方、内閣調査局がまとめた文書はどうだろうか。

「昭和財政史資料」中の冊子番号七―〇〇四には、以下の三文書が収録されている。

一、昭和十二年度予算ニ関聯スル重要政策ニ関スル件　（内閣調査局調）

二、各省提出昭和十二年度予算関係重要政策要旨　（内閣調査局調）

三、各省提出昭和十二年度予算関係重要政策一覧　（内閣調査局調）

一の文書は、冒頭に「現下内外の情勢と財政の現状に鑑み昭和十二年度予算に関連する政府の重要政策は左記方針に依ることとす」と記した上で、「第一、新に実施すべき重要政策」と「第二、予算編成方針」の二つの項目から成っている。⑤

「第一、新に実施すべき重要政策」では、「昭和十二年度予算に於て実現を図るべき政府の重要政策は財政其の他諸般の事情を考慮し之を左の諸項目に限定して其の集約的効果の発揚を期すること」として、次の四つの大項目を列挙している。

一、国防の充実

二、地方財政の調整

三、産業の振興

（一）電力統制策、（二）航空事業振興策、（三）液体燃料自給策、（四）繊維資源確保策、（五）貿易振興策、（六）産業試験施設拡充策

四、国民生活の安定

（一）保健施設拡充策、（二）農地制度整備策、（三）農村負債整理促進策、（四）農林漁業災害共済制度確立策、（五）農村工業振興策、（六）中小商工業振興策、（七）本邦人海外発展助長策

各項目には、その政策の意義、目的が短い文章で添えられている。内閣調査局のまとめた重要国策案ということであろう⑥。

この文書には日付が入っていないので、作成時期は不明だが、新聞の国策審議に関する記事に国策の四大項目という言葉が登場するのは、七月一七日に各省国策案が出揃ったあとしばらくしての二九日ごろからである。そこでは広田首相の命で吉田茂調査局長官を中心に内閣三長官が進めていた国策案の検討が一応終わり、各国策案を時局に照応して四大項目に分類、この分類内で各国策に緩急先後の見通しをつけ首相の意見聴取に応じうるようになったと伝えられている（七・二九⑦）。このことから本文書は、先に見た七月一三日の広田首相の原田熊雄への言にあったように、内閣に提出された各省国策案を七月下旬に内閣調査局が検討して重要国策に値するものを選定、分類した上で、内閣三長官による協議に資するためにまとめたものであろう⑧。七月前半に各省から提出された国策案が、大蔵省とともに内閣調査局でも並行して検討されていたということになる。当時の同局調査官の一人も、各省から役人を呼びつけて説明を聴取して重要国策案の選択を行い、それは「いってみれば予算の査定のようなものだ」ったと回顧している⑨。

前述したように、内閣調査局はその設立にあたって予算編成において国家本位の立場からの総合的検討を行う

ことを期待されていたが、予算概算の査定に先立ち、重要国策の選定にあたってその役割を果たそうとしたということだろう。但し、その重責を十分果たせたかどうかを検討しなければならない。

前記七－〇〇四－二と七－〇〇四－三は相互に関連した文書であることは、その名称からもわかる。まず二では資源局、外務省、内務省、司法省、文部省、農林省、商工省、逓信省、拓務省の順に各省国策案を取り上げ、案件ごとに目的、施設、経費を列挙している。前出の大蔵省宛に提出された各省国策案の文書と内容、金額が一致することから（但し、大蔵省の文書では見えなかった資源局の国策案がこちらには入っている）、各省から内閣宛に提出された同じ国策案の内容を内閣調査局が上記三項目に簡略化してまとめた文書であろう。

三は各省提案の国策案について、「件名」、「昭和十二年度予定経費概算」、「当局案に該当の有無」の三点に分けて省別に列挙したものである。重要国策の選定に関する内閣調査局の作業をまとめたものなので、ここに表1として掲げておく。「件名」と「昭和十二年度予定経費概算」の金額は各省作成の国策案に記載された案件の名称、金額をほぼそのまま記入している。つまり要求元の経費要求見込額が減額査定などされず、そのままということになる。「当局案に該当の有無」では、前出七－〇〇四－一文書の「第一、新に実施すべき重要政策」に挙げられた内閣調査局選定の重要国策案に該当するかどうかが「有」と「無」で表され、「有」の場合は、四つの大項目一三の小項目のうちのどれに該当するかも示されている。例えば内務省国策案については、「一、地方財政調整交付金制度の確立に関する件」は有、一一、つまり地方財政の調整に該当、「二、保健施設の拡充に関する件」は有、四の（一）、つまり国民生活の安定中の保健施設拡充策に該当、「産業伸長土木事業五箇年計画の樹立に関する件」は無、つまり内閣調査局提案の国策案に該当しないということが表されているのであった。各省国策案列挙の後には、備考として、「提出済省局数及重要政策数」を八省一局、三〇政策、「右政策実施に要する昭和十二年度予

**表１　各省提出昭和12年度予算関係重要政策一覧（内閣調査局調）**

| 件　　　名 | 昭和12年度予定経費概算（千円） | 当局案に該当の有無 |
|---|---|---|
| 資源局 | | |
| 1. 総動員準備法制整備に関する件 | 20 | 無 |
| 2. 工作機械対策樹立に関する件 | 28 | 有　三-（六） |
| 3. 繊維資源対策樹立に関する件 | 53 | 有　三-（四） |
| 4. 帝国資料院の創設 | 経常　775 | 無 |
| | 臨時　2,250 | |
| 5. 科学研究局の創設に関する件 | 経常　1,938 | 有　三-（六） |
| | 臨時　5,484 | |
| | 合計　10,818 | |
| 外務省 | | |
| 1. 東亜政策遂行に要する施設に関する件 | 8,713 | 無 |
| 2. 経済外交遂行に要する施設に関する件 | 2,822 | 有　三-（五） |
| | 合計　11,535 | |
| 内務省 | | |
| 1. 地方財政調整交付金制度の確立に関する件 | （仮定）　40,000 | 有　二 |
| 2. 保健施設の拡充に関する件 | 10,827 | 有　四-（一） |
| 3. 産業伸長土木事業５箇年計画の樹立に関する件 | 91,000 | 無 |
| 4. 北海道拓殖計画改訂に関する件 | — | 無 |
| | 合計　141,827 | |
| 司法省 | | |
| 1. 判検事其の他の職員の充実に関する件 | 1,388 | 無 |
| 2. 判検事其の他の職員の待遇是正に関する件 | 380 | 無 |
| 3. 人事刷新の為にする整理に関する件 | 200 | 無 |
| 4. 法規整備の施設に関する件 | 250 | 無 |
| | 合計　2,218 | |
| 文部省 | | |
| 1. 義務教育８年制実施に関する件 | 経常　200 | 無 |
| | 臨時　1,700 | |
| | 合計　1,900 | |
| 農林省 | | |
| 1. 農地制度の整備に関する件 | 1,770 | 有　四-（二） |
| 2. 農林土木に関する件 | 32,900 | 無 |
| 3. 農山漁家経済の安定に関する件 | | |
| (1)農林漁業災害共済制度の創設 | 21,000 | 有　四-（四） |
| (2)農村経済更生特別助成施設 | 4,840 | 無 |
| (3)農村負債管理制度の創設 | 8,770 | 有　四-（三） |
| (4)漁村金融改善施設 | 1,020 | 無 |
| (5)絲価安定施設 | 430 | 無 |
| 4. 羊毛自給施設に関する件 | 3,000 | 有　三-（四） |
| 5. 69議会に於ける決議並要望事項に関する件 | 4,610 | 無 |
| | 合計　78,340 | |
| 商工省 | | |
| 1. 貿易国策に関する件（一部既定経費を含む） | 21,908 | 有　三-（五） |
| 2. 原料国策に関する件 | | |
| (1)燃料国策 | 6,442 | 有　三-（三） |
| (2)鉄鋼国策 | 330 | 無 |
| (3)繊維国策 | 995 | 有　三-（四） |
| 3. 中小商工業振興策に関する件 | 4,131 | 有　四-（五），（六） |
| | 合計　33,806 | |
| 逓信省 | | |
| 1. 電力国策に関する件 | 未詳 | 有　三-（一） |
| 2. 航空国策に関する件 | 経常　5,400 | 有　三-（二） |
| | 臨時　16,840 | |
| 3. 海運国策の確立に関する件 | 32,260 | 無 |
| | 合計　54,500 | |
| 拓務省 | | |
| 1. 満洲移民方策の確立に関する件 | 9,337 | 有　四-（七） |
| 2. 南洋地方経済提携方策の確立に関する件 | 3,730 | 有　四-（七） |
| 3. 重要原料需要方策の確立に関する件 | 1,500 | 有　三-（四） |
| | 合計　14,567 | |

備考　提出済省局数及重要政策数　８省１局　30政策
　　右政策実施に要する昭和12年度予定経費概算総計　349,511千円
　　　内当局案に該当あるものの合計　165,975千円

(昭和11.8.10)

| 計(千円) | 主計局査定理由 |
|---|---|
| 6,383 | |
| 5,733 | 外交工作費，在蘇聯邦及蘇聯辺境諸国公館の新設及充実，情報機関整備に付，事項金額を査定し国策として認め其の他は査定の上普通経費として之を認むることとせり |
| 650 | 在南洋公館の新設，通商機関充実に付其の一部を国策として認め他は普通経費として認む |
| 24,189 | |
| 19,534 | |
| | 中央及地方の税制改正案立案中なるを以て其の決定迄之を保留す |
| 4,232 | 結核予防及医療機関普及施設を国策として認め其の他は一般概算の際適当に詮議することとす但し国民健康保険制度は認めす |
| 19,957 | |
| 15,302 | |
| 15,598 | 各省要求額の金額は仮に主税局案を掲けたるものなり |
| 1,061 | |
| 586 | 何れも国策として之を認めさるも其の実情に鑑み普通経費として其の一部を認むることとす |
| 217 | |
| 200 | |
| 58 | |
| 500 | 義務教育8年制度実施には反対なるも仮に之を実施したる場合必要と認むる額を計上せり |
| 15,149 | |
| 558 | 自作農創設維持計画を約二分の一と査定し農地債券を発行せさることとして之を認む |
| 6,131 | |
| 3,402 | |
| 0 | 尚慎重考究を要するものとす |
| 3,009 | 昭和11年度に於て認めたる程度に於て一般概算に於て之を認むることとす |
| 393 | 新制度は尚慎重考究を要するものと認む但し負債調整官の設置其の他負債整理事務関係職員の増置は之を認む |
| 0 | 之か為特に産業組合中央金庫政府出資金を増額するの要なきものと認む |
| 0 | 尚慎重考究を要するものと認む |
| 1,458 | 輸入緬羊数を二分の一程度に査定し計上せり |
| 3,600 | 穀物国営検査制度を一般概算の際認むることとし其の他に付ては其の際必要に応し詮議することとせり |
| 13,012 | 、 |
| 4,320 | 要求の大部分は其の趣旨を認め其の金額を査定せり但し外局貿易局設置に要する経費は削除す |
| 6,592 | |
| 6,442 | ガソリンの関税及消費税の増収の一部を財源として留保す |
| 0 | 鉄鋼政策の確立は之を国策として取扱ふへきものと認むるも上記程度の調査は日鉄に於て其の使命に鑑み自ら行ふへきものとし特に国費を計上するの必要を認めす |
| 150 | 絹業試験所の試験研究を上記金額程度に於て行はしむることとして査定す |

表２　重要国策に関する各省要求額竝内閣調査局及主計局査定案比較対照表

| 事項 | 各省要求額(千円) | 内閣調査局案(千円) | 主計局案 | |
|---|---|---|---|---|
| | | | 重要国策の分(千円) | 普通経費(千円) |
| 外務省所管 | 11,535 | 2,822 | 5,724 | 657 |
| 東亜政策遂行に要する施設 | 8,713 | 0 | 5,180 | 552 |
| 経済外交遂行に要する施設 | 2,822 | 2,822 | 544 | 105 |
| 内務省所管 | 予算87,888 | 50,827 | 2,457 | 21,732 |
| | 国費74,677 | 50,827 | 2,457 | 17,077 |
| 地方財政調整交付金制度の確立 | | 仮定40,000 | | |
| 保健施設の拡充 | 10,827 | 10,827 | 2,457 | 1,675 |
| 産業拡張土木事業５ヶ年計画の樹立 | 予算77,061 | 0 | 0 | 19,957 |
| | 国費63,850 | 0 | 0 | 15,302 |
| 北海道拓殖計画改定 | | | | |
| 大蔵省所管 | | | | |
| 税制整理竝税務機構の改革に伴ひ要する経費 | 15,598 | 0 | 0 | 15,598 |
| 司法省所管 | 2,221 | 0 | 0 | 1,061 |
| 判検事其の他の職員の充実 | 1,388 | 0 | 0 | 586 |
| 判検事其の他の職員の待遇是正 | 378 | 0 | 0 | 217 |
| 人事刷新の為にする整理 | 200 | 0 | 0 | 200 |
| 法規整備の施設 | 255 | 0 | 0 | 58 |
| 文部省所管 | | | | |
| 義務教育８年制度実施 | 1,906 | 0 | 500 | 0 |
| 農林省所管 | 81,961 | 34,540 | 2,016 | 13,133 |
| 農地制度の整備 | 1,777 | 1,770 | 558 | 0 |
| 農林土木 | 32,918 | 0 | 0 | 6,131 |
| 農山漁家経済の安定 | 36,075 | 29,770 | 0 | 3,402 |
| 農林漁業災害制度の創設 | 21,000 | 21,000 | 0 | 0 |
| 農村経済更生特別助成施設 | 4,840 | 0 | 0 | 3,009 |
| 農村負債管理制度の施設 | 8,776 | 8,770 | 0 | 393 |
| 漁村金融改善施設 | 1,027 | 0 | 0 | 0 |
| 絲価安定施設 | 432 | 0 | 0 | 0 |
| 羊毛自給施設 | 2,985 | 3,000 | 1,458 | 0 |
| 第69議会に於ける決議竝要望事項 | 8,206 | 0 | 0 | 3,600 |
| 商工省所管 | 22,906 | 33,476 | 13,012 | 0 |
| 貿易国策 | 11,008 | 21,908 | 4,320 | 0 |
| 原料国策 | 7,767 | 7,437 | 6,592 | 0 |
| 燃料国策 | 6,442 | 6,442 | 6,442 | 0 |
| 鉄鋼国策 | 330 | 0 | 0 | 0 |
| 繊維国策 | 995 | 995 | 150 | 0 |

| 計(千円) | 主計局査定理由 |
|---|---|
| 2,100 | 金融改善，工業の地方化，中小工業製品の高度化に関する経費を査定し国策として認め産業組合及百貨店組合対策費は削除す |
| 10,151 | |
| 500 | |
| 7,751 | 飛行機発動機等の試作奨励，操縦士及機関士養成，定期航空以外の航空事業の奨励，各種飛行団体の強化，航空研究所の拡張，東京大連線施設改善，東京飛行場の整備等に付金額を査定の上国策として認め主要都市飛行場設置補助其他は認めす |
| 1,900 | 遠洋航海奨励施設，優秀船建造助成は金額を査定の上，海運金融施設は建造資金貸付補給のみとして金額を査定し之を国策として認め定期航路補助等は一般概算に譲るものとして認めたり |
| 2,836 | |
| 2,401 | 新規移民に関する経費を縮小し国策として認め既送移民に関する経費は一般概算の際之を認むることとし移民会社に対する補助は同会社の規模を縮小するものとし査定の上認む |
| 235 | 一般概算の際適当考慮するを以て足るものとし特に国策として取扱はす，鉱物資源開発助成は商工省の燃料国策の一部として認めたり |
| 200 | 一般概算の際考慮するを以て足るものとせり |
| 0 | |
| 0 | 各省要求額の金額は資源局案を掲けたるものなり |
| 0 | |
| 0 | |
| 0 | |
| 0 | |
| 84,224 | 本集計額は内務省所管分に付ては国費額に依り合計せるものなり |

定経費概算総計」を三億四九五一万一〇〇〇円、「内当局案に該当あるものの合計」を一億六五九七万五〇〇〇円[10]とするまとめを記している。

前記二文書ともに日付が入っていないが、各省から提出された国策案を要約した上で、内閣調査局として提案する重要国策案との関係を明示していることから、前記一の文書の作成と前後する七月下旬から八月初めの時期のものであろう[11]。

前出の大蔵省作成の文書と内閣調査局の三文書を比較して、一見してわかるのは査定の粗密である。この点については、各国策案につき、内閣調査局と大蔵省主計局の査定を対比する文書を見れば明快である。

冊子番号八―〇一一のうちの

二、重要国策ニ関スル経費一覧表　昭和一一、八、一一

| 事項 | 各省要求額(千円) | 内閣調査局案(千円) | 主計局案 | |
|---|---|---|---|---|
| | | | 重要国策の分(千円) | 普通経費(千円) |
| 中小商工業振興国策 | 4,131 | 4,131 | 2,100 | 0 |
| 逓信省所管 | 56,205 | 22,240 | 9,401 | 750 |
| 電力統制策 | 953 | 未詳 | 500 | 0 |
| 航空事業振興策 | 22,232 | 22,240 | 7,751 | 0 |
| 海運国策 | 32,020 | 0 | 1,150 | 750 |
| 拓務省所管 | 14,892 | 14,567 | 1,458 | 1,378 |
| 満州移民法策の確立 | 9,337 | 9,337 | 1,458 | 943 |
| 南洋地方経済提携方策の確立 | 4,055 | 3,730 | 0 | 225 |
| 重要原料自給方策の確立 | 1,500 | 1,500 | 0 | 200 |
| 資源局 | 10,818 | 7,503 | 0 | 0 |
| 総動員準備法制整備 | 20 | 0 | 0 | 0 |
| 工作機械対策樹立 | 28 | 28 | 0 | 0 |
| 繊維資源対策樹立 | 53 | 53 | 0 | 0 |
| 帝国資料院の創設 | 3,295 | 0 | 0 | 0 |
| 科学研究局の創設 | 7,422 | 7,422 | 0 | 0 |
| 計 | 292,719 | 165,975 | 34,568 | 49,654 |

備考　本表に掲けたる計数は昭和12年度予算に計上見込の金額を示すものなり

重要国策ニ関スル各省要求額竝内閣調査局及主計局査定案比較対照表

昭和一一、八、一〇

がそれである。書式や内容から大蔵省が作成したものと考えられる。前者は国策案件別、後者は所管省別のものだが、日付からして後者を作成した後に国策案件別にまとめなおしたものが前者なのだろう。いずれも「各省要求額」、「内閣調査局案」、「主計局案」に三分され、「主計局案」は内訳として「重要国策の分」、「普通経費」、「計」に分かたれている。後者の八月一〇日付けの表には加えて「主計局査定理由」という欄が設けられている。大蔵省と内閣調査局の国策案査定を集大成するものなので、後者をここに表2として掲げておく。

「各省要求額」欄の数字は、先に見た各省提出の国策案中の数字をもとに大蔵省がまとめた経費要求見込額（六―〇一五―二一文書）のうち、昭和一二年度分がそのまま記してある。それはまた七―〇〇四―二文書で内閣調査局が各省国策案から抜き出した金額中の昭和一二年度分とも一致する。

「内閣調査局案」欄では、同局が前出の七―〇〇四―三文書で示した判断をそのまま記載している。すなわち、同文書で内閣調査局提案の国策案に該当せずとされた案件（「当局案に該当の有無」が「無」であるもの）は〇円とされ、該当するとされた案件（「当局案に該当の有無」が「有」のもの）は、同文書の「昭和十二年度予定経費概算」の欄に記された金額が転記されている。先に見たように、同欄の金額は各省の要求額ほぼそのままであったので、内閣調査局の選んだ国策案に該当する案件については、各省の要求した経費額が減額などされずに計上されていることになる。すなわち、七―〇〇四―三文書が内閣調査局による各省国策案の査定と見なされていたということである。[12]同局選定の国策案に該当しないものは〇円、該当するものは各省要求額をそのまま認めるというのが内閣調査局の査定ということになる。

「主計局案」欄に関しては、各省国策案についての大蔵省「意見」を総括した文書である前出六―〇一五―二三文書中の「重要国策として認めたる分」が「重要国策の分」欄に、「普通費として認めたる分」が「普通経費」欄に記されている。要するにこの「主計局案」欄の数字は大蔵省主計局による各省国策案査定のエッセンスを示したものといえる。なお、「主計局査定理由」欄の記述は、前出の各省国策案に対する大蔵省「意見」の諸文書で展開された査定理由がきわめて簡潔にまとめられたものである。

こうして各省国策案に対する大蔵省（主計局）と内閣調査局の査定の過程と結果を対比すると、自局の選んだ重要国策案への該当の有無を判断するだけで、該当するとした案件は各省要求額をそのまま計上する内閣調査局の査定はそもそも査定とは言えないようなものである。同局は各省出身の調査官の寄り合い所帯であり、各調査

註

官は出身省の予算のうちの重要点を熟知しているのでその採択を主張すると、他省出身者が反対するというようなことになったと当時の調査官の一人は述べた上で、「そもそも予算の大もとがわからないから、どうしたってうまくいかないいんですよ。そんなわけでとどのつまりは、この予算のことはやりかけてやらなかったようなものだ」と回顧している[13]。内閣調査局はその設立時に予算編成において国家本位の立場からする総合的検討を行うことを期待されたが、自局選定の重要国策案への該当の有無を判断するだけで「総合的検討」に至ることなどできなかったのである。内閣調査局は重要国策の選定にあたって期待された役割を十分果たせなかったといえよう。

また、そうした重責を担えるだけのスタッフを揃えていたとも言い難い。広田内閣当時の内閣調査局には、勅任調査官石渡荘太郎と奏任調査官山際正道が大蔵省出身として在籍していたが、石渡は前職の主税局長に至るまで税務一筋の経歴であり、山際は銀行検査官からの転任でともに主計局勤務の経験はない[14]。内務省出身調査官の知見も地方財政限りである。財政担当の専門委員[15]に名を連ねるのは、学者、評論家、新聞記者で査定の実務からはほど遠い。他の調査官の参加を求めて内閣調査局の特長といわれた談論風発の全体会議[16]にかけても、従来の予算閣議の各省大臣と同じように、調査官は出身省の代弁者となって予算の分捕りに向かうだけである。国策案提出の各省の期待を一身に担って閣議に列する大臣に、案件の取捨選択を納得させうるだけの材料をまとめることはできないだろう。先にも記したように、提出された国策案には多年各省で懸案となっていた案件が多数含まれていた。そうした政策の妥当性、必要性を的確に判断できるだけの材料を閣議に提供できるのは、同じく多年にわたって各省の要求に接し、豊富な情報と経験を有している大蔵省主計局以外にあり得ないのである。

（1）大蔵省財政史室編「昭和財政史資料　震災から準戦時財政まで」日本マイクロ写真、昭和五九年、以下「昭和財政史資料」と略記。以下に引用する本資料所収の文書はいずれも「極秘」もしくは「秘」の印が押されている。なお、先行研究では前掲御厨「国策統合機関設置問題の史的展開」が本資料のうち、内閣調査局作成の七―〇〇四―一と七―〇〇四―二の文書（ともに後出）及び大蔵省作成の七―〇一二―一文書「貿易行政ノ統一ニ付テ（未定稿）（一一、七、二二）」（御厨論文五〇頁註55では文書の番号を七―一一としている）を引用している（同論文三七、四五、五四頁）。しかし、そこでは内閣調査局作成の文書の利用は限定的であり、後述するように文書の作成時期を十分吟味していないように思われ、その結果、御厨の示す内閣調査局の役割認識には賛同しがたいところがある。また、大蔵省の見解については、未定稿とされた文書よりも本文に掲げた大蔵省としての正式の「意見」文書をまずは参照すべきであろう。

（2）たとえば、六―〇一五―一七「海運国策ニ対スル意見　昭一一、八、四」では、冒頭に次のような査定の総論が記されている。

海運国策として（1）遠洋航海奨励施設（2）定期航路の新設（3）優秀船の建造助成（4）船舶試験設備の整備（5）海事金融施設の整備（6）船員の保護養成及監督施設の強化を掲げ来りたるも右の内重要国策として認め得べきものは（1）遠洋航海奨励施設（2）優秀船の建造助成（3）海事金融施設の整備にして其の他の定期航路の新設、船舶試験設備の整備竝船員の保護養成及監督施設の強化は寧ろ事務的性質のものと認めらるるを以て之等の施設に付ては一般の概算の査定と同時に詮議することとす。

このあと各論において案件ごとの取捨選択の理由が詳述され、その後に査定の参考となる資料が添付されている。

（3）六―〇一五―一一「外務省所管重要国策ニ対スル意見　（昭一一、八、四）」では外務省提案の「経済外交遂行に要する施設」について、「本政策は商工省所管貿易国策と其の趣旨を同うし、施設事項に付ても重複するものなきに非ざるを以て、施設事項に依りては両者は之を併せ審議の上其の可否を決するの要あるへし」としている。他方六―〇一五―一九「商工省国策案ニ対スル意見　昭一一、八、五　主計局」も商工省の提起する貿易統制強化策のうち、海外商務職員の増加については「外務省所管の領事及商務職員並に商工省所管の貿易通信員及海外商品陳列館等既存機関との関係に付ても考究すべき点少なからず」と指摘している。加えて貿易局の設置に関しては、「本件は現在外務省、商工省、大蔵省、農林省及拓務省に分属する貿易関係事務を商工省に総合統一せんとするものなるも貿易関係事務が現今各省に分属し居れるは其の之を必要とする理由あるに因るものにして之を商工省の外局に総合統一の可否に付ては慎重考慮を要する所あり直ちに同意し難し」と税関業務を所管する大蔵省の立場を明確にしている。貿易政策をめぐる外務、商工両省の関係については、前掲御厨「国策統合機関設置問題の史的展開」四一―四五、五四―五六頁参照。

（4）大蔵省自身の国策案は提案されていなかったが、「大蔵省所管に在りては重要国策にあらさるも之に関連する経費を計上す」として（前掲「昭和財政史資料」六―〇一五―二一）、「普通費として認めたる事項」に「税制整理竝税務機構の改革に伴ひ要する経費」が計上され、備考欄に「要求なきも仮に主税局案を掲く」とある（同右六―〇一五―二四）。

（5）「第二、予算編成方針」では、昭和一二年度予算編成方針として、次の五項目を挙げ、各項目ごとに短い説明文が付されている。これらは馬場蔵相の財政政策の骨子を表している。

一、財政計画の樹立

二、公債計画

三、増税計画

四、一般会計及特別会計の調整

五、既定経費の節減

（6）内閣審議会官制と内閣調査局官制の起案にあたった横溝光暉の談話によれば、内閣審議会、内閣調査局の審議の対象から外交と統帥は除外されたことから、同局では「国策」という言葉を使わず、「重要政策」という表現をとったということである（前掲『昭和史の天皇』第一七巻七九頁）。なお内閣審議会での「重要政策」と「国策」の関係については、横溝「内閣審議会官制要義（未定稿）」（前掲石川『総合国策と教育改革案』資料編）一四四―一四五頁参照。

（7） 八月二五日の七大国策一四項目決定後に掲載された国策決定過程を振り返る記事でも、七月一七日に出揃った各省国策案三〇余項目を内閣三長官が整理して国防の充実、税制の整備、産業貿易の振興、国民生活の安定の四大項目に分類、後の二項目に民間航空振興、電力統制、原料、産業試験施設、貿易の伸長、農地制度の確立、農村負債整理、災害共済施設、保健医療、教育制度改革、対満移民の一一項目が盛られ、これに要する経費も一億六〇〇〇万ないし七〇〇〇万円に圧縮されて広田首相に参考案として提示されたとある（『東京朝日新聞』八月二六日）。

（8） 前掲御厨「国策統合機関設置問題の史的展開」は五四頁で、「七大国策の発表と共に、内閣調査局は『昭和十二年度予算ニ関聯スル重要政策ニ関スル件』を公表し」たとしている。すなわち七－〇〇四－一文書は八月二五日に公表されたというのだが、本文書の公表時期をこのように特定した根拠は示されていない。しかし、本文に記したように本文書に日付は入っておらず、文書の内容を当時の新聞記事などと照らし合わせて作成時期を推測する作業が必要であろう。八月二五日に公表されたとするなら、閣議で承認された七大国策と御厨が重要国策決定に中心的役割を果たしたとみなす内閣調査局の四大項目が同時に発表された理由と両者の相違について説明する必要もあるはずである。

（9） 前掲『昭和史の天皇』第一七巻二六九頁。

（10） この金額は、内閣三長官が四大項目に整理した国策案に要する経費は一億六〇〇〇万ないし七〇〇〇万円であるという前掲『東京朝日新聞』八月二六日掲載の国策決定過程回顧の記事にあてはまる。

（11） 前掲御厨「国策統合機関設置問題の史的展開」五四頁では、「昭和十二年度予算ニ関聯スル重要政策ニ関スル件」つまり七－〇〇四－一文書と「各省提出昭和十二年度予算関係重要政策要旨」すなわち七－〇〇四－二文書を引用して、「『貿易ノ助長統制ヲ図リ併セテ貿易行政ヲ統一ス』［引用者註、七－〇〇四－一文書による］る旨公表した調査局に呼応する形で、商工省は『外局トシテ貿易局ヲ設置シ各省貿易関係事務ヲ統合統一ス』［同、七－〇〇四－二文書による］るための経費を、一二年度新規予算に請求した」とし、「調査局と商工省とが、貿易行政機構を商工省の下に統合する案を提出した背景」として、「本来外交分野を範囲外とされた調査局にとって、調査局との協調体制をとる商工省に貿易政策を統合させることは、間接的ながら調査局による外交への介入を可能としたのである」としている。しかし、本文に見たように、まず各省（この場合は商工省）から国策案が内閣に提出され、それらを内閣調査局が単に要約、作成したものがこれら文書だとしたら、内閣調査局提案の国策案に商工省が呼応したという構図は成り立たない。内閣調査局が外交通商政策において指導力を発揮しようとしたわけではないということになる。御厨論文五五頁が描くように、内閣調査局は外務省と商工省の間に入って調整の役割を担ったかもしれないが、「貿易行政機構の統一の失敗は、調査局のリーダーシップの挫折と主導権の喪失へ道を開いた」（前掲御厨「国策統合機関設置問題の史的展開」五六頁）というほど、もとから主導権やリーダーシップは持ち合わせておらず、「調査局自体の非力」（同右）は自明のことだったということになる。なお、外務、商工両省はそれぞれの国策案、すなわち前出六—〇一五—一「昭和十一年七月十日　外務省所管　予算ニ関係アル重要国策」、同六—〇一五—八「商工省国策案」で本件に関する自省の立場を主張している。

（12）当時の内閣調査局調査官の一人は、「大蔵省が査定をする前に調査局で査定をして、これこれのものはやるべしと決めた案件については必ず予算化せよと、大蔵省に意見は出した」と回顧している（前掲『昭和史の天皇』第一七巻二七〇頁）。

（13）同右二六九—二七〇頁。大河内繁男は行政機構の総合調整を論ずる論文で新設機関の弊を次のように述べている。「新設機関には既存関連部門からの出向人事が一般的であるために、既存省庁の出先機関の性質を帯びてしまうこともある。更には、各職員が自己の出身機関の利益代表となり、その結果調整機関自体の内部の一体性が阻害される場合もある」（大河内繁男「省庁間の調整機構」（『季刊行政管理研究』第五号、昭和五四年三月）一八頁註14）。内閣調査局は文字通りこれにあてはまる。

（14）大蔵省百年史編集室編『大蔵省人名録』大蔵財務協会、昭和四八年、一六、一八二頁。

（15）「専門委員調査事項担当別（昭和十一年四月十三日）」（前掲石川『総合国策と教育改革案』資料編）六四頁。

（16）『吉田茂』吉田茂伝記刊行編輯委員会、昭和四四年、二〇六—二〇七頁の和田博雄と松井春生の談話、前掲『昭和史の天皇』第一七巻九〇頁の勝間田清一の談話。

## 第三節　重要国策の決定と予算編成

最後に、八月以降昭和一二年度予算案閣議決定までの経緯を以下にまとめておく。

八月七日の閣議後に馬場蔵相は広田首相と会見し、国策閣議の再開方法を協議した。そして複数の省に関係する国策案については関係閣僚間の打ち合わせを行い、各省国策案についても蔵相と主管大臣との予備折衝をして、重要国策としての採否に関して予め一致するよう努力することで国策決定を容易ならしめ、閣議の紛糾を避けることとなった。八月中の蔵相と各閣僚間の折衝が事実上国策の選択を左右することになったのである（八・八）。

陸海軍両省以外の各省概算要求が提出されるのにあわせて、馬場蔵相が各省大臣と個別に会見を重ねて国策と国策に含まれない単なる新規事業双方の内容を聴取し（八・一四、一五）、一七日には広田首相に各閣僚との折衝の経過を報告、国策決定の方法について改めて協議している（八・一八）。各省要求の説明聴取は従来概算要求提出後に大蔵省主計局と各省事務当局との間で行われていたことである。首相は蔵相との会談後に内閣三長官を招き、国策決定に関する馬場蔵相の事前工作を円滑ならしめるよう協力を要望している（同右）。

一八日の閣議後、首相、蔵相は寺内陸相、永野修身海相と会談して、ほかの閣僚との個別折衝の経過を伝えた上で、陸海軍予算についての説明を聴取した（八・一九）。また蔵相は一九日には吉田内閣調査局長官の訪問を受け、内閣三長官側の国策案の取捨選択方法についての説明を聞き、意見を交換（八・二〇）、二〇日には首相を訪い、内閣三長官が整理した案を蔵相自身がさらに取捨して作成した原案を提示して協議している（八・二一）。二一日の閣議後には、改めて首相、蔵相、陸相、海相の会談が行われ、首相と蔵相でまとめた国策案の項目が陸海相に示されて陸海軍の経費面での協力が求められた（八・二一）。蔵相はこの後さらに各省大臣と個別に協議を重ねて国策諸案の検討を深め（八・二三）、首相と詰めを行って八月二五日の閣議に裁定案を諮った。蔵相が各省大臣との調整を行い、それをもとに首相と二人で国策案を決めたのである。閣議での国策審議は七月一〇日以来一ヶ月半振りで、首相が国策を提示、各項目について説明を行った。二、三閣僚の質問があったが、昭和一二年度において重点を置き実施すべき事項として七大国策一四項目が承認されている（八・二六）。それは次の通りであった（同右）。

一、国防の充実
二、教育の刷新改善
三、中央・地方を通ずる税制の整備
四、国民政策の安定
　イ、災害防除対策、ロ、保健施設の拡充、ハ、農山漁村経済の更生振興及び中小商工業の振興等
五、産業の振興及び貿易の伸長
　イ、電力の統制強化、ロ、液体燃料及び鉄鋼の自給、ハ、繊維資源の確保、ニ、貿易の助長及び統制、ホ、航空及び海運事業の振興、ヘ、邦人の海外発展助長等
六、対満重要策の確立
　移民政策及び投資の助長策等
七、行政機構の整備改善

以上の経緯から明らかなのは、馬場蔵相が重要国策決定に中心的役割を果したことである。その際、先に見

たような大蔵省作成の文書が重要な材料となったはずである。八月二六日の『東京朝日新聞』掲載の国策決定過程を振り返る記事「庶政一新行進譜」は、八月に入ってからの馬場蔵相の行動について、次のように記している。

馬場蔵相は、……国策の採否に就て主管大臣と個別的に予備折衝を進め、国策の水準から脱落するものは新規要求として考慮するからと主管大臣に因果を含め、又二省以上に関連のある項目については関係閣僚間で予め協議させて将来予算分捕の醜い争ひを起さぬやう事前工作を施すなど、蔵相と各閣僚との間に行はれた準備工作は事実上国策の運命を決定するものとなつた。かくて八月一四日には蔵相の各閣僚に対する予備折衝も一巡し、国策の項目を決定し得る大凡の見透しがついたので、一七日馬場蔵相は広田首相と会見して国策の取扱ひにつき協議した……

先に挙げた大蔵省による各省国策案評価の「意見」文書には、国策として採用するには値しないが、一般の新規要求としてなら概算査定で考慮する旨の判断が少なからず記されているし、省庁間で重複する政策の指摘も行われている。また、それらの評価を総括した六―〇一五―二四文書には、重要国策と認めるものと、普通費すなわち一般の新規要求として認めるものが分類、列挙されて見やすいように配置されていた。一方、内閣調査局作成の文書ではそうした精査の跡は見受けられない。大蔵省内の検討をまとめた文書が蔵相による国策選定の判断材料となったのである。

但し、八月二五日の国策閣議の段階で決定したのは、重要国策の文言、すなわち項目である。項目として採用された国策に予算がどのくらい割り当てられるかも重要である。重要国策の各項目の施行に必要な予算額はこのあとの一般概算査定と同時の決定であり、各項目の具体的内容については、各省事務当局が大蔵省と折衝することになる（八・二六）。新規要求の一部として更なる査定を受けるのである。

　このあと、重要国策の具体化、予算化のため、大蔵省主計局は八月中に各省から提出された概算要求中の新規要求費目査定に着手したが、陸軍省の概算要求提出が大幅に遅れて予算の見通しがなかなか立たずにいた（九・七、九）。九月一五日になって漸く陸軍省は一二ヶ年の新国防充備計画に基づく八億二〇〇〇万円の一二年度予算概算を大蔵省に提出、概算が出揃ったことになる（九・一六）。明年度予算の政府原案を決定する予算閣議は一一月半ば過ぎと予想されていた[1]。二二日の閣議では税制改革案が承認され（九・二三）、歳入計画も具体化したので大蔵省は概算査定を急ぐことになる。各省からの説明の聴取が行われるとともに（一〇・一五）、一一月半ばには予算閣議に諮り、同月末までに予算編成を終えるという予定が報じられるようになる（一〇・二八）。主計局は国策関係経費に重点をおき、他の一般的新規要求に厳しく臨んだ査定を敢行していたが（一〇・三一）、馬場蔵相は各省概算査定が終了するたびに省議で報告を聴取し、従来のように大蔵省議で一括して主計局原案を審議する形をとらなかった（一一・六、一二）。各省ごとに主計局査定案を省議で審議決定、各省に内示するという方式である。この点にも予算編成方式改革の意図が見てとれる。

　一一月一〇日には大蔵省分を除く各省概算の査定が終わり、一一日各省会計当局へ査定案が内示されたが、国策関係経費には寛容、それ以外の要求には厳しいという査定案であった（一一・一一、一二）。陸海軍以外の各省の復活要求に対し（一一・一三・一四）、一五、一六日再査定案が大蔵省から内示されたが（一一・一六）、同案に不満の各省から再復活要求も提出され（一一・一七）、また一六日には陸海軍両省への査定案も内示され、両省ともに復活要求を行っている（一一・一八）。しかし二〇日までには陸海軍、農林三省を除く各省の予算案が大蔵省との事務折衝でまとまった（一一・二一）。海軍予算案については、二〇日大蔵省から再査定案が内示されたが、海軍省は第三次補充計画遂行に支障があるとして二一日再復活要求を行い（一一・二二）、陸軍予算案についても国防充備計画の位置づけをめぐり大蔵省との間で対立があった（一一・一五、一〇）。しかし、馬場蔵相は予算閣議を遅らせても事前工作に努めて予算閣議での紛糾を避ける意向であり（一一・二一、二二）、その結果、陸軍、農林両省予算案については、二二日、海軍予算案については二三日に大蔵省との間の事務折衝で妥協が成立している（一一・二三、二四）。

一一月二七日予算閣議が開かれ、昭和一二年度予算大蔵省原案が付議されたが、事前の調整によって、例年紛糾を引き起こした陸海軍予算を含め閣議前に各省との間で妥結が得られており、閣僚による復活要求など政治折衝も行われることなく、短時間で異議なく承認されている（一一・二八）。国策決定後の予算編成過程には内閣調査局の関与の形跡は見られない。

なお、予算編成過程が例年のように紛糾せず、各省による予算分捕りや予算閣議の紛糾が回避できた原因としては、上述のような予算編成方式の改革とともに、高橋蔵相下の健全財政からの路線転換も大きな意味を有していることを付言しておく。増税、煙草値上げ、特別会計からの繰入などで財源を漁った上、公債漸減方針を放棄して赤字公債を増発した結果、従来に比べて配分できる財源に余裕が生じ、各省諸要求に寛容であることができたことも重要であったことはいうまでもない[2]。

**註**

（1）前掲『西園寺公と政局』第五巻一六九頁。九月二九日馬場蔵相の原田熊雄への言。

（2）予算案のおおよその目途がたっていた一一月二一日、広田首相は原田熊雄に「大蔵大臣は比較的より多く用意してゐるやうであるから、予算は大体各方面に満足らしい」と語っている（同右一九二頁）。

# おわりに

広田内閣下の重要国策先議と予算編成方式の改革、そこで大蔵省と内閣調査局の果たした役割については、次のようにまとめられるであろう。

予算編成方式を改革するため試みられた重要国策の先議は、大蔵省主計局を関わらせずに閣議中心で行われようとした。閣僚が主導権を握る形を意図したのである。しかし、この方向はすぐに軌道修正された。大蔵省の関与が改めて確認され、主計局が実務を行う従来の方式が否定されない形になったのである。大蔵省の関わる余地が生じたことになる。

実際に閣議での国策審議が始まると、当初意図した閣僚による自由討議に付して決めるというわけにはいかず、結局は蔵相が中心となって国策案の取捨選択が進められた。馬場蔵相が個別に閣僚と会談を重ね、各省の国策の説明を受け、要求を聴取して広田首相に報告、協議した上で国策を決定するという過程を経たのである。従来大蔵省主計局と各省事務当局の間で行っていた要求聴取を、国策については先に大臣間で行うことで内閣主導の予算編成を保持しようとしたのであろう。

重要国策選定と予算編成方式改革の中心となった馬場蔵相に、正確な計数と過去にさかのぼっての十分な資料を提供してその折衝と判断の幕僚をつとめ得たのは大蔵省主計局であった。内閣調査局にはそれだけの力量が備わっていなかった。大蔵省主計局としては、蔵相の国策審議に積極的に貢献することで、予算編成過程に自らが果たす役割を認識させ、その存在意義を強調できたことになる。閣議による重要国策先議に際しては、大蔵省が官僚機構中の要の位置を占め、それは従来の予算編成時と変わりはなかったのである。

一方で、馬場蔵相を中心として内閣三長官が加わって事前の調整を綿密に行った上で、首相、蔵相で国策を取捨選択したので、裁定案が閣議に諮られる段階では各省大臣の大体の了解は得られていたことになる。また、国策決定以後については、各省概算をもとに大蔵省主計局と各省会計当局との間で事務折衝が重ねられたが、閣議決定された国策についてはその経費の査定は他の新規要求と比べ緩やかとなったことに加えて、従来のように全省庁分を一括して大蔵省議にかけるという方式をとらず、一省ごとに審議する形、すなわち、各省の要求をこの段階で吸収して折り合いをつけたあと各省ごとに省議にかけ大蔵省原案を作成するという方式をとった。予算閣議は高橋蔵相期のように紛糾せずに済んだ点では改革の当初のねらいは実現したことになる。

以上のことから、内閣調査局や同局長官が重要国策の決定や昭和一二年度予算編成に中心的役割を果したという先行研究の見解は、内閣調査局と同局長官の役割の過大評価であることが明らかになったであろう。確かに国策決定過程に内閣調査局は介入はしたが、その役割は些少なものであった。また、吉田内閣調査局長官も関わりはしたが、リーダーシップを発揮したとは到底言えない。重要国策決定後の予算編成も同局や吉田長官が主導した形跡はない。事実上内閣調査局が予算の統制按配を行ったとするのは難しいだろう[1]。馬場蔵相を中心とする閣僚の下で、予算編成を通ずる政策決定を官僚機構中で支えたのは大蔵省だったのである。

一次資料に基づいて重要国策決定や予算編成過程での内閣調査局の関与の実態を分析したことで、現実の政治過程において同局が主要な役割を果たし得なかったことがわかった。それはこの時期の政治過程を内閣調査局などの国策統合機関を中心に据えて分析してきた先行研究の方法と成果を再検討する必要があることを示している。

## 註

（1）　前掲井出「非常時体制と日本〈官〉制」は、「内閣調査局は、『挙国内閣制』［引用者註、井出は広田内閣を含めて前後の内閣をこう表現している］の中枢政策立案・審議装置として発展していく」（八九頁）としながらも、広田内閣の重要国策決定については、「各省提出の国策事項を審議する場として、首相のほか馬場蔵相、有田外相、寺内陸相、永野海相の各大臣をもって組織する「五相会議」が設けられた。この五相会議の場で取りまとめられた成案が八月二五日の閣議に付議・承認されたのが、世にいう広田内閣の「七大国策・一四項目」であ」るとしている（一〇一頁）。井出はこのように述べる典拠を明示していないが、この前後の叙述で引用している広田弘毅伝記刊行会編『広田弘毅』葦書房、平成四年復刻、二〇〇―二〇二頁の記述をもとにしていると推測される。そこでは国策検討のため頻繁に五相会議が開かれ、八月七日と一一日の会議（後者は蔵相欠席という）で要綱が採択されたとしている。しかし、外交国防方針中心の「国策の基準」は五相の会議で決められたようだが（前掲『西園寺公と政局』第五巻一三三頁）、重要国策としての七大国策一四項目の決定は、これらの五相会議とは直接の関係はない。

ほかにも池田順「ファシズム期の国家機構再編」（『日本史研究』第二八八号、昭和六一年八月）三四頁、同『日本ファシズム体制史論』校倉書房、平成九年、二七頁は、「内閣調査局官制要義（未定稿）」を引用して、内閣調査局に期待されていたのは国家本位的立場からする予算編成の総合的検討であるとするが、池田の研究は、古川隆久が指摘するように「総合国策機関については機構的変遷に主眼が置かれているため、総合国策機関の活動の実態の検討は少ない」（前掲古川『昭和戦中期の総合国策機関』六頁）という難点があり、現実の重要国策決定過程や昭和一二年度予算編成過程についての言及はない。期待した役割が実際の政治過程では十分に果たせなかったことを考慮しないと、国家機構再編の意義は解明しえないであろう。

古川自身はその『昭和戦中期の総合国策機関』三八頁で、広田内閣期の内閣調査局について、「設置の主導力となった陸軍の政治的影響力の上昇に伴って、広田内閣の政綱（同年［引用者註、昭和一一年］八月二十五日発表の「七大国策十四項目」）を立案、上申したり、一九三七年度予算の審査や、貿易行政機構改革問題への関与など、政治的独自性の増大と実質的発言権の上昇がはじまった」としている。しかし重要国策（七大国策一四項目）の選定や昭和一二年度予算の審査に内閣調査局が主要な役割を果たせなかったのは本文で見たとおりである。古川は先行する「総合国策機関」の研究に関して、特に企画院以後の部分は「その現実の政治過程の中での存在意義について論及していない」から「企画院以後の総合国策機関の存在意義について消極的な評価を下している」と批判しているが（前掲古川『昭和戦中期の総合国策機関』七頁）、企画院以前の時期について「現実の政治過程の中での存在意義」を論及すれば、「総合国策機関の存在意義」を積極的に評価するのは難しいということになる。なお、広田内閣の「政綱」は昭和一一年三月一七日に閣議決定されている（『東京朝日新聞』三月一八日）。同年八月二五日閣議で承認された「七大国策一四項目」とは別物である。古川がこの部分の記述の典拠としている御厨の研究（前掲「国策統合機関設置問題の史的展開」三〇頁、初出の同論文（近代日本研究会編『年報近代日本研究』第一巻昭和期の軍部、山川出版社、昭和五四年）では一三〇頁）でも前掲『吉田茂』所収の松井春生の回顧談をもとに、広田内閣成立当初に松井らが「政綱」を作成、調査局から上申したとしている。

また、林健久「ファシズム財政の原型─馬場鍈一蔵相論」（東京大学社会科学研究所編『ファシズム期の国家と社会』第二巻戦時日本経済、東京大学出版会、昭和五四年）は、広田内閣馬場蔵相の下での予算編成方式の変更に関して、「軍部の要求する支払をだいたいみたすことを前提に、それとの関連で国策全般を組みたて、その裏づけとして予算を編成する……という新しい方針がもたらした必然の変化とみなさなければならない」（二〇〇頁）と述べ、七大国策については「広田内閣成立時からの軍部の要求に政府の衣をかけたにすぎない」（二〇六頁）、「軍部の要求はほとんどそのまま七大政綱にとり入れられ、したがって馬場の新予算案にくみこまれていくが、この内閣ないし馬場の政策にとって、もうひとつ――といっても両者は深く結びついているが――重要な源泉があった。それは内閣調査局である」として、「広田内閣の『庶政一新』政策の具体的プランは、軍部からもちこまれるものと、この内閣調査局で調査立案されるもの（両者重なるものもむろんあった）が、主柱をなしていた」（二〇八頁）と記している。軍部とそこと結びついた内閣調査局が予算編成方式の改革も重要国策の立案も統轄していたというのであるが、こうした見解も的外れであることは明らかになったであろう。

# 第四章　行政機構改革論と予算編成

## ―昭和一一、一二年の大蔵省主計局移管問題



## はじめに

昭和一一年三月九日に成立した広田弘毅内閣では、馬場鍈一大蔵大臣が副総理格として内政面でリーダーシップを発揮するが[1]、彼が起草の中心となって同月一七日に閣議決定された広田内閣政綱には、「行政機構の更新」が課題として明記されていた[2]。その背景には、一九三〇年代の混迷と危機への対応として欧米諸国で生じていた、国家の経済的社会的統制の増大、行政職能の増殖と統治機構の再編成、すなわち行政国家化が、日本でも進行していたことがある[3]。また、政党という統合主体の没落が各省大臣の国務大臣機能を希薄化させ、大臣は省庁セクショナリズムの代弁者と化しつつあり[4]、とりわけ予算編成時などに各省割拠の弊風が顕著になるという状況もあった[5]。つまり、行政の複雑化とともに行政部局が拡大して大臣数も増え、相互に対立する傾向が強まる中で、国策の総合調整が求められるようになったということである。そこで、政党に代わる体制の新たな統合主体として、

行政機構を機能的な政策統合機関に改編しようとする試みが実行に移された。[6] 昭和一〇年五月岡田啓介内閣下での内閣調査局の設立は、この動きの最初の成果だが、官制上、「重要政策に関する調査」及び「特に内閣総理大臣より命ぜられたる重要政策の審査」[7]などに権限が限定され、十分な政策統合機能が付与されているとはいえなかった。

二・二六事件を契機に部内をまとめ政治的影響力を強めていた陸軍は、広田内閣成立当初、重要国策の審議にあたる無任所大臣を設置し、その手足として内閣調査局を拡充することを求めていた。[8] 内閣調査局自身も、強化拡大によって、法律案の提出、予算案の査定などの権限獲得を目標としていたが、そうした内閣調査局の積極姿勢は、閣内に同局拡充についての意見対立を生み出していた。[9] 四月に入り、無任所大臣をめぐって長老政治家による閣内調整を期待する広田首相周辺と、内閣調査局長官の無任所大臣化で国策遂行の中枢機関になろうとする内閣調査局の対立が表面化すると、広田首相は、無任所大臣設置、内閣調査局改編を含む行政機構改革問題は特別議会後の検討課題とすることで明確な対応を避けようとしていたが、[10] 各政治勢力間に改革への熱意の温度差こそあれ、こうして行政機構改革問題も広田内閣の重要政治課題のひとつとなっていったのである。

既存行政機構の割拠性がとりわけ予算編成時に顕著だったこと、また、重要政策の決定には予算配分の問題が必然的に伴うことから、行政機構改革の問題には、予算編成をどこに管掌させるか、言い換えれば、従来の予算編成で実務を担ってきた大蔵省主計局をどうするか、内閣調査局あるいは改編後の新機関に主計局を移すか、大蔵省に留めて新機関と何らかの形で予算編成を分掌するか、などといった問題を伴うことになる。それは大蔵省にとっては自省の重要な権限に関わる問題であるが、軍部や内閣調査局の間で議論の分かれる論点となったのである。予算編成権のゆくえ、主計局を移管するか否かは、この時期の行政機構改革論を分析していく場合の重要な指標のひとつといえる。

また広田内閣下では予算編成での紛糾回避のため、重要国策の先議という形で予算編成方式の改革が行われ、内閣調査局が予算編成過程に介入してくる。新しい方式で大蔵省主計局や内閣調査局はどのような役割を果たし得たかということは[11]、予算の獲得、その金額の多寡に政策実現の度合いを測る行政官庁にとって見逃せないところである。それゆえ、主計局移管や予算編成の問題を考察するには、同時期の予算編成が実際にどのように行われ、どんな問題をはらんでいたかを踏まえることが不可欠といえよう。

昭和一一年から一二年にかけての行政機構改革については、いわゆる国策統合機関の問題に焦点を当てた業績がすでにいくつか公表されているが[12]、同時期の予算編成方式改革、重要国策先議の実態と関係させて予算編成や主計局移管の問題が論じられることはなかった。また、陸軍における石原莞爾の存在を強調し、彼を中心としたグループによる急進的改革案が陸軍全体に強い影響力を与え、現状維持志向の海軍と対立するととらえたり、内閣調査局を陸軍と一体のように見なして、内閣調査局の出す案は陸軍首脳部の考えでもあるかのようにいわれていた[13]。大蔵省編纂の『昭和財政史』も予算編成業務の移管の問題を取り上げているが、企画庁や軍部の位置づけに不十分なところがある[14]。

そうした先行研究の理解に対して、本章では予算編成業務の管掌と主計局移管の問題を中心に広田内閣期前後にさかんに提起された国策統合機関に関する諸案を分析し、また同時期の重要国策先議、昭和一二年度予算編成と関連づけることで、従来の研究が強調していた国策統合機関問題での陸海軍の対立、内閣調査局と陸軍との連携という図式を再検討する。その結果として、予算編成の実務の中心は従来通り大蔵省に置かれたということ、そして、この問題に関しての陸海軍の協調と内閣調査局の孤立を指摘し、石原グループの影響力は限られたものであったことを明らかにしたい。そして内閣調査局が自局を含む新たな国策統合機関への主計局の移管や予算編成業務の掌握を主張したのは、重要国策先議や昭和一二年度予算編成において内閣調査局の非力が自明となったことで、そこで行政機構中の中心の役割を果たした大蔵省主計局に対する内閣調査局側のいわば焦慮のあらわれであったこともわかるであろう。また、実際の政治過程への影響を見るため、この時期の行政機構改革の産物である企画庁が、新たに明文化された予算編成に関する権限をどのように行使しえたのか、大蔵省との関係や予算編成過程はどう変わったのかということも考察しておく。

なお、参照する資料の中で、新聞は主として『東京朝日新聞』縮刷版を用いたが、昭和一一年の同紙の記事を以下に引用するに際しては、本文中に（八・二五）などと発行月日を略記し、その都度註に記すことは行わなかった。

**註**

（1）　馬場蔵相を委員長格として政策の調整にあたること、広田内閣政綱は馬場の下で内閣三長官が起草の任にあたることが一一日の閣議で決定されている（『東京朝日新聞』昭和一一年三月一二日。以下の註に引用する同紙の記事は特に断らない限り昭和一一年のものである）。陸軍が組閣に介入した広田内閣において、馬場は組閣参謀となるとともに、早くから蔵相の椅子を確定させていたと言うが（同右三月七、一〇日）、馬場と軍部、とりわけ陸軍との間に事前にどんなやりとりがあったかは判明していない。先行研究は岡田内閣下の内閣調査局設置について、吉田茂が永田鉄山、後藤文夫、馬場とともに中心となり、鈴木貞一や松井春生らの尽力を得て行ったものとした上で、吉田―永田、吉田―鈴木、吉田―馬場の人的結合関係があったと記していて（御厨貴「国策統合機関設置問題の史的展開」（同『政策の総合と権力』東京大学出版会、平成八年）一二三―一二四頁、一一八頁註22）、吉田を介しての馬場と陸軍の関係を示唆しているが、典拠は示されていない。おそらく『吉田茂』吉田茂伝記刊行編輯委員会、昭和四四年、二〇二―二〇三、二一一頁の松井の談話や読売新聞社編『昭和史の天皇』第一七巻、読売新聞社、昭和四七年、五四―五五頁の鈴木の談話をもとにしているのだろう。

（2）広田弘毅伝記刊行会編『広田弘毅』葦書房、平成四年復刻、一九三頁。

（3）井出嘉憲「非常時体制と日本〈官〉制」（同『日本官僚制と行政文化』東京大学出版会、昭和五七年）六一―六五、七九―八二頁、前掲御厨「国策統合機関設置問題の史的展開」一一頁。

（4）池田順『日本ファシズム体制史論』校倉書房、平成九年、二一頁。

（5）本書第二章参照。たとえば『東京朝日新聞』昭和一〇年四月一七日には、昭和一一年度予算編成を前にした高橋是清蔵相が、各省相争って予算分捕りに走る悪弊を戒める発言を閣議で行ったことを報じている。

（6）前掲御厨「国策統合機関設置問題の史的展開」一四頁。

（7）「内閣調査局官制」（昭和一〇年五月一一日勅令第一一九号）（石川準吉『総合国策と教育改革案』清水書院、昭和三七年、資料編五九頁）。原文カタカナの資料本文は、引用にあたってひらがなに変えた。以下の引用資料でも同じである。

（8）『東京朝日新聞』三月一四、一七日。

（9）同右三月一九日。三月一九日朝、原田熊雄は広田首相に、調査局に注意すべき旨語っている（原田熊雄述『西園寺公と政局』第五巻、岩波書店、昭和二六年、一三頁）。当時の内閣調査局調査官の一人は、後日の回顧談としてこの当時同局で交わされた議論を紹介している。それによると、予算編成権を大蔵省が掌握していること、同省による各省予算の査定が蔵相を他の大臣より上位に置くような形を招いていること、その結果蔵相が政策案の取捨選択を行うことになっていることなどが批判され、予算編成権を内閣調査局が持ったらどうかということになったという（前掲『昭和史の天皇』第一七巻二六九頁）。

（10）同右四月一〇日、五月二日。第六九特別議会冒頭の五月六日の演説で、広田首相は行政機構改革について、「近時各省各局課の間、動もすれば連絡統制を欠き、或は重複撞著を免れざるの状況を呈するに至ったのであります、是等の弊害を矯め、総ての国策が全面的総合的に樹立せられ、組織的計画的に実行し得らるるやうにすることが当面の急務であります」(「官報号外昭和十一年五月七日衆議院議事速記録第三号」(『帝国議会衆議院議事速記録』第六六巻、東京大学出版会、昭和五九年)一三頁)と述べているが、具体的内容は伴わず、以後の質疑でも論題とはならなかったようである。

(11) 本書第三章参照。

(12) 前掲御厨「国策統合機関設置問題の史的展開」、前掲井出「非常時体制と日本〈官〉制」、前掲池田『日本ファシズム体制史論』(とりわけ第一章「庶政一新」下の国家機構再編)が代表的であろう。順に政治学(日本政治史)、行政学、戦後歴史学の立場からの業績であり、同じ対象を扱う中で各学問領域の特徴が出ていて興味深い。

(13) 前掲御厨「国策統合機関設置問題の史的展開」五一―五三、五七―六一頁、前掲井出「非常時体制と日本〈官〉制」一〇九―一一〇頁(井出はそこで「軍部=内閣調査局」と位置づけているが、前後の叙述から判断して陸軍を指して「軍部」と表現していると思われる)、前掲池田『日本ファシズム体制史論』三五―三九頁。

(14) 大蔵省昭和財政史編集室編・山村勝郎執筆『昭和財政史』第二巻財政機関、東洋経済新報社、昭和三一年、一四三―一四六、一四八頁。叙述の典拠を明示していないのが同書の難点である。一四四頁で新機関の権限について、軍部の意見は急進的としていることから同書も他の先行研究と同様の立場をとっているとわかる。

## 第一節　主計局移管問題の浮上

二・二六事件後の昭和一一年三月二日、鈴木貞一陸軍省軍務局付兼内閣調査局調査官が「軍少壮の要求、調査官の要望」として木戸幸一内大臣秘書官長に申し入れた「新内閣組閣直後直ちに実行すべき件[1]」では、要求項目のひとつとして、内閣制度の改革のため「国政大本の審議、計画、監査の為め内閣参議院を設置」とあるのみで予算編成については直接触れていない。

しかし、大蔵省の予算編成業務を別個の政策統合主体に移すという案は流布しはじめていたようで、原田熊雄は同年七月一三日に会った広田首相の言として、内閣調査局が大蔵省の予算編成権を奪うのではないかと言う者がいるが、決してそういうことはなく、参考のために国策案を内閣調査局で検討させただけだということを記している。[2]

すでに統制派の片倉衷ら陸軍幕僚将校による研究成果である昭和九年一月五日付「政治的非常事変勃発ニ処スル対策要綱」の中には、各省大臣を兼摂する少数の国務大臣による内閣組織や国策審議会の設置とともに、主計局を大蔵省より分離して経済統制局、情報局、法制局とともに内閣の下に置く案が、「内閣をして予算分取の弊より脱し不偏、公正、強力なる国策樹立の府たらしむ」という方針とともに政治機構の項に記されていた。[3]予算編成を内閣の下で行うことで各省割拠の克服を図ろうというのである。

また、陸軍省調査班の昭和一〇年一月一〇日付「対内国策要綱案に関する研究案」では、財政金融の項の最後に、大蔵省主計局管掌の予算統制及び決算に関する業務と理財局、銀行局、預金部等管掌の理財に関する業務を分け、前者を首相の直轄業務とするとともに、後者を充実して公債政策、一般金融政策の完璧を期するとある。[4]予算編成を、首相すなわち内閣の下で行わせようという点は共通している。いずれにしても、主計局、すなわち予算編成業務の内閣への移管が改革の一つの選択肢としてすでに登場していたことがわかる。

予算編成業務移管問題を含む行政機構改革問題が本格的に広田内閣の政治過程上に現れるのは、[5]昭和一一年八月二五日の閣議で決定された七大国策の最後に、陸軍の強い要望で「行政機構の整備改善」が盛り込まれ（八・二五、二六）、さらには、後述するように、九月二一日に寺内寿一陸相が永野修身海相と連れだって行政機構改革案を首相に提出（九・二五、二八、二九）してからである。

この時点では前出の二案よりさらに具体的に構想されていた案として、石原莞爾参謀本部作戦課長が満鉄の宮崎正義の協力を得て昭和一〇年八月に設立した日満財政経済研究会の作成した「緊急実施国策大綱」（昭和一一年八月一七日付）がある。⑥そこでは、国務総理大臣ほか四名の国務大臣からなる国務院の下に、直属の計画・考査機関として総裁は国務大臣の兼任とする総務庁を設け、その一局として予算局を企画局、考査局、公報局、法制局、資源局とともに置き、予算局は予算部、決算部、調査部の三つに分けて、予算部には三課、決算部、調査部には二課を置くとある。但し、そこに記載された予算部、決算部、調査部の管掌事務は、当時の大蔵省分課規程⑦中の主計局部分を部局名だけ変えてひき写したものである。付属の「国務院及総務庁組織図表」の備考⑧にあるように、主計局をまるごと移管することを想定していたのだろう。この案は本体である「昭和十二年度以降五年間歳入歳出計画」とともに、昭和一一年夏に近衛文麿、池田成彬、結城豊太郎等政財界の要人に広く配布され⑨、また宮崎自身によって同年八月一七日参謀本部と陸軍省の関係要員に、八月二〇日陸軍省軍務課員に説明された⑩というから、大蔵省主計局の移管というアイデアはおそくともこの時点で広く知られるところとなったことは確かである。

しかし、この日満財政経済研究会の案（いわゆる石原プラン）は、石原が参謀本部の要職にあったからといって陸軍省軍務局や整備局の正式案となるわけではなく、逆に陸軍首脳部ではその性急さに対する警戒感が示されていたことを銘記しておくべきだろう⑪。

なかでも行政機構改革に関しては、九月一七日付の海陸軍主務者協定たる「政治行政機構改善要綱⑫」では、石原プラン中の改革案や先行する陸軍幕僚による二案とは異なる方向が目指されている。すなわち同要綱は中央行政機構について、いくつかの省の統合をいう一方で、「重要国務に関する調査統轄予算の統制按配に関する事項を掌する機関を創設し内閣総理大臣の管理に属す　情報委員会を改組強化し本機関に統合す」とされ、その説明として、内閣調査局、内閣審議会を廃止して新たに本機関を設置するということ、本機関は首相の幕僚機関、内閣のブレイントラストであり、実行機関でないということとともに、予算の統制按配について、「予算の統制按配は国策遂行上の大局的見地より時運に適合せしめんとするものにして大蔵省主計局の事務的業務には関係せず」と記していた[13]。ここでは、主計局は存続させる一方、新機関には大局的見地から国策に関わる予算の統制按配を行わせることを想定している。

この時期にこうした提案がなされた背景には、八月下旬の七大国策一四項目すなわち重要国策の決定を含む予算編成方式の改革があるはずである。そこで主導的役割を果たしたのは、大蔵省主計局であった。内閣調査局は国策の試案を出した上で、各省提出の国策案がそれに該当するかどうかを判断したにすぎない[14]。実行機関でない新機関にもその程度の「予算の統制按配」をさせておいて、実質的には従来通り大蔵省主計局と予算折衝すればよいのであった。予算編成に限ってみても、主計局すなわち予算編成業務をまるごと総務庁に移すことを求めた前出石原プラン中の行政機構改革案との相違が目立つのである。

九月一九日付の陸軍省、海軍省連名「政治行政機構整備改善要綱」は、九月二一日に寺内陸相、永野海相により広田首相に申し入れられたものだが、九月一七日付案のうち、各項目の説明文に当たる部分が削除されただけのものである[15]。一七日段階で陸海軍が合意した事項を率直に首相に伝えたと考えられる。陸軍首脳部は石原プランの行政機構改革案を知ってはいたが、結局はその急進的改革を容れず、海軍と合意した範囲での改革路線を選んだのであろう[16]。

この陸海相の共同提案では新機関による予算の統制按配は重要国務に関するものに限られていたせいか、中島今朝吾憲兵司令官の一〇月一〇日付「行政機構改革問題ニ対スル反響ノ件報告（第二報）（各省中堅官吏方面ノ意向）」[17]は、前記要綱に廃合が盛り込まれた省庁の強い反対の一方で、大蔵省など「廃合省以外の各省方面に於ては改革の趣旨は可なるも実際問題としては実行は至難あるものあるへしとの見解を有する者多く一部少壮官吏を除きては概して気乗薄の状況」にあったと伝えている。八月下旬の重要国策決定と、この時点でも進行中の昭和一二年度予算編成において、国策案の取捨選択や各省要求額の査定をリードすることで大蔵省が行政機構中での主導権を保っていた状況からすれば[18]、大蔵官僚は十分の自信を有していたのだろう。

九月二一日の陸海相の共同提案に対して、広田首相は、予算編成業務の内閣調査局への移管は憲法上研究の余地もあり、時機や諸般の事情を考えて決めたいと消極的であり[19]、行政機構改革全般についても慎重を期していた（一〇・七、二二）。陸軍部内には一部に首相のこうした遷延主義を排撃し、軍部要求通りの実現を早急に求める強硬論があり（一〇・二一、二二）、また、共同提案の詳細が公表されていなかったせいか、新聞はこの間に行政機構改革問題、とりわけ国策統合機関長官の無任所大臣化や省の廃合をめぐって、強硬な陸軍と消極的な内閣の対立を報じていたが（九・二九、一〇・五、七、一四）、寺内陸相、梅津美治郎次官ら陸軍首脳部は強硬意見を排して漸進主義をとった[20]。一〇月二〇日、閣議前に広田首相は寺内陸相、永野海相と会い、漸進的な行政機構改革の意向を説明、軍部両相は了解している（一〇・二一）。その結果、行政機構改革問題全体も、予算の成立のめどをつけた上で調査会でも設けて取り組みたいという広田首相の意向[21]に従う形で、中央制度の改革については馬場蔵相、頼母木桂吉逓相、前田米蔵鉄相、平生釟三郎文相の四相会議で扱われることに一〇月二三日閣議決定し、同時に行政機構改革を理由とする政変の噂を否定して首相の行革邁進と陸海相の首相への賛同、援助を表するコミュニケを発表した（一〇・二四）。

この時点での国策統合機関の権限に関する広田首相の意向について、一〇月二五日の『東京朝日新聞』は次のように報じている。

軍部側は国策統合機関を設置して国策の調査、統轄及びこれが予算の按配並に人事の調整を要求しているが、これは主計局の各省予算査定権、各省の人事の権限を侵さうとするものではなく国策に関係ある予算について各省間の斡旋統制をなし各省間の人事の融通性を拡大せんとするものと解しその趣旨に賛成している。[22]

広田首相は軍部の意図をこのように解していた。予算編成に関しては、九月一七日付の案が踏襲されている。一方で寺内陸相も、一〇月二五日観艦式陪観のため西下する車中で、「広田首相始め各閣僚は何れも熱心に国策遂行について研究努力して居る。……只今のところ自分としては広田首相が言って居る通りの事しか言へない立場にある。陸軍は決して政府と喧嘩をする積りはない。行政機構改革の如きも広田内閣できつと実現すると思つて居る」と語っている（一〇・二六）ことからして、陸軍首脳部も九月一七日付案の線で合意していたといえよう。一一月一日に寺内陸相は原田に向かって、新聞は軍部と内閣との間に疎隔があるように説き、離間中傷しようとするが、両者の間には何等の隔たりもないので、この間車中談として政府とは一心同体であると明らかにしたと語っているのは、このような経緯に基づくのである。[23]

一一月四日の第一回四相会議は九月二一日に首相宛提出された軍部案（九月一九日付案）を審議し、次回会議では陸海軍の次官を招致、軍部の説明を聴取することを決めた。しかし、それと同時に、軍部案に拘束されず広く一般に検討する必要ありと意見一致して、歴代内閣の企図した行政整理整備案、各政党が調査研究してきた案、民間で学者識者等によって作成されている案、及び内閣調査局案についても広く検討するとし、これら諸案を参考資料として内閣調査局に収集させ、第二回四相会議までに提出させることとなった（一一・五）。

海軍省臨時調査課資料中の一一月七日付陸軍省、海軍省連名「中央行政機構ノ整備改善ニ就テ（口述説明覚）」[24]は九日の第二回四相会議を前に作成された説明用原稿であろう。そのうちの「三、重要国務ノ綜合統制機関」の部分には、「本機関は重要国務の調査、立案、各省重要政務の統制審議及之に伴ふ予算の統制按配に関する事項を掌る　之が為内閣調査局情報委員会を改組強化し本機関に統合す」とあり、予算編成に関しては、重要国務関係を新機関に統制按配させ、主計局は大蔵省に残すという九月一七日の陸海軍主務者間の合意がここでも存続していることがわかる。[25] さらに海軍はこの軍部共同提案を絶対的とするわけでなく、四相会議でより適切な案が出れば受け入れるという柔軟な姿勢だったようである（一一・九）。

一一月九日の第二回四相会議に出席した梅津陸軍、長谷川清海軍両次官は中央行政機構改革問題に関する軍部の見解を説明したのち、陸海軍当局談の形式で九月二一日首相宛提出の軍部共同意見書全文を発表した。上述九月一九日付案そのままである。また、提案趣旨という形で、陸軍省、海軍省連名「中央行政機構ノ整備改善ニ就テ（口述説明覚）」も公表された（一一・一〇）。「国民一般に軍部案なるものの真相並に中央行政機構改革に関する提案の趣旨を知悉せしむる」ためとのコメントが付されているが、この間、軍部共同案をめぐって内閣と軍部の対立が報じられていたので、その誤解を正すという目的があったのだろう。

両次官は四相会議の席で、国策機関について軍部は予算にしても人事にしてもその基礎的大綱のみ研究することを希望する旨を明らかにしている（一一・一〇）。一一月七日に「口述説明覚」の形で再確認されている九月一七日付案の線を軍部の本意として公けにしたのであった。[26] この日の会議は軍部見解を長谷川次官が説明、梅津次官が若干の補足を行い、その後は自由な懇談に入っただけで終わったようである。政府・軍部双方が理解を深め、相当の収穫があったと報じられている（同右）。

ところが、一一月一六日に開かれた第三回四相会議は、国策統合機関「総務庁」を設けて内閣調査局、資源局、統計局、情報委員会を統合するが、法制局は別置、人事局、予算局は新設せず、予算管掌は現在のままということ、設置に伴う予算は一一年度追加予算として提出、明年度から実施ということで四相の意見一致を見た（一一・一七）[27]。ここまで基本案とされてきた九月一七日付案に比べると統合対象に資源局、統計局が新たに加わっている一方で、法制局、大蔵省主計局の別置は変わっていない。しかし、予算管掌については現状維持ということは、大蔵省主計局の予算編成に関する権限を変更しないということで、重要国策関係予算は新機関に統制按配させ、それ以外の予算編成業務は主計局に任せるという九月一七日付案とは異なることになる。会議後、四相の一人、平生文相は「統合機関は飽くまで総理大臣の強力なブレントラスト」であり、「予算も現在通り大蔵省でやって行けるものと思はれる」と語っている（一一・一七）[28]。

昭和一二年度予算編成が終盤にさしかかっていたこの時期、従来と変わらない大蔵省主計局による予算編成作業が進むと[29]、何も新機関と予算編成業務を分掌しなくとも、従来通り主計局に統轄させていても問題ないと考えられるようになったとしても不思議ではない。予算編成が大詰めを迎えていたので、次回の四相会議は一一月末或いは一二月上旬の予算案決定後とされた。

このように九月以来の行政機構改革論議では、日満財政経済研究会が提案した急進的な改革案は、軍部及び政界の中央で主導的地位を獲得出来ずにいたが、内閣調査局はこの石原プランの行政機構改革案の方向に支持を寄せていたのか、一一月一八日の同局調査官全体会議は、第三回四相会議の打ち出した総務庁新設案について「相当反対意見の多い結論」を得て、内閣首脳部に対して要求を出すことになった。それは、内閣調査局、資源局、統計局、情報委員会を寄せ集めても、積極的機能のないものばかりの集合であり、法制局、予算関係機関等のいずれかでも加えないと統合の実を挙げることが出来ない、というものであった（一一・一九）[30]。

ここには、大詰めを迎えつつあった昭和一二年度予算編成においても、それに先立つ重要国策の決定においても、自局が主要な役割を果たせずにいたことを踏まえて[31]、大蔵省主計局を自らに取り込まないと国策統合の真の成果を得られないという内閣調査局の主張が窺える。

この結論に基づき、内閣調査局は「国策ノ企画及統制機関ノ整備ニ関スル意見」[32]を作成したのだろう。本案は、首相及び国務各大臣を補佐するため、首相の管理に属し、重要国務に関する企画、統制を行う内閣国務庁を設け、無任所大臣または国務大臣兼摂の総裁の下[33]、総務局、企画局、監理局、情報局を置き、総務局を総務部、法制部、予算部に分かつというもので、現行の法制局、内閣調査局、大蔵省主計局、情報委員会の統合を前提としていた。資源局が統合の対象とされていないことを除けば、前出日満財政経済研究会考案の「緊急実施国策大綱」の行政機構案と類似している。

主計局の移管先である予算部は予算案編成を管掌事務とし、そこで作成した予算案は内閣国務庁が閣議に提出、同庁はまた重要政策の実施及び予算の施行を監理し、意見を閣議に提出するとされた。そのように変える理由として、従来の予算に関わる職掌及び予算編成方式への強い批判が述べられている。その要点は以下の通りである[34]。

一、予算は政府の諸方策の具体化であるゆえに、歳入、金融事情だけでなく、国際情勢、内外経済事情、社会事情等を考慮し、諸方策の優先度を按配してその総合調整を期する見地から編成されるべきであり、歳入、金融事情は予算の一側面を構成するにとどまる。

二、現下の財政非常時局では公債発行、金融が予算編成で重要な意義を有するとしても、それらは政府の予算編成方針樹立の際、予算編成担当部局と歳入、金融担当部局との間で連絡協調を図れば十分である。

三、現在の制度では予算編成が大蔵大臣の職権に属することとなり、他の国務大臣の国家財政に関する責任感を希薄化させた結果、予算編成に関する紛糾を常態化させる有力な原因となっている。予算の編成が各国務大臣の重大な補弼の職責の表明となることを明らかにするためにも本機関が専ら予算立案にあたることが必要である。

四、予算大綱の統制のみを国務庁に移したとしても、大綱と細目の区分は不明確であるだけでなく、大綱の統制そのものを不完全とさせるおそれがあり、予算編成全部の国務庁への移管が適当である。

一は従来の予算編成が税収、公債発行などの歳入や金融事情に過度に束縛されていたと批判し、それ以外の諸要因も考慮して総合的な見地からの編成を行うべきというのであろう。二では公債発行、金融事情と予算との整合性について述べて、予算編成部門（主計局）を歳入（主税局）、公債（理財局）、金融（銀行局）部門の存する大蔵省から分離することへの、予想される反対の機先を制している。三は主計局を大蔵省に置いてきたことによる弊害の指摘であり、各省割拠、予算分捕りへの対策として予算編成部局の内閣移管を正当化している。四では従来国策統合機関の権限問題で主導的だった重要国策関係予算の統制按配のみを新機関に移管するという議論を牽制している。

この提案は、重要国策の決定、昭和一二年度予算編成において、内閣調査局が主要な役割を果たせなかったことを自ら総括し、主計局を大蔵省から引き離し、自局に統合すること、それによって予算編成権を掌握することに今後の活路を見出そうとしていることを意味する。それはまた、同局がここまでの重要国策の選定や予算編成過程を通して、主計局が管掌していた予算編成の業務とそれに伴う情報や経験の蓄積の重要性を認識したということだろう[35]。

この時点で予算編成業務の扱い、主計局移管を基準に分類すると次の三つの案が揃ったことになる。

一、陸海軍合意案

九月一七日付案を基本とするもので、重要国策に関係する予算は新機関に統制按配させるが、大蔵省に主計局を残し、その他の予算編成業務を管掌させる。

二、第三回四相会議案

一一月一六日の四相会議で合意したもので、大蔵省主計局を存続させ、従来通り予算編成業務を全て管掌させる。

三、内閣調査局「意見」案

大蔵省主計局を新設される内閣国務庁に移管し、総務局予算部として予算編成業務全てを管掌させる。

第一案をより穏健な第二案と急進的な第三案が挟んでいるという構図である。

**註**

(1) 木戸幸一『木戸幸一日記』上巻、東京大学出版会、昭和四一年、四七一頁。
(2) 前掲『西園寺公と政局』第五巻一一三頁。
(3) 秦郁彦『軍ファシズム運動史』増補再版、河出書房新社、昭和四七年、付録資料三一七頁。
(4) 木戸日記研究会編『木戸幸一関係文書』東京大学出版会、昭和四一年、一八一頁。
(5) 七月三日の最初の国策閣議で、広田首相の提案により行政機構改革は重要国策決定後に着手することとなっている。決定した国策に対応するように機構を改革すべしという理由である（『東京朝日新聞』七月四日）。

（6）日本近代史料研究会編『日満財政経済研究会資料』第一巻、日本近代史料研究会、昭和四五年、五一－五二、七六－八〇頁、及び同巻所収の中村隆英・原朗「解題」四－五頁。
（7）前掲山村『昭和財政史』第二巻財政機関、資料Ⅰ三四一－三四二頁。
（8）前掲『日満財政経済研究会資料』第一巻七九頁。
（9）前掲『木戸幸一日記』上巻五四二頁、前掲中村・原「解題」二－三頁。
（10）「日満財政経済研究会業務報告書」（『現代史資料』第八巻日中戦争一、みすず書房、昭和三九年）六九六、六九八頁。軍務課員への説明を六九六頁では二〇日、六九八頁では二一日としている。
（11）石原プランの陸軍及び政財界での受容のあり方については、堀田慎一郎「二・二六事件後の陸軍」（『日本史研究』第四一三号、平成九年一月）三五－三七、四三、四六－四七頁参照。同論文では石原プランの受容と石原グループの政治的位置づけについて、従来の研究に対する批判が提起されている。
（12）大久保達正・永田元也・前川邦生・吉宗宏編『昭和社会経済史料集成』第二巻海軍省資料（2）、巌南堂書店、昭和五五年、四二二－四二四頁。
（13）他にも新機関の説明文として、一、法制局は本機関に統合しない、二、資源局統合の可否はなお研究必要、三、本機関は重要国務を管掌するコンパクトの機関とすることが必要で、内閣に存在する各種の事務機関は暫く本機関に統合しない、といったことが添えられている。また「本機関の長官」については「閣員に列せしむることを得」とのみ記されている（同右）。
（14）本書第三章第二節参照。
（15）前掲『昭和社会経済史料集成』第二巻四二四－四二六頁。但し、文意の変わらない範囲で若干の字句修正が行われている。九月一七日付案と九月一九日付案の変化、すなわち説明文の脱落についての解釈には従来の研究は二通りの説を示していた。御厨貴はこの変化は統合予定の現存機関名を具体的に挙げることを避けるためのもので、陸海軍間の見解の相違を糊塗するものであり、陸軍は海軍の現状維持的意図に納得していなかったという説で、陸軍は自ら主導権を握って石原プランに示された急進的な行政機構改革を実現すべく広田内閣に強く求めるという前提に立っている（前掲御厨「国策統合機関設置問題の史的展開」五七—五八頁）。一方、一七日付案は、広田首相に提出される一九日付案に含意されている具体的内容を陸海軍間で確認しあったものと見るのが池田順の見解である。すなわち一七日付案中の、新機関による予算の統制按配は国策遂行上の大局的見地からのものに限り、主計局の業務とは関係させず、同局は法制局、資源局と共に新機関に統合しないということは、陸海軍間の合意事項であるとしている（池田順「ファシズム期の国家機構再編」（『日本史研究』第二八八号、昭和六一年八月）三七—三八頁、前掲池田『日本ファシズム体制史論』三三頁、四〇頁註13）。

(16) 前掲御厨「国策統合機関設置問題の史的展開」五一、五七頁では、八月二五日の七大国策決定時に続いて、前述のように九月に入っても陸軍は主導権を握って石原プランに示された行政機構改革の実現を広田内閣に強く求めたとして、同月一九日の文書と二一日の陸海相共同提案を位置付けている。陸軍の漸進主義への転換は、共同提案後の広田首相の説得によるとしている（同右五八頁）。一方、前掲池田『日本ファシズム体制史論』三三—三四頁では、石原プランのいう行政機構の根本的改編が九月二一日の陸海相共同提案では棚上げされたのは、国務大臣と行政長官の分離についての憲法上の疑義や統帥権に関する考慮が軍部に影響を与えたためと見ている。すなわち、八月初めに寺内陸相は原田熊雄に少数国務大臣制、国務大臣と行政長官の分離といった石原プランにも通じる急進的な行政機構改革を広田内閣に期待すると述べつつ、憲法違反とならないかという疑問も口にしていて、原田から憲法学者の清水澄に相談するよう勧められると（前掲『西園寺公と政局』第五巻一二五頁）、すぐに清水に会おうとしている（同右一三二頁）。海軍省臨時調査課の九月一〇日付調査（「臨調資料秘第四四号　昭和十一年十月　国務大臣減員問題ノ考察（一一—九—一〇）　臨時調査課」（前掲『昭和社会経済史料集成』第二巻四九一—五〇八頁））にまとめられた当時の学界の多数説は、分離は違憲であり、例外としてのみ内閣官制第一〇条に基づく無任所大臣があるというものであった。

(17) 前掲『昭和社会経済史料集成』第二巻四七九—四八四頁。

(18) 本書第三章参照。

(19) 前掲『西園寺公と政局』第五巻一六一—一六二、一六四—一六五頁。

(20)　陸軍首脳部の行政機構改革問題についての漸進主義について、陸相との会談後の広田首相は九月二四日原田熊雄に「陸軍大臣も無理にこの内閣で全部なんでもかんでもやらなければ、どうのかうのといふわけではないらしい」との印象を語っている（同右一六五頁）。また、梅津次官は九月二一日の陸海相共同提案に関して、同月三〇日「この提案通りに改革しなければ一歩も退かぬといったものでは決してない……今提案してすぐに実行に移せといふのでは無理である」と声明し（『東京朝日新聞』一〇月一日）、寺内陸相も札幌での大演習からの帰途、留守を預かっていた梅津次官と車中にて打ち合わせた（同右一〇月一三日）。陸相不在中の重要問題の一項目として、梅津次官が寺内陸相に行政機構改革問題を説明し、同問題に関しては、実行容易なものから漸次改革していくことを陸相帰京後の方針とした）上で、漸次実行可能なものから具体化していく意向を固めている（同右一〇月一七日）。

(21)　前掲『西園寺公と政局』第五巻一六一－一六二、一六四－一六五頁。『東京朝日新聞』一〇月二一日。

(22)　『東京日日新聞』一〇月二五日も行政機構改革に関する「広田首相の裁断方針ならびに見透し」を以下のように報じている。「国策総合樹立機関に対する陸軍の主張は国策調査、同統轄予算の按排、人事の調節等を包含し法制局は入れていない、これに対し首相は四相会議で早急に成果を得れば明年度から実行しても好いとまでに考へている」。

(23)　前掲『西園寺公と政局』第五巻一七九頁。

(24)　前掲『昭和社会経済史料集成』第二巻五一四－五一六頁。前掲池田『日本ファシズム体制史論』三三三－三三四頁の指摘するように、本資料の「二、中央行政機構整備改善の方案」では国務大臣と行政長官の分離について、「概して憲法制定の趣旨上疑点ある」とされ、さらに「国務大臣と行政長官の責任の分界に困難なる問題あり特に陸海軍関係に於ては統帥、軍機軍令に関連する事項の取扱に関し困難大なり」とされ、分離制を採らず首相の行政各部統一の能力強化の機構として重要国務の総合統制機関を創設するとしていた。陸海軍はこの時点でも大臣・長官分離制をとらないことで合意していたのである。なお、海軍省側の見解は「一一月九日四相会議ニ於ケル次官説明参考資料　榎本書記官起案」（前掲『昭和社会経済史料集成』第二巻五一九頁）参照。

(25)　「中央行政機構ノ整備改善ニ就テ（口述説明覚）」は「重要国務の総合統制機関」の長官について、「本機関の長官をして閣の内外を問はず総理大臣に形影相伴ひ十分輔佐の責を尽すことを得しめ且所要に応じ国務大臣として内閣に列することを得しむ」としていて、この点でも九月一七日付の陸海軍の合意が存続していることがわかる。必要の場合に限って無任所大臣とするのである。九月一七日付海陸軍主務者協定「政治行政機構改善要綱」で「本機関の長官をして閣員に列せしむることを得」とのみあったのを詳しく説明したともいえよう。

(26) 国務大臣と行政長官の分離は憲法の精神に鑑み好ましくないとして採らず、現行通り一致させておく方が適当であると認識したこと、国策統合機関の長官は「閣員に列せしめることを得」とある通り、その長官の人物次第であり、国務大臣にするかどうかは実際問題にぶつかって決定すれば足りるということも陸海軍の意向として両次官より説明されている（『東京朝日新聞』一一月一〇日）。

(27) 前掲御厨「国策統合機関設置問題の史的展開」五九－六一頁では、海軍省臨時調査課資料所収の「中央行政機構ノ整備改善ニ関スル意見」は内閣調査局によって一一月一六日の第三回四相会議前に作成されたもので、内閣調査局はこれをもとに四相会議に強力に働きかけた結果、この文書は一一月七日付陸海軍「口述説明覚」とともに勘案されて第三回四相会議案が出来たとする（池田もこの文書について内閣調査局作成としているが作成時期及び四相会議への影響については言及していない（前掲『日本ファシズム体制史論』三四頁））。しかし、公刊された前掲『昭和社会経済史料集成』第二巻五三七－五六七頁所収の同「意見」には、作成者の明記はなく、「調査局（？・）」の書き込みがあるのみである。また、作成時期についても「昭和十一年十一月」とあるだけで何日かわからない。内容、字句の一部に内閣調査局作成とされる後述の「国策ノ企画及統制機関ノ整備ニ関スル意見」と重なるところはあるが、作成者、作成時期について確信が持てないため、ここでは「中央行政機構ノ整備改善ニ関スル意見」についてはあえて言及せず、内閣調査局の見解は「国策ノ企画及統制機関ノ整備ニ関スル意見」に見ることにする。後述の海軍の批判も「中央行政機構ノ整備改善ニ関スル意見」にいう内閣参議院ではなく、「国策ノ企画及統制機関ノ整備ニ関スル意見」にいう内閣国務庁に対して向けられている。

(28) 四相会議では総務庁の長官について、閣僚の兼任とせず専任長官をもってこれに充て、資格は親任官とする、閣議に列することは出来るが無任所大臣とするかどうかは未定とされたが、会議後の談話で四相の一人、平生文相は「自分は統合機関は飽くまで総理大臣のブレントラストであつて無任所大臣の必要はないと考へてゐる」と語っている（『東京朝日新聞』一一月一七日）。

(29) 本書第三章第三節参照。

(30) 新機関の長官について、内閣調査局の全体会議は、専任長官を無任所大臣とすべしとしていた（『東京朝日新聞』一一月一九日）。

(31) 本書第三章参照。

(32) 前掲『昭和社会経済史料集成』第二巻五二八－五三六頁。この書類の表紙に、「参考案として調査局長官より首相及四相会議に提出するもの」とあるのは、第一回四相会議が陸海軍以外の政党、民間学者、内閣調査局に求めた試案提出に応ずる形をとっているからと思われる。同じく「長官より岡調査官を通じ海軍大臣及次官に閲覧に供する様要望ありたり」として調査官より一一月二七日受取った旨記されているのは、同日の予算閣議で昭和一二年度予算案が了承されることになっており（『東京朝日新聞』一一月二七、二八日）、予算案のめどがたつとともに次回の四相会議が近日開催されるのを想定して内閣調査局が海軍側に本案を打診したものだろう。

(33) 「国策ノ企画及統制機関ノ整備ニ関スル意見」は、内閣国務庁の総裁を無任所大臣または他の国務大臣の兼摂とする理由について、「本機関の長をして克く右の職能を果さしむるが為には閣議と密接不離の間連《ママ》を有せしむるを必要とす従つて該長官が閣議に出席し意見を述べ得べき事は其の職責遂行上必要の条件なりとす之該長官を無任所大臣又は他の国務大臣をして之を兼ねしめんとする理由なり」とする（前掲『昭和社会経済史料集成』第二巻五三五頁）。

(34) 同右五三三頁。

(35) 当時の内閣調査局調査官の一人は、後日の回顧談として同局の提案を「総務庁」案としているが、大蔵省との関係を次のように語っている。「企画庁になるまではいろいろありましてね。総務庁というのもその一案です。これは、予算を大蔵省が持っているのはいかんじゃないか、予算をもっているのがどうしても官庁の中で一番強いんだから、予算をこっちに取らにゃあいかんという考え方から、総合的な総務庁という案を作った。しかし、大蔵省がなかなか強くて、これは実現しませんでした。調査局内部には総務庁にしようという意向が相当強かったんですがねえ。大蔵省だけで予算をともなう政策を決定すべきじゃあない、これは総合的に決めるべきだという」(前掲『昭和史の天皇』第一七巻二七二頁)。

## 第二節　予算編成業務の大蔵省存置と陸海軍の合意

上記三案のうち、第三の内閣調査局「意見」案は、予算編成の問題についてのみならず、国策統合機関問題全体に関して、ここまで閣僚間、陸海軍上層部でコンセンサスを得つつあった事項に対する包括的な批判を含んでいた。それだけに政府部内の合意形成に尽力してきた勢力は、この「内閣国務庁」案を厳しく批判する。

それは海軍省臨時調査課資料中の前出「国策ノ企画及統制機関ノ整備ニ関スル意見」への海軍担当者による書き込みからもうかがえるが、[1]同資料中の「中央行政機構改革ニ関スル調査局意見ニ対スル批判」(一一月三〇日付)及び「国策機関ニ関スル調査局案ニ対スル批判」(一二月三日付)[2]は海軍による正面からの批判であり、一一月三〇日の打ち合わせに基づき高木惣吉中佐が筆を執って一二月一日付案をまず作成、[3]三日付案に改訂し、ほぼ同文のもの(但し海軍省用箋に手書きからタイプされたものに変わっている)[4]を一二月五日、陸軍に提示したと考えられる。[5]

一二月三日付の批判の内容を予算編成に関する部分に限ってみれば、内閣国務庁に「予算案を編成し且重要政策案を起草して而も之等を閣議に提出し尚其の実施を監理せしめむとするか如きは首相を傀儡化せしむるのみならず、他の国務大臣と対立的立場を執り却て国務の運用を阻害するの惧大なり」とし、また「大蔵省主計局を併合して予算案を編成せしめむとするは適当ならず。共同提案の趣旨の如く予算の大綱の統制、按配を掌らしむる程度を可とす」と記していて、内閣調査局「意見」案のいうように予算編成全部を内閣国務庁に管掌させれば、結局再び予算中心に還元し、かえって同庁の国策機関たる本務を妨げることになるとして、重要国策関係予算のみ移すのにとどめることを求めている。

さらには、その理由として大蔵省より主計局を分離できたとしても、大蔵省各部局との密接な事務的連絡なくしては予算案を編成することは至難であると記しているのであった。この部分は、一二月一日付け案では、「仮令主計局のみを分離して内閣国務庁に編入し得たりとするも予算案の編成には主税、理財、銀行其他関係各局部との密接なる事務的連絡を必要とするを以て事実上至難」と、局名を明記する直接的な表現をしていて、内閣調査局「意見」案と正反対に予算編成過程での歳入、公債、金融部門との連携の重要性を強調し、予算編成担当部門がこれら関連部門と同一の省庁、つまり、大蔵省に存置されることを求めているのであった。

予算編成関係以外の部分でも批判が行われ[6]、内閣調査局「意見」案は、「該機関は名実共に首相の管理に属する『ブレーン、トラスト』たるべしとの陸海軍大臣共同提案の根本趣旨に副はざるものと認」めていて、海軍は、九月一七日付案（陸海軍共同提案）にあくまで固執する姿勢を崩していない。

他方、四相会議案は陸海軍合意案からの後退であるとして、陸軍から批判される。第四回四相会議を前にして、陸軍の見解は、第三回四相会議の案（法制局で「総務庁官制」案が準備され、第四回会議に提示されることになっていた（一二・二））では、国策予算審査を大蔵省主計局に従来通り管掌させる一方で、国策統合機関には現在内閣にある法制局以外の部局を寄せ集めただけで変わり映えがない、各省割拠主義を打破するため、国策統合機関に国策予算審査権を持たせないと創設の意義の大半が失われるというものであった（一二・四）。予算編成時に顕著になっていた各省割拠の克服という大義名分もあるが、陸軍としては行政機構改革を主唱してきた手前、従来通りというわけにはいかないのだろう。上記第一案、すなわち陸海軍合意の九月一七日付案の忠実な実現を求めたのであった[7]。

主計局のゆくえ、予算編成のあり方に各勢力が重大な関心を抱いていたことがわかるであろう。予算に関する権限の所在は国策の統合のあり方と不可分の関係にあるからである。

第四回四相会議では、法制局作成の「総務庁官制」案をもとに、そこに包含されるべき部局とその運用などについて協議される予定であったが、陸軍からはこのように国策予算審査権の付与が、また内閣調査局からは先に見たような予算審査権全体の付与が主張されていたので、陸軍の意向を考慮に入れて四相間で成案を得る努力が行われると予想されていた（一二・五）。

一二月五日に開かれた第四回四相会議では、国策統合機関の構成について、法制局作成案以外に内閣調査局案、陸軍の意向、内閣書記官長案[8]、民間学者の参考資料などの提出があったので、第三回四相会議案に再検討を加えることになったが、国策予算審査権付与の再考の余地が出来たことが報じられている（一二・六）。陸軍の意向に基づき、四相会議も九月一七日付案の方向で行く可能性が出てきたのであった。

予算編成業務全体の新機関への移譲を求める内閣調査局の主張、国策予算の統制按配の権限付与を主張する陸軍の間に立って、四相会議が陸軍の求める方向に傾いていく様子は、四相の一人、馬場蔵相の一二月五日の以下の談話に現れている。

　総務庁の拡充に関連して予算局をその内に統合すべしといふ意見もあるが、それは必らずしも現在の主計局をその儘総務庁に移して予算査定権をこれに譲れといふ意味ではないやうである。要するに国策に関連する概算をやらせようとするもので、最後的決定権を与えようといふのではない。然しそれなら別に予算局といふ一部局を設ける必要もないではないかと思ふ。結局問題は総務庁の権能をどの程度のものとするのがよいかといふことで、これに予算の査定権も法制の立案権も集中せしめることにするならば、その長官は総理以上の実権を握ることになり、却つて内閣の不統一を来たすことになるかも知れない（同右）。

副総理格の国務大臣の一方で大蔵省の行政長官でもある馬場の談話に、大蔵省の意向の反映を見るとしたら、同省は、重要国策関係の統制按配の権限を新機関に付与するが、主計局は大蔵省に存置して一般的な予算業務を行わせることで妥協を図ろうとしていると解することもできる。そこにうかがえるのは、重要国策の決定を含む昭和一二年度予算編成において、行政機構中の主導的役割を維持し得たことから[9]、こうした一部権限の譲歩ともいえることを行っても実質的には従来通りの予算編成を行えるという大蔵省の自信であろう。

第四回四相会議の前日、四日には創設以来の内閣調査局長官をつとめてきた吉田茂の辞任が決まり、調査官石渡荘太郎が長官心得に任命されていた（一二・五）。『東京朝日新聞』はこの人事に関して「右翼革新を主唱する軍部、内閣調査局とそれを出来るだけ牽制しようとする既成勢力」との対立を伝える（同右）[10]が、実際のところは、国策統合機関に関する内閣調査局の主張も陸軍に受け入れられず、長官としての鼎の軽重を問われた結果と思われる。先にも引用した一一月一日の寺内陸相の原田への話では、吉田は長官を辞めさせて洋行でもさせたい、とあることからすれば[11]、吉田が率いた内閣調査局の路線と陸軍首脳の考える方向との齟齬はすでに明白になっていたのであった。

他方で石渡の内閣調査局長官心得就任は大蔵省にとって大きな意味をもつ。彼は高橋財政下で主税局長をつとめ、馬場蔵相就任直後の三月一三日の人事で、内閣調査局調査官山田龍雄とポストを交換していた（のちに林銑十郎内閣結城豊太郎蔵相の下で主税局長に復帰、第一次近衛文磨内閣賀屋興宣蔵相下で次官となる）。それまで税務畑とはいえ大蔵省の中枢を担っていた人物が内閣調査局の事実上のトップとなったことは、権限の絡む問題を大蔵省に有利に導くには好都合であった。

第五回四相会議は一二月二八日に開催され、新設する総務庁の組織内容に関して協議を重ねて以下のような意見の一致を見た。すなわち、総務庁には企画局、資源局、統計局の三局を置き、国策関係予算の調整は企画局が司るが、一般予算事務は従来通り大蔵省所管とするということである（一二・二九）。組織編制では第三回四相会議案の、予算編成業務の配分では九月一七日付の陸海軍合意案の要素を取り込んでいて、軍部、とりわけ陸軍と四相会議の妥協の産物といえよう[12]。

第六回四相会議は年明け昭和一二年一月一二日の閣議終了後に開かれ、国策統合機関の要綱について、四相間で確認が行われた。その結果、要綱をもとに法制局で成文化、首相、軍部両相に示して同意を得た上で、閣議決定したのち、一二年度追加予算として議会に提案する手はずとなった。要綱では、総務庁は首相に直隷するとされ、内閣調査局、資源局、統計局を統合して企画、資源、統計の三局に分かつとともに、総合的国策企画機関として、重要国策に関する予算及び数省にわたる予算を統一検討し、同時に設けられる帝国経済会議の幹事役とするとされている。大蔵省主計局は現在のままとされた[13]。

四相会議のこの決定は、ここまで急進的な改革案を唱えてきた内閣調査局にとっては、いわば敗北を意味するものであった。翌一三日の内閣調査局全体会議の様子を当時の調査官和田博雄はその日の日記に次のように記している。四相会議の案を仕方ないとして、内閣調査局の権限の確保を求めているのである。

十時より調査官全体会議。議題は行政機構の改革に関する四相会議案に対する当局の態度である。秘密取引に類する四相会議の案を真面目に検討する気にもなれないが、いまの政治状勢としては四相会議の案の方向に沿ふていくより仕方なしとの意見有力にして結局、一、現在の調査局の権限は之を減少せざること、二、予算大綱の統制整理の権を調査局に与ふること、三、帝国経済会議の庶務は当局の専管とせざること、の意見を提出することに決定す[14]。

しかし、このような国策統合機関問題における内閣調査局の敗北は予期されていたといえる。なぜなら、最大の政治勢力となっていた陸軍の首脳部は抽象的理念とは別に、現実の政治過程から自らの利害に関わる成果を学び取るだけの政治的成熟を遂げているはずだからである。すなわち、国策統合機関の権限をめぐる各勢力間の角逐と並行して一二年度予算編成が進んでいたが、前年度に比べ飛躍的に増大させた予算の要求に関して、陸軍は大蔵省主計局との事務折衝を進め、一一月二七日の予算閣議を前に、同月二二日の大蔵省議の段階ですでに一二年度予算概算案はまとまるようになっていたのであった（一一・二三）[15]。高橋財政下にあったような予算編成過程での紛糾、衝突すなわち各省割拠の露顕もなく、膨大な国防予算という成果を得ることができたのである。

こうした大蔵省主計局との交渉での要求の円満実現を前にすれば、国策統合機関に主計局を移管して予算編成すべてを管掌させるという内閣調査局や石原グループの急進的な改革案をあえて採らなくても、陸軍の望む国防計画の実現が図れることがわかるはずである。一二年度予算編成で行った内閣による重要国策先議方式を定着させる形で[16]、形式上は重要国策予算のみ新機関に統制按配させて、あとは従来通り大蔵省主計局と予算折衝すれば何の問題もないのであった。政策実現を目指し、そのための予算の獲得を最優先する行政官庁にとって、要求した予算を満足する形で承認してくれるシステムを大きく改変しようとするには、よほど大きなインセンティブが必要なはずである。内閣調査局や石原グループの構想は、行政官庁としての陸軍省を預かる軍部首脳にそうした動機付けを与えるだけの力を持ち合わせていなかったといえよう。[17]

さて、第六回四相会議を受けて、馬場蔵相は一月一五日の閣議後、広田首相にその結果を報告し、一九日の閣議では、四相会議の審議経過を報告、了解を求めている。[18] 成文化された「総務庁官制」案[19]では、総務庁は首相の管理に属し、重要政策及びその予算に関する事項、人的及び物的資源に関する事項、統計に関する事項、並びに中央経済会議の庶務を管掌し、庶務課及び企画局、資源局、統計局の三局が置かれることになっていた。そして、企画局の管掌事務として、重要政策の調査企画とともに、「重要政策に関する予算の調査及統制に関する事務」が定められている。これは一般的な予算編成業務は従来通り大蔵省主計局で行うということが前提となっているのは言うまでもない。予算編成の問題に関して、九月一七日付案の陸海軍合意がここまで反映されていることになる。

総務庁がこの官制に基づいたとき、実際にはどのように運営されるかは、海軍省臨時調査課が一月一四日付でまとめた「総務庁と帝国経済会議（私案）[20]」から推測できる。これは、第五回及び第六回の四相会議での確定案をもとに、新機関の構成と運用についての見解をまとめたものと考えられる。そのうち総務庁の権限の部分の記述はすべて予算編成のあり方に充てられた。すなわち、同庁は首相の諮問機関として各省重要政務の統制審議並びに国策に関連する予算の討議、統制、按配を行う、予算案は蔵相を経て閣議に上程されるにしても、その作成には大蔵省案を総務庁で一応再検討し、修正意見を付して大蔵省に返還、大蔵省はこれを参考にすべきだが、拘束される義務はないとする、というものである。加えて、こうした方式をとる理由として、予算が小規模で国策が一定している時代は予算の編成は会計法上の事務で足りたが、三〇億円の大予算時代には、予算の按配を国策的基準と結合しなければ、各省の分捕り主義、あるいは総花主義に陥って不当に国民の経済力を搾取するからと述べられている。

これは昭和一二年度予算編成過程で行われた重要国策先議と予算編成方式の改革、すなわち内閣調査局が国策関係予算に意見をはさむことはあっても、編成業務の中心的役割は大蔵省主計局が従来通り担うという方法[21]を定式化するということである。内閣調査局官制では同局の事務として「特に内閣総理大臣より命ぜられたる重要政策の審査」としか規定されていなかったのが、「総務庁官制」案では具体的に「重要政策に関する予算の調査及統制に関する事務」と定められることになるが、重要国策先議で内閣調査局は各省国策案の選定や要求額の査定にさしたる役割を果たせなかったことを踏まえれば、大蔵省主計局の査定が各省政策案実現の関門となるのに変わりはないであろう。

こうした漸進主義はこの「総務庁と帝国経済会議（私案）」の以下のような「結語」に如実に現れている。「何事も一時に多くを望むは反て皆滅の基となる。……先づ現在内閣調査局の一歩前進過程として、調査と国策企画立案の二部に分化し、企画部を更に分化して……之等を総務庁長官下に置きて……予算の検討を試験的に行ふて一応その成績を見るべきである[22]」。

総務庁がこのまま実現していれば、昭和一二年度予算編成の実態からしても、おそらくこの海軍省臨時調査課の想定した方向に沿って運営されたであろう。しかし、周知のように広田内閣が腹切り問答をきっかけに総辞職し、宇垣一成への大命降下、石原グループの林銑十郎擁立工作、板垣征四郎陸相案の失敗と石原グループの撤退、林内閣の成立と政局が変転する中、総務庁設置に関しては、資源局をめぐって陸海軍間に亀裂が生じ、結局資源局は統合せず、内閣調査局の拡充という形で五月、企画庁が成立する。企画庁官制（昭和一二年五月一四日勅令一九二号[23]）を見ると、「総務庁官制」案にない、いくつかの変更点がその権限部分に見られるが[24]、予算編成に関しては、国策統合機関の管掌事務を重要政策の調査、企画とともに「重要政策に関する予算の調査及統制」とするよう海軍が重ねて要望したこともあり[25]、「重要政策に関する予算の統制に関し意見を具へて内閣に上申すること」となって[26]、「総務庁官制」案の線が守られることになる。

この官制に従って、予算編成において企画庁が具体的にはいかなる役割を果たすことを期待されていたかは、企画庁官制の枢密院審査での林首相をはじめとする政府当局者の発言によって明らかになる。四月三〇日、五月一日、三日と行われた枢密院審査では、企画庁官制第一条に掲げられた同庁の四つの権限のうち、とりわけこの予算にかかわる権限が重要な論点のひとつとなっている。なぜならそれは「各種重要政策の事実上の運命を支配する所の予算[27]」に関わる権限であり、大蔵省との関係が問題となるからである。

重要政策の決定と予算編成の関係を問う南弘枢密顧問官の質問に対して、結城豊太郎蔵相は企画庁が大蔵省主計局と常に連絡をとっていればやっていけると述べている[28]。賀屋興宣大蔵次官も、近時各省要求額が増大する中で、大蔵省は予算編成にあたって国家全体の立場から政策の緩急先後を考えないといけないが、企画庁が各省から提出された個々の政策の整理をやってくれれば、大蔵省の予算編成にとっても企画庁はあった方がよいと語っている[29]。

また、国策は予算に計上されて実施されなければ意味がない、国策の決定は予算編成時でなければできないだろうと改めて尋ねる南顧問官に対して、賀屋次官は次のように答えている。

企画庁の重要政策の決定は、抽象的の決定ならば部分的に出来るが、予算に計上するものは大蔵省と十分に連絡を取り、大蔵省で明年度はどの位の予算にするといふことを予め企画庁に通知し、之に依つて企画庁は政策を決定することになると思ふ、又大蔵省として此の位と考へたものを企画庁に於て各省の意見を聞いて、此の位の事は出来るといふ事になれば相方《ママ》の意見が纏つて予算の総額は決ると思ふ。従つて予算を伴ふものは結局予算と同時でなければ決定出来ぬと思ふ[30]。

大蔵省が予算編成方針を決めて企画庁に伝え、同庁に各省の意見を聞かせるが、政策の取捨選択の最終的決定は従来通り予算編成時に行われるということである[31]。ここに見られるのは、広田内閣下の重要国策選定や昭和一二年度予算編成で内閣調査局に対して優位を維持しえたことに基づく大蔵省の自信であろうか。そこで内閣調査局が実際に果たした程度の役割を想起するなら、企画庁にもその程度のことを認め官制に記したとしても、予算編成業務に関する行政機構中の要は大蔵省主計局であることは変わらないということであろう。

先の内閣調査局「意見」案や日満財政経済研究会から昭和一二年二月改めて提起された「国策要綱」中の行政機構改革案[32]に見られるような、国策統合機関への大蔵省主計局移管による同機関の予算編成業務全面掌握という構想などは、考慮の対象とはなっていない。

また、企画庁の総裁は各省大臣の兼任となり（企画庁官制第二条[33]）、初代総裁に結城蔵相が就任する[34]。林首相は、常に蔵相が兼任するのがよいかどうかは研究が必要としながらも、蔵相が企画庁総裁を兼ねる利点として、「企画庁で考へる事は多くの場合経費を要する。大蔵大臣が兼任すれば企画庁を制肘《ママ》することもあり得るが、実際には都合の良い事もある[35]」と述べ、「予算の全面を見透してゐる大蔵大臣が、企画庁の意見を制御する事も出来良い点もある[36]」ということを明言している。蔵相が企画庁総裁を兼ねることで予算を伴う重要政策の決定が滞り少なく進行することを期待しているのであるが、それは予算編成業務における大蔵省の企画庁に対する優位を意味していると言える。

蔵相が企画庁総裁を兼任できない場合に大蔵省が企画庁内部で影響力を行使しうる手段も考案済みであった。

企画庁官制第四条は「企画庁に常任参与を置き常時庁務に参与せしむ　常任参与は内閣総理大臣の奏請に依り各庁勅任官の中より内閣に於て之を命ず」となっていて、企画庁を常時監査する常任参与の地位が設けられているが、同官制公布の前日五月一三日の閣議で決定された「企画庁官制制定ニ当リテノ閣議了解事項」[37]では、「企画庁常任参与（常任委員の職名は職務の性質及参与との関係上之を常任参与と改めたり）は大蔵大臣が総裁となる場合には内閣部内の勅任官を以て之に充つるも大蔵大臣以外の各省大臣が総裁となる場合には大蔵省勅任官をも之に充つること」とある。蔵相が総裁を兼摂しないときは、ここに大蔵省幹部を送り込んで企画庁を監督しうるのである。

この点について、枢密院審査で林首相は、「企画庁に常任参与なるものを置き、権限の密接する諸官庁の勅任官を之に任じて其れとの連繋を保たしむると共に之との抵触を避けしむることと致し其の運用の円滑を期して居る[38]」と説明しているが、具体的には川越丈雄法制局長官が述べるように、重要政策の法制化や予算化の際に予想される摩擦を避けるために法制局の部長や大蔵省主計局長を常任参与に任じること、すなわち「企画庁総裁が大蔵大臣以外の場合は主計局長を常任参与として、主計局と十分連絡を図らしめる」[39]ことが想定されていたのである。蔵相が離れれば主計局長が代わって大蔵省の立場から企画庁を掣肘するということである。

実際にも「企画庁職員録[40]」を見ると、昭和一二年五月一四日現在では総裁を結城蔵相が兼ねているので、法制局参事官二名（同局第一部長と第二部長）と資源局事務官（同局総務部長）、情報委員会事務官が「常任委員」（常任参与の間違いであろう）として名を連ねているが、第一次近衛文麿内閣下の同年七月一日現在では総裁は広田外相の兼摂となって、常任参与には前出の四名に大蔵省主計局長が加わっている。

もちろん大蔵省に主計局は残り、主計局管掌事務の筆頭に「総予算総決算に関する事項」を挙げる大蔵省官制[41]、同局予算課管掌事務の筆頭に「総予算の調製に関すること」を挙げる大蔵省分課規程[42]が変更されることはないのであった。

こうして、広田内閣期の予算編成業務をめぐる権限争いは、林内閣期に至って、重要国策関係予算の統制に関する一部の権限を国策統合機関に認めることで決着し、主計局の移管や、大蔵省から予算編成権そのものを奪うことは実現しなかった。軍部、とりわけ陸軍が強く行政機構改革を唱える中、高橋財政下での各省割拠、予算分捕りへの批判が起こり、重要国策先議が試みられたこの時期に、主計局が大蔵省内で存続し、同省が行政機構中の要となる予算編成が維持されたのである。それには、主計局移管を唱えた石原グループ・日満財政経済研究会や内閣調査局の力不足がありつつも、陸海軍間の合意が維持されたことが大きいといえよう。そしてこうした結果をもたらす背景には、昭和一二年度予算編成と重要国策先議において、内閣調査局の介入にもかかわらず、大蔵省主計局こそが行政機構中の中心的役割を果たし得たことがあったのである[43]。

## 註

（1）前掲『昭和社会経済史料集成』第二巻五二八－五三六頁所収の「国策ノ企画及統制機関ノ整備ニ関スル意見」には、標題の右に「本案は首相「ブレーン」に徹底せず国策の立案実施上国務大臣と対立的立場を執らんとするものにして陸海軍大臣共同提案と其の思想に於て相違あるものと認むるを以て之れが取扱振りに関しては慎重なる考慮を要す」という書き込みがある。また「本機関の設置に依り法制局、内閣調査局、大蔵省主計局及情報委員会は之を廃止するものとす」の「大蔵省主計局」の「大」の字の右肩に×が付けられている。ほかにも多くの書き込みがなされている（同右六五〇－六五二頁）。

（2）前掲『昭和社会経済史料集成』第二巻五九三－五九六頁。

（3）「高木惣吉関係文書」（国立国会図書館憲政資料室所蔵）二、日記、昭和一一年一一月三〇日、一二月一日。一一月三〇日の条によれば、打ち合わせ出席者は軍務局第一課長（保科善四郎大佐）、臨時調査課長（岡敬純大佐）、阿部嘉輔大佐（一二月一日付で内閣調査局調査官から臨時調査課長に就任）、高木中佐、内閣調査局に調査官として出向していた岡新大佐である。

（4）前掲『昭和社会経済史料集成』第二巻六二八―六二九頁。

（5）同右六五二頁注215。

（6）新機関の長官に関して、海軍による内閣調査局「意見」案への批判は次のようなものである。同案による内閣国務庁は形式的には首相の管理下にあっても実質上内閣直属の企画・統制機関として、予算案を編成、重要政策を起草してこれらを閣議に提出、その実施を監理するというのは、首相を傀儡化させるだけでなく、他の国務大臣と対立的立場をとり、かえって国務の運用を阻害するおそれが大きい。「従つて総裁を無任所大臣とし又は他の国務大臣をして兼ねしむるを建前とするは適当ならず要は閣議に列するの資格を与へ又時宜に依り閣員に列せしむるを得とする程度を可なりとす」（同右五九五頁）。新機関の長官を無任所大臣または他の国務大臣の兼摂と明文化するのでなく、「時宜に依り」無任所大臣とできるようにしておけばよいということである。

（7）前掲池田『日本ファシズム体制史論』三五頁は、新機関の長官の地位について陸海軍間に思惑の相違があり、陸軍は長官を無任所大臣としてそこに陸軍に都合のよい平生文相を入れ、「首相の代わりに行政各部の指導をおこなわせることで陸軍が牛耳を執ろうとする思惑」を有していたとする。その根拠としているのは一一月一日の寺内陸相の原田熊雄への「吉田は長官を辞めさせて洋行でもさせ、そしてあすこに平生を無任所大臣にして持つて行つてやらせたい」、「やはり誰か指導する閣僚を物色しなければならん。さうして所謂行政改革なんかをやらなくちゃあならん。それにはやつぱり平生がいいんぢやないかと思ふ。で、彼なら自分もよく話ができる」という談話である（前掲『西園寺公と政局』第五巻一七九頁）。しかし、平生は「大臣を辞めて、その機関の長官になる」と述べている（一一月四日広田首相の原田への談話。同右一八四頁）のに加えて、先に見たように一一月一六日の第三回四相会議の後、「自分は統合機関は飽くまで総理大臣のブレントラストであつて無任所大臣の必要はないと考へてゐる」と公言している（『東京朝日新聞』一一月一七日）。一一月二六日に近衛文麿とともに平生に招かれた原田は、今度出来る総合機関の長官になった場合の注意を平生に話しているが、「結局文部大臣は『自分は大臣を辞して、要するに総理のブレインになるつもりで、今の調査機関局でなく、どこまでも総理を立てて行くものにしよう』といふ考であるらしい」と述べている（前掲『西園寺公と政局』第五巻一九五頁）。このように見てくると、一一月一日の寺内陸相の発言をもって陸軍は一貫して新機関の長官を無任所大臣にしようと考えていたとは断言できないだろう。「陸軍と具合のいい連中」のうちの一人（一一月四日広田首相の原田への談話。同右一八四頁）と見られていた平生は、無任所「大臣」として新機関の長官になるつもりはなかったのである。新機関の長官に関してここまで見てきたように、陸軍は海軍との合意の範囲で、必要な場合には無任所大臣となしうる程度でよいと考えていたのであり、一一月一日の寺内陸相の発言も無任所大臣よりも平生を新機関の長官にすることに重点をおいて解釈するほうがよいだろう。そうすれば平生の一連の発言も無理なく理解できる。

（8）　大久保達正・永田元也・前川邦生・吉宗宏編『昭和社会経済史料集成』第三巻海軍省資料（3）、巌南堂書店、昭和五六年、一四一一八頁の「国策統合機関ニ関スル件・光延情報委員会事務官」の項に収録されている「国策統合機関設置ト之ニ伴フ内閣諸部局ノ改組」が藤沼庄平内閣書記官長提出の案であろう。但し一一月一九日付の試案となっている。法制局、内閣調査局を統合して国務局をつくり、法制、調査及び二省以上に関係する予算の按配、既定経費の検討を行うという内容である。本資料には海軍省臨時調査課関係者の手で「書記官長の権限強化の色彩濃厚なり」という書き込みがなされている（同右五六三頁）。また、本案をまとめるに際して内閣官房内で検討された試案が「国策統合機関（企画庁）設置の件」（「内閣総理大臣官房総務課資料」（国立公文書館所蔵）二A－四〇－資七）に収められている。なお、これ以外にも次田大三郎法制局長官が「総務庁設置ニ対スル意見」を残している（太田健一・岡崎克樹・坂本昇・難波俊成『次田大三郎日記』山陽新聞社、平成三年、一五五－一五六頁）。

（9）　本書第三章参照。

（10）『東京朝日新聞』一一月六日の社説「統合機関の行悩み」も、「四相会議に基く法制局案に対し、調査局及び陸軍の目ざす所は、予算、人事の双方に亙る権限」を国策統合機関に付与することである、として陸軍、内閣調査局の一体化と四相会議、内閣との対立を分析するが、現実はそのようには動いていない。むしろ『東京日日新聞』一二月六日が記すように、内閣調査局を「ひと頃熱心に支持していた軍部も、近頃ではどうやら秋風気味になった」のであり、さらに同紙一二月七日は、吉田の辞任は「新官僚群が現在の軍部最高首脳部の心底を見とどけ、一応広田内閣と絶縁するとの意思表示を闡明したものである」と評しているが、陸軍首脳部と内閣調査局との関係についてはこちらの方が近いのであろう。

(11) 前掲『西園寺公と政局』第五巻一七九頁。

(12) 軍部の要望を容れて総務庁とは別個に内閣直属の人事局を新設することになった(『東京朝日新聞』一二月二九日)。

(13) 『東京朝日新聞』昭和一二年一月一三日。要綱では総務庁の総裁については、「総裁は親任官とし内閣官制十条を運用して無任所大臣として『特旨に依り国務大臣として内閣員に列せしめられる』精神で総裁たるべき人物の如何に依り首相は右官制の運用に依つて内閣に列せしめ自由にその経綸を発揮せしめるものとす」とある(同右)。これは新設する総務庁の官制では総裁を無任所大臣とするとは規定せず、必要な場合には首相が内閣官制第一〇条の運用によって行うということであろう。前出の陸海軍両省連名の「中央行政機構ノ整備改善ニ就テ(口述説明覚)」における「重要国務の総合統制機関」の長官についての文言をわかりやすく言い換えたようになっており、この時点でも九月一七日付合意が存続しているのがわかる。

(14) 「和田博雄関係文書」(国立国会図書館憲政資料室所蔵)四七三、日記・手帖、昭和一二年一月一三日。

(15) 先にも記したように、広田内閣期の主計局移管、予算編成権問題を考察するには、その時期の予算編成が実際にどのように行われ、どんな問題をはらんでいたかを踏まえることが重要であろう。昭和一二年度予算編成では内閣による重要国策先議など新方式が試みられているが、ここでは陸軍予算の取り扱いのみまとめておく(なお、本章第三章第三節も参照のこと)。七月一四日の閣議で寺内陸相は重要国策のひとつとして、一二ヶ年の新国防充備計画の大綱を書面で提出、前半六年間に三〇億円内外の経費を要し、航空兵力拡充、在満兵力充実、内地兵備改善、作戦資材整備を目的とするものであった(『東京朝日新聞』七月一〇、一五日)。この大綱をもとに陸軍は、国民生活安定を考慮し、庶政一新断行に便宜を与えるため単価の切り下げ、後年度への繰り延べなどで節約して極力膨張を抑えることを試みた上で、圧縮の余地ないものとして（同右八月一六、二〇、二二日、九月一二日）、基準予算三・三億円に上記国防計画に基づく新規要求額を加えた合計八・二億円の一二年度予算概算案を作成、九月一五日に大蔵省に提出している。その際、六ヶ年の国防計画三〇数億円を継続事業として年度割を含めて一括承認することを求めた（同右九月一六日、一〇月一三日）。一方、大蔵省主計局は単価引き下げ、繰り延べ、既定経費の節約など陸軍に重ねて節減を求めた（同右一〇月一五日）。また、大蔵省は明年度分のみとりあえず承認し、一三年度以降分は大蔵、陸軍両当局間の了解事項として取り扱おうとしたが（同右一一月二日）、陸軍予算中の重点である航空兵力増強、在満兵力充実の重要性は大蔵省も認めていたので、陸軍省側も国防充備計画の根幹は譲歩の余地なしとしても、それ以外の部分では財政当局への協力を惜しまないとした（同右一一月九日）。但し、大蔵省は六ヶ年計画を議会に提出する継続事業でなくあくまで両省間の了解事項として一括して考慮するとし、また、軍政事項については項目、経費を厳しく査定しつつ、作戦兵力に関わる軍令事項は項目承認、経費査定とするという方針で、内地兵備改善、作戦資材整備を厳しく査定するとしていた（同右一一月一五日）。一六日に内示された大蔵省査定案（同右一一月一八日）に対し、陸軍は査定案では新国防計画を実現できないとして、同計画実現を復活要求の最低線として梅津次官を先頭に陸軍省軍務、経理両局が大蔵省と折衝を行い、予算閣議前の妥結を目指した（同右一一月二〇日）。その結果、一二年度陸軍予算は七・二億円とすることで両省事務当局間の交渉が成立し、二二日の大蔵省議に諮られている。大蔵省は現下の国際情勢、殊に極東での関係諸国の軍備を考慮して新国防計画の大綱を承認した上で、同計画中、在満兵力の充実、航空兵力の拡充については相当程度陸軍側要求を承認する一方、作戦資材整備の一部の一年繰り延べ、内地兵備改善の節減で陸軍側が譲歩したのである。また、国防計画の一括承認については、内地兵備改善、作戦資材整備に関する経費は六ヶ年又は七ヶ年の継続事業として年度割を議会に提出、在満兵力充実及び航空兵力拡充関係経費は大蔵、陸軍両省間の了解事項として承認ということで妥結している（同右一一月二三日）。一七日の予算閣議に付議された一二年度予算大蔵省原案は、異議なく承認された（同右一一月二八日）。

（16）本書第三章参照。

（17）こうした文脈の上にたってこそ、広田首相が九月二一日に寺内陸相、永野海相から行政機構改革の共同提案を受けたあと、原田熊雄に対してこの問題での陸軍の漸進主義の認識を示した上で、「まあ要するに陸海軍の予算が重大な問題だ」と語っている（前掲『西園寺公と政局』第五巻一六五－一六六頁）のも理解できるであろう。

（18）『東京朝日新聞』昭和一二年一月一六、二〇日。

（19）前掲『昭和社会経済史料集成』第三巻五〇－五三頁。内閣所属職員官制案などとともに、一月一六日蔵相から海相に手渡されている（同右四八頁）。総裁は親任官とされ（第七条）、「内閣総理大臣の指揮監督を承け庁務を統理し所部の職員を指揮監督し判任官の進退を専行す」（第一〇条）とされている。無任所大臣や他の国務大臣の兼摂とするとはされていない。前出の第六回四相会議で確認された要綱に沿っている、すなわち前年九月以来の陸海軍合意が存続しているのである。

（20）前掲『昭和社会経済史料集成』第三巻二三三－三三二頁。

（21）本書第三章参照。

（22）前掲『昭和社会経済史料集成』第三巻三二一頁。

（23）石川準吉『国家総動員史』資料編第三、国家総動員史刊行会、昭和五〇年、二二一－二二三頁。

（24）企画庁官制を内閣調査局官制と比べると、文言上は前掲御厨「国策統合機関設置問題の史的展開」七三頁のいうように「調査局よりも一段と閣議への影響力を強めているのが特徴である」のかもしれないが、実際のところは、本文にいう予算編成に関する権限の場合に明らかなように、内閣調査局に「従来実質的に認められていた権限を官制のうえに『直接的且積極的』に規定したにすぎない」（前掲池田『日本ファシズム体制史論』三七－三八頁）といえよう。池田著三七頁は、企画庁官制には内閣調査局と陸軍の意向が汲み入れられているとしているが、内閣調査局の前出「国策ノ企画及統制機関ノ整備ニ関スル意見」が内閣国務庁の管掌事務としたことは、重要政策案・法律命令案の起草と閣議への提出、重要政策の実施・予算の施行の監理と意見の閣議への提出などである（前掲『昭和社会経済史料集成』第二巻五二九頁）。つまり、重要政策、法律命令、予算を自ら起案することが主眼となっている。それに対して企画庁官制第一条では、「内閣総理大臣の命に依り」重要政策案を起草する、「各省大臣より閣議に提出する」重要政策案を審査するとされ、予算についても起案は認められていない。内閣調査局の意向が考慮されたとはいえないだろう。

(25)「国策統合機関設置案要綱ニ関スル意見（一一、三、一三）海軍省」（前掲『昭和社会経済史料集成』第三巻一二五－一二六頁）、「昭和十二年四月十日閣議決定林内閣ノ政策ニ対スル海軍関係部分ノ具体的政策ニ関スル件仰裁」（同右一七二－一七四頁）。

(26) 四月一九日閣議決定に基づく法制局長官への国策統合機関設置案起案命令（前掲「国策統合機関（企画庁）設置の件」所収）中の「国策統合機関設置案（内閣調査局改組案）要綱」（その抜粋が「国策統合機関設置案要項（摘記）閣議決定」（前掲『昭和社会経済史料集成』第三巻二二四頁）である）では、企画庁官制第一条とほぼ同じ文章で新機関の管掌事務を規定したあとに、「各省は重要政策に関する予算概算書を大蔵省に提出すると同時に企画庁にも提出するものとすること」という一文が添えられている。この部分は企画庁官制第一条にはないが、昭和一二年度予算編成での重要国策先議に際しては、昭和一一年六月一六日付の内閣書記官長、大蔵次官連名の各省次官宛通牒で重要国策関係資料は閣議に提出するとともに、大蔵省にも送付することとしていた（大蔵省昭和財政史編集室編・西村紀三郎執筆『昭和財政史』第三巻歳計、東洋経済新報社、昭和三〇年、資料Ⅰ六二五頁。本書第三章第一節参照）。官制に規定しなくとも通牒で間に合うため削除したか。しかし、閣議に提出するとともに大蔵省にも送るというのでなく、大蔵省に提出するとともに企画庁にも送るとなっていることから、予算編成業務に関しては企画庁ではなく大蔵省が行政機構中の中心と考えられていたことがわかる。

(27)「枢密院ニ於ケル企画庁官制審議経過」（前掲「国策統合機関（企画庁）設置の件」所収）中、四月三〇日審査冒頭の説明での林首相の言。

(28) 前掲「枢密院ニ於ケル企画庁官制審議経過」五月一日。予算編成をめぐる大蔵省と企画庁の関係については、すでに昭和一二年四月一七日、企画庁総裁兼任が予定されていた結城蔵相が、企画庁の仕事のうち予算に関係するものは大蔵省と連絡をとり、協調して行うと語っている（『東京朝日新聞』昭和一二年四月一八日）。

(29) 前掲「枢密院ニ於ケル企画庁官制審議経過」五月一日。川越丈雄法制局長官（前大蔵次官）も、近時重要政策が多数となってきたので大蔵省と各省の予算折衝前に政策案の整理を企画庁に行わせると語っている（同右五月三日）。
(30) 同右五月三日。
(31) 大蔵大臣の権限と企画庁との関係を問う荒井賢太郎審査委員長（元大蔵省主計局長）に対して、川越法制局長官は企画庁の重要政策に関する意見は閣議の参考であるから蔵相の予算編成の権限に抵触することはないと答えている（同右）。荒井、川越という元大蔵官僚同志の間の問答である。
(32) 前掲『日満財政経済研究会資料』第一巻三二三―三二六頁。そこでは総務庁に企画局、予算局、考査部、公務局、法制局及び資源局を設け、予算局に大蔵省主計局を移管して国策的見地に立って予算の編成に当たらせることのみならず、同省銀行局、預金部、外国為替管理部を一括、権限を拡大して金融省とすることも提起し、それによって大蔵省の権限を「著しく縮小し事務的のもの」とすることが想定されている。また、少数国務大臣制、国務大臣と行政長官の分離を唱え、総務庁長官は国務大臣のうち一名に兼任させるとある。
(33) 枢密院審査で林首相は、企画庁総裁を各省兼任として「別に所謂無任所大臣を置かざるを相当と考へた」（前掲「枢密院ニ於ケル企画庁官制審議経過」四月三〇日）理由として、総裁が閣議に出て説明できないと不都合である一方で、無任所大臣にすると「相当に大きい力のものが各省の外にあるやうになる。各省との摩擦を防ぐ為」と述べている。また首相が総裁を兼ねると各省と企画庁の対立の際に各省大臣が常に企画庁に降伏しなければならないので首相以外に中間に立つ者があるといいとしている（同右五月一日）。前掲池田『日本ファシズム体制史論』三八頁は、枢密院審査での林首相の答弁を引用した上で、総裁が各省大臣の兼任となったことを、企画庁が海軍と内閣調査局・陸軍の意向の折衷的色彩をもつとすることの理由ととらえている。しかし、陸軍は新機関の長官が無任所大臣でなければならないとは考えていないこと、陸軍と内閣調査局を一体と見ることには無理があることはすでに明らかにした通りである。
(34) 企画庁次長については、有力候補として報じられた四人のうち、三人までが大蔵官僚ないしは元大蔵官僚であった（『東京朝日新聞』昭和一二年四月一九日。次長候補として、農林省蚕糸局長井野碩哉、大蔵次官賀屋興宣、大蔵省主税局長石渡荘太郎、対満事務局次長青木一男の四人の名前が挙がっている。青木は元大蔵省理財局長である）。四月一九日の閣議で結城蔵相の企画庁総裁兼任が内定すると（同右四月二〇日）、次長も大蔵省出身となって同省偏重となることを避けるためか、井野が選ばれている。前掲御厨「国策統合機関設置問題の史的展開」七三頁、古川隆久『昭和戦中期の総合国策機関』吉川弘文館、平成四年、四五頁は、井野の回顧談（前掲『昭和史の天皇』第一七巻二七七頁）をもとに、彼が岸信介、賀屋とともに統制論者と見られていたことが次長に起用された理由としている。林内閣の更迭、第一次近衛内閣の成立で企画庁総裁は同内閣広田外相の兼任となるが、企画庁次長はまもなく井野が退き、内務省出身の中村敬之進が次長心得となる（秦郁彦『戦前期日本官僚制の制度・組織・人事』東京大学出版会、昭和五六年、二八二頁）。前掲古川『昭和戦中期の総合国策機関』四六頁は、次長心得に石渡荘太郎が就任するとして、そのことは第一次近衛内閣で蔵相が企画庁総裁に就任しなかった代わりに大蔵省との関係を形成することにつながったと大蔵省と企画庁の結びつきに関係させて論じているが、実際には本文で後述するように大蔵省は常任参与として谷口恒二主計局長を企画庁に送り込むのである。石渡は本文でも触れたように吉田茂内閣調査局長官の辞任で内閣調査局調査官から（従って同書五五頁のいわゆる馬場人事による石渡の転出先は「企画庁調査官」ではなくて、内閣調査局調査官である）長官心得となり、林内閣の成立時に内閣調査局から大蔵省主税局長に復帰、第一次近衛内閣成立時には同省次官となっている（前掲秦『戦前期日本官僚制の制度・組織・人事』三三六頁）。

(35)　前掲「枢密院ニ於ケル企画庁官制審議経過」五月一日。

(36)　同右五月三日。

(37)　前掲『昭和社会経済史料集成』第三巻三〇五―三〇六頁。前掲「国策統合機関（企画庁）設置の件」にも収録されている。

(38)　前掲「枢密院ニ於ケル企画庁官制審議経過」四月三〇日。

(39)　同右四月三〇日、五月一日。

（40）前掲石川『国家総動員史』資料編第三、一一九九―一二〇一頁。
（41）前掲山村『昭和財政史』第二巻財政機関、資料Ⅰ三二七頁。
（42）同右三四一頁。
（43）前掲井出「非常時体制と日本〈官〉制」七四頁は、戦時の行政機構改革全体の評価に際して、行政の統合は結局達成されないままで終わったのは周知の事実とした上で、「このことは、常時を超越することを期待された改革の努力が、現実には、『超越』いいかえれば『不連続』の面よりも、むしろ『常時の連続面』をより多く残して終ったということを意味している」と述べているが、この評価は、本章の対象としている行政機構改革の一局面についてもあてはまるといえよう。

## 第三節　「物の予算」と大蔵省、企画庁

最後に、「重要政策に関する予算の統制に関し意見を具へて内閣に上申すること」という権限を官制上与えられ、「重要政策に関する予算間に於ける統合調整」を期待されていた企画庁が[1]、昭和一三年度予算編成過程において実際にどのような役割を果たし得たか、大蔵省との関係はどのようであったか、予算編成過程はどのように変わったのかということを検討しておく。具体的には、昭和一三年度予算の編成過程で導入された物資需要調査、いわゆる「物の予算」をめぐる大蔵省と企画庁の関係を明らかにすることになるが、「物の予算」の端緒が先行研究のいうような第一次近衛文麿内閣期ではなく、広田内閣馬場蔵相の下にあったことも指摘しておきたい[2]。

広田内閣が昭和一一年一一月二七日の閣議で承認した昭和一二年度予算案は、一般会計で総額三〇億四〇〇〇万円となり、前年度比七億三〇〇〇万円の大幅増であった。この予算案が発表されると政府支出の急増、内需の

拡大を見越して物価が上昇するとともに、輸入が大幅に増加して国際収支の悪化をもたらしている[3]。

その対策が迫られることになるが、馬場蔵相の下では一二年度予算案閣議承認の二週間後の昭和一一年一二月一〇日、歳出予算の増加による物資需要増が貿易、国内物価に及ぼす影響を懸念し、金融政策、国債政策上の関心から、明年度歳出予算に基づく物資需要見込み及びこの物資需要増加に伴う民間企業の新設拡張計画の大要とこれに要する物資需要見込みを同月一九日までに回答するよう、回答の書式を添えた通達が川越丈雄大蔵次官名で出されている[4]。対象となった物資は、鉄、機械、鉱油、石炭、銅、アルミニウム、ニッケル、羊毛、生ゴムなどであった。通達本文の末尾に「本件は部外に対しては絶対秘密に御取扱相成度尚本件に関し御不審の点等有之候はば当省理財局宛御問合相成度申添候」とあることから、当時理財局長であった賀屋興宣の主導で行われたことがわかる。賀屋自身も、昭和一二年度予算案における陸海軍予算の膨張を見て、資材面から予算の消化が問題となると考え、こうした方策を案出したと語っている[5]。

各省からの回答を大蔵省がまとめたのが翌一二年一月二五日付の「昭和一二年度歳出予算ニ基ク主要物資需要増加見込調[6]」であり、品目ごとの数量、金額、平均単価が昭和一一年度と一二年度について記載されている。さらに一月二七日付で大蔵省は「一二年度予算ノ消化ニ付テ」をまとめ、物的部門（兵器、飛行器材、船舶、営繕、土木、原料）と人的部門での予算消化能力を検討している[7]。

このように予算案閣議承認後の提出という形だが、すでに広田内閣期の一二年度予算編成で「物の予算」が試みられていて、それが一三年度予算編成では、後述するように概算要求書とともに物資需要調書を提出するという形に改められることになるのであった。

続く林内閣結城蔵相の下においても「物の予算」提出は企図されていた。昭和一二年四月二〇日全国手形交換所連合会における演説で、結城蔵相は物価騰貴の一因は膨大な予算案であるとして、「政府と致しましても、物価対策には物資に対する需給の適合が根本問題であると考へまして、予算と雖も、金額の多寡のみならず、政府の需要する物資の多少並に国民の物資需給に関係を及ぼす影響をも見る必要がありますので、昭和十三年度の予算編成に当りましては単に金の予算のみならず、物資需要の予測をも考量することに第一歩を進めたい考であります」[8]と語り、従来の概算書（金の予算）とともに、物資需要の予測（物の予算）の提出を各省に求める意向を表明している。

この演説を報じる新聞記事によれば、大蔵省事務当局は結城蔵相の示した方針に基づき、各省提出の予算額と物資需要予測額をにらみ合わせて国家の生産力との調整を企図し、単に物価対策としてのみならず国の生産力に適合した国家予算の編成を期していた。[9] 大蔵省としては予算概算、物資需要概算双方の提出を六月には各省に求める予定で、物資概算見積の方式を種々研究している。[10]

予算編成にあたって物資需給との調整を図るため、物資需要調書を同時に提出させるという方法は、このように大蔵省によって周到に準備されていたのである。物資需要調査は後の物資動員計画の先駆的形態ともいえるものだが、大蔵省の企画に基づいて広田内閣馬場蔵相の下で始められたことになる。

昭和一二年六月四日、第一次近衛内閣組閣当日、蔵相となった賀屋興宣は、吉野信次商工相と共に、新内閣の財政経済政策の大綱について、国際収支の適合、生産力の拡充、物資需給の予測及び調節の三つが明年度予算編成の前提となり、財政経済政策の基礎となると語った。[11] いわゆる財政経済三原則（賀屋・吉野三原則）の表明である。彼は林内閣末期には次官としてこの考えをとりまとめ、結城蔵相に提案したところ、すぐに内閣更迭となったので、自らが蔵相となり商工相に吉野を据えて三原則を実施に移すことになったと語っている。[12] 賀屋蔵相はこの三原則をもとに昭和一三年度予算編成方針の大綱を大蔵省で立案の上、閣議の承認を求める予定であった[13]。

大蔵省はこの賀屋蔵相の意図に沿って六月二二日以後連日省議を開き、一三年度予算編成方針を審議していく[14]。主計局原案をもとにしたこの審議の結果は二五日にとりまとめられたが、その内容はおおよそ次の通りであった[15]。

一、予算編成方針の中心は、金の予算のほかに物の予算の提出を求め、物資需給の予測をつけ、これと財政経済三原則の具体化との間に関連性をもたせるということ。

二、そのため大蔵省として各省に対し予算概算と同時に物資需要額（物の予算）の提出を要求すること。

三、需要額見積提出を求める品目として、貿易表により昭和一一年度の輸入金額一〇〇〇万円以上に達する二〇余種の物資を指定し、これら物資の昭和一一、一二、一三年度の需要額の提出を要求すること。

四、大蔵省がこの物資需要額見積を提出させることによって政府の物資需要額の予測をつけるとともに、企画庁、商工、農林等関係各省の協力でこれらの品目の民間需要額についてもおおよその見積をつけ、これによって三原則の実現を予算編成の上からも企図すること。

このように大蔵省が中心となる形で予算編成への「物の予算」導入を図ろうとした。すなわち、同省が物資需要額調査の対象の選定を行い、企画庁、商工省などの協力を得る形で予算編成における三原則具体化を実現させようというのである。大蔵省としては、新設の企画庁の使命を尊重する建前からこれらの方針をもって翌二六日石渡荘太郎大蔵次官が井野碩哉企画庁次長と折衝を行い、同庁の意向を汲もうという姿勢は見せているが、現に閣議提出の予算編成方針案を決めたのは二八日改めて開かれた大蔵省議であった[16]。

翌二九日の閣議で昭和一三年度予算編成方針、すなわち「昭和一三年度予算編成ニ関スル件[17]」が決定されるが、この予算編成方針を説明、閣僚の承認を求めたのは企画庁総裁（広田外相）でなく賀屋蔵相である[18]。

そこでは同年度概算要求の方針として、新規要求は真に緊急やむを得ない経費に限ること、出来る限り既定経費を節約すること、営繕工事のように物資需要を増加する性質のものは差し控えること、外国旅費、海外物資購入等海外払い増加の原因となる経費についてはその節約に格段の配慮をなすこと、概算要求は七月三一日までに提出することなどを各省に求めるとともに、「概算要求に伴ふ物資の需要に付ては出来得る限り正確なる見積りを為し物資需要調書を提出すること」を求めているのであった。あとに続く説明文にはこうした要求を行う背景を語っている。つまり、国防、国民生活に関して実施を必要とする施策が非常に多く、これらに必要な物資需要が激増する傾向があるが、これら物資は国内生産、海外輸入に頼っているので、「各種施設の実現も自ら右両者に依る物資供給の限度に制約せらるる」というのである。このようにして昭和一三年度予算編成にあたっては、従来の概算要求書とともに、物資需要調書、すなわち「物の予算」の提出を各省に求めることとなったのである。

この閣議決定を受けて同日、大蔵省に各省会計課長を集め、主計局長が予算編成方針を説明、大蔵省調製の同調書雛形を示し、物資需要調書を提出すべき品目（原材料二七品目、製品三三品目）を指定している。調書には金額、数量、単価を記入し、概算要求書とともに大蔵省に提出するのであった。民間需要量についても同様の形式で調書が作成されることとなる。[19]

「物の予算」の導入を試みた昭和一三年度予算編成方針の以上のような決定過程から判明するのは、重要政策に関する予算の統制についての権限を官制上獲得した企画庁が、予算編成方針決定過程において何らかの積極的な役割を果たしたとはいえないということである。財政経済三原則具体化の一環としての物資需要調査という画期的な方式を予算編成に取り入れようと試みたこの過程を主導したのは大蔵省であった。確かに二九日の予算編成方針閣議決定後、賀屋蔵相は企画庁の意見も尊重しなければならないと語っている。[20] しかし、この言葉とは裏腹に大蔵省が企画庁に対して実際に行ってきたのは、この新設官庁が体面を保ちうる程度の意見交換に過ぎない。企画庁が予算の統制に果たし得た役割は些少なものだったのである。行政機構中での予算編成業務の要諦を大蔵省は手放さなかったのである。

昭和一三年度予算編成方針の閣議決定から一週間余りして、盧溝橋事件が勃発する。以後戦時体制化の進行とともに、企画庁はほとんど機能停止状態となり、「半睡眠状態」に陥った[21]。そこから同庁改編の議論が出てくるのであるが、新たに得た権限も満足に行使できず、新たな状況にも適応できないまま昭和一二年一〇月企画院への再編を余儀なくされるのであった。

## 註

（1）「昭和十二年五月十七日地方長官会議ニ於ケル内閣総理大臣訓示」（前掲『昭和社会経済史料集成』第三巻、三一七頁）。

（2）従来の企画庁に関する研究では、生産力拡充計画の立案機関に特化したような形で全庁あげて同計画の調査、立案作業にあたっていたこと（山崎志郎「生産力拡充計画の展開過程」（近代日本研究会編『年報近代日本研究』第九巻戦時経済、山川出版社、昭和六二年）三二一―三三頁）、陸軍から「重要産業五年計画ニ関スル要望」を受けて同計画の検討に着手したこと（防衛庁防衛研修所戦史室『戦史叢書陸軍軍需動員（一）計画編』朝雲新聞社、昭和四二年、五九九―六〇〇頁）が指摘されている。林内閣では企画庁総裁を蔵相が兼任したこと、第一次近衛内閣の財政経済三原則も蔵相、商工相間で決まったことから、企画庁は大蔵・商工両省のコントロールに服していたという議論もある（前掲御厨「国策統合機関設置問題の史的展開」七三、八三頁）。また、物資需要調査については、賀屋興宣が広田内閣期に国際収支の悪化、物価騰貴、為替管理の必要を見越して物資需要調査、「物の予算」を着想していたこと、結城蔵相の下で大蔵次官をつとめたときに財政経済三原則を構想していたこと（中村隆英『戦前期日本経済成長の分析』岩波書店、昭和四六年、二四〇―二四二頁)、物資動員計画作成のきっかけは第一次近衛内閣賀屋蔵相が昭和一三年度予算編成にあたって概算要求とともに物資需要調書の提出を求めたこと、昭和一二年一〇―一二月にも輸入物資への外貨割当を中心とした簡単な物動計画が作成されたと伝えられるが、その内容は不明であること(中村隆英・原朗「資料解説」(『現代史資料』第四三巻国家総動員一、みすず書房、昭和四五年)五八頁)の指摘がある。これらのうち、物資需要調査の開始時期、物資動員計画のきっかけについては正確でないのは本文で見る通りである。一方、大蔵省編纂の前掲山村『昭和財政史』第二巻財政機関、一三七―一三八頁は、昭和一三年度予算編成時から主計局によって物資需要調書の提出が各省に求められたことを示すとともに、予算編成方針の決定に際しては、大蔵省議で最終決定せず、大蔵次官と企画庁次長が折衝して正式に決定されたとしている。それは予算編成方式の「従来の慣例に大きな変化を与え、また企画庁の設置とあいまって、主計局中心の編成機構を変質させていった」としている。典拠が示されていないのでなぜこのように述べるのか不明だが、大蔵省と企画庁の関係については正確でないのは本文の通りである。

(3) 岡崎哲二『工業化の軌跡』読売新聞社、平成九年、一七〇―一七一頁。

(4) 「明年度歳出予算ニ基ク物資ノ需要見込高等ニ関シ照会ノ件」(大蔵省財政史室編「昭和財政史資料 震災から準戦時財政まで」(以下「昭和財政史資料」と略記)日本マイクロ写真、昭和五九年、六―〇一五―一二五)。

(5) 賀屋興宣口述「『健全財政』とその転換」(大蔵省大臣官房調査企画課編『大蔵大臣回顧録』大蔵財務協会、昭和五二年、口述は昭和二七年)三四―三六頁。

(6) 前掲「昭和財政史資料」六―〇一五―一二七。大蔵省用箋にタイプ印刷されている。

(7) 同右六―〇一五―一二八。大蔵省用箋にタイプ印刷されている。

(8) 「第三十二回全国手形交換所連合会における結城大蔵大臣の演説」(大蔵省昭和財政史室編・宇佐美誠次郎執筆『昭和財政史』第一一巻金融下、東洋経済新報社、昭和三二年、資料Ｉ七七〇頁)。

(9) 『東京朝日新聞』昭和一二年四月二一日。

(10) 同右昭和一二年五月二〇日。

(11) 同右昭和一二年六月五日。
(12) 賀屋興宣口述「財政経済三原則と統制経済」（大蔵省大臣官房調査企画課編『聞書戦時財政金融史』大蔵財務協会、昭和五三年、口述は昭和二七年）一〇―一五頁。この三原則の立案には当時理財局にいた迫水久常、伊原隆、森永貞一郎が協力したと迫水は語っている（迫水久常口述「官界二十年の回顧」（前掲『聞書戦時財政金融史』、口述は昭和二六年、二七年）四五八―四五九頁）。
(13) 『東京朝日新聞』昭和一二年六月一一日。
(14) 同右昭和一二年六月二二、二三、二五日。
(15) 同右昭和一二年六月二六日。
(16) 同右昭和一二年六月二六、二九日。
(17) 前掲西村『昭和財政史』第三巻歳計、資料Ⅰ六二六―六二七頁。
(18) 『東京朝日新聞』昭和一二年六月三〇日。
(19) 同右。
(20) 同右。
(21) 『東京朝日新聞』昭和一二年九月二六日、一〇月一日。当時の企画庁関係者の一人は事変勃発後の同庁を「開店休業」と表現している（前掲『昭和史の天皇』第一七巻三一七―三一八頁）。

## おわりに

広田内閣期の行政機構改革論議の中で、予算編成のあり方、言い換えれば、大蔵省主計局を国策統合機関に移すか否かという問題は、予算が政策課題の調整、選択の重要な手段であるだけに、国策の統合のあり方と関わる重要な論点であった。それだけに各政治勢力が提示する行政機構改革論には、それぞれの抱く政治理念に沿う形で、この問題についての多様な議論が展開されていた。漸進主義をとり海軍との協調を維持しようとした陸軍内部にも急進的改革に同調する志向がなかったというわけではない。

一方で、予算編成のあり方を問うこの問題は、各政治勢力が年々実現を目指す政策のゆくえとも密接に関係するために、現実に提起されている政策の実現の可否、換言すれば進行中の予算編成、その時の概算要求の実現の度合いとも不可分の関わりを有する。二・二六事件とその後の粛軍を経て、最大の政治勢力となった陸軍のこの問題に対する立場を考察する際には、それら両面を考慮する必要があるだろう。それゆえに本章では、この問題に関する各政治勢力の議論の内容を分析するにあたって、とりわけ従来の研究で見落とされてきた後者の側面、つまり広田内閣期の昭和一二年度予算編成やそこで試みられた重要国策先議の実態との関連を重視したのである。

昭和一一年九月に表明された行政機構改革に関する陸海軍共同案では、重要政策に関する予算の統制按配の権限を新機関に認めるが、大蔵省主計局は存続させるとなっていた。これがこのあとの行政機構改革論議の基本線となる。陸軍は行政機構改革について漸進主義をとり、海軍との協調を保とうとしたのである。日満財政経済研究会すなわち石原グループによってすでに提案されていた主計局の新機関への移管といった急進的な改革案は採用されることはなかった。また、内閣調査局も重要国策の決定と昭和一二年度予算編成に自らが主要な役割を果たせなかったことに鑑み、従来の予算編成方式への批判をこめて、主計局の新機関への取り込み、予算編成権の掌握を狙った案を提出したが、支持を得られずに終わる。結局、昭和一二年一月にまとまった「総務庁」案では、陸海軍共同案に沿う形で重要政策に関する予算の統制按配の権限のみが新機関に認められることとなった。広田内閣の総辞職で新機関の設立は林内閣に持ち越され、同年五月に企画庁として設立されるが、予算編成業務に関しては、重要政策関係予算の統制について意見を内閣に上申することを同庁に認めつつも、行政機構としては大蔵省主計局が主管することに変わりはなかった。大蔵省主計局の新たな国策統合機関への移管、同機関による予算編成業務全体の掌握という内閣調査局や石原グループの唱えた構想は、軍部や政界中央には受け入れられなかったのである。

昭和一一年八月下旬の広田内閣の重要国策決定、その後の概算要求の査定という昭和一二年度予算編成過程で、内閣調査局の介入がありながらも国策案の取捨選択や各省要求額の査定において、馬場蔵相を支える役割を果したのは、従来通り大蔵省主計局であった。多年の経験と情報の蓄積を有した主計局が政策決定の判断材料を提供したのである。二・二六事件後の政局の中枢を占めることになる軍部、とりわけ陸軍にとって、念願とする国防計画の実現に大蔵省主計局が否定的でなかったとしたら、あえて急進的な改革案を容れて同局を新機関に移す必要は感じないであろう。政策の実現、すなわち予算の獲得を最優先とする行政官庁にとって、新たな国策統合機関に重要政策関係予算の統制按配を認めたとしても、予算編成業務の要は従来通り大蔵省主計局であってよいのである[1]。

従来の研究では、国策統合機関問題での陸海軍間の対立を強調する傾向、すなわち、陸軍の背後に石原グループの存在を強調し、彼らの急進的改革案が陸軍全体に強い影響を与え、現状維持志向の海軍と対立するという解釈がとられていた。また、内閣調査局と陸軍の連携を強調する傾向、つまり、内閣調査局の出す案は陸軍首脳部の考えでもあるという解釈も見られた。

本章では、主計局移管の問題を中心に行政機構改革に関する諸案を分析し、同時期の重要国策先議、昭和一二年度予算編成のあり方と関連させることで、行政機構改革の問題では石原プランの影響は限られていて、陸海軍は協調して漸進主義をとり、内閣調査局は孤立していたことを明らかにした。陸軍内部では、石原グループの急進的改革案は主流たりえず、陸軍首脳部はむしろ海軍との協調を尊重していったのである。また、内閣調査局の提案も石原プランの行政機構改革案に近く、陸軍首脳部の受け入れるところとはならなかった。一体と見なされがちな陸軍と内閣調査局の間には齟齬が存在していたのである。この時期の行政機構改革論の現実の産物である企画庁も、新たに明文化された予算に関する権限を満足に行使したといえず、物資動員計画の端緒となる「物の予算」の導入など、行政機構中での予算編成の主導権は大蔵省にありつづけたことも判明した。

これらの成果から、この時期の行政機構改革や国策統合機関の問題をめぐる政治史理解の核心は、二・二六事件とその後の粛軍を経て部内を統一した陸軍と、権限や人材の面で強固な既得権を有する既存官庁であることがわかる。先行研究のひとつは、企画院創設に至る政治的統合主体の創出失敗の過程は、陸軍の力を背景とした大蔵、商工両省による主導権の確立と「革新」勢力の後退の過程でもあると結論部分で述べているが[2]、大蔵省をはじめとして強固な既得権と蓄積された情報、経験を有する既存官庁の立場は、当初から揺らいでいなかったといえるだろう。軍備拡大を目指し予算の獲得を最優先したい陸海軍首脳部も、現実の政治過程を直視すれば既存官庁との協調を優先することになるのであった。

## 註

（1）明治の建軍以来、主要な政治勢力である一方で、陸軍省、海軍省という行政官庁の側面も有した陸海軍、しかもその中央にとって、他の行政官庁のうち最も密に、かつ長期持続的な接触のあった部局は、軍備計画をはじめとする政策の実現のため毎年概算要求を提出し、その査定を受ける大蔵省主計局であろう。両者の濃密な関係を物語る逸話が以下のように大蔵省、陸海軍双方の関係者によって残されている。それを学問的にどのようにとらえるかは興味深い課題であるが、ここではエピソードの紹介にとどめる。

賀屋興宣は大正九年以降主計官、課長、局長と一六年にわたる主計局勤務のうち、海軍、陸軍の予算も担当した。その間ロンドン海軍軍縮会議には随員として参加し、財政の見地から軍縮論を展開して山本五十六など海軍側随員と一触即発の険悪な関係になり、調印後の宴会では実際に喧嘩になったという（賀屋興宣「私の履歴書」（『私の履歴書』第一九集、日本経済新聞社、昭和三八年）二二七－二二九頁）。当時海軍省書記官として海軍側随員であった榎本重治は賀屋との対談の中で、賀屋は日本を含む各国海軍の事情に精通していたと述べている（東京12チャンネル報道部編『証言私の昭和史』第一巻、学藝書林、昭和四四年、九四－九五頁）。財務書記としてロンドン駐在中に賀屋を手伝った迫水久常も同趣旨のことを語っている（前掲迫水「官界二十年の回顧」四三四頁）。賀屋はまた軍事費の査定の要領を語っている。長年の経験と研究をもとに、担当者の異動が多い軍部の出してくる要求内容の不合理、前後の矛盾をつくのが有効であったこと、査定では契約単価と市場単価の食い違いを指摘して理論的に攻勢をかける一方で要求の強弱、核心を見抜いてある程度満足させ折り合いやすくすること、陸海軍間、陸海軍と他省との間のバランスをはかることなどが重要であったというのである（前掲賀屋「『健全財政』とその転換」一九－二〇頁）。

一方、海軍省で大正七年以降、艦政局長、艦政本部長、次官、海相をつとめた岡田啓介は、縁戚の関係にあり、のちの首相在任時には秘書官に登用する迫水久常の大学卒業後の進路について、役人になるなら大蔵省に行けと勧めたという。迫水は「かれは海軍省にいたから、大蔵省主計局に非常にいじめられた。だから、その思いがしみこんで、大蔵省は大したところだと思ったのが原因だったんだろうと思う。それで大蔵省に行けとしきりにぼくにいった」と語っている（中村隆英・伊藤隆・原朗編『現代史を創る人びと』第三巻、毎日新聞社、昭和四六年、四七頁）。岡田が局長、次官として関わる海軍予算の査定を担当していたのは賀屋主計官だったはずである。迫水は大正一五年大蔵省に入る。

昭和九年以降の七年間、主計局で陸軍省を担当した福田赳夫は、着任直後まず取り組んだのは編制、装備、内部事情、仮想敵ソ連の実情など陸軍の研究であったということだが（福田赳夫『回顧九十年』岩波書店、平成七年、三四―三六頁）、「陸軍省は組織がしっかりしているだけに、予算要求も整然と行われた。要求金額が大きいから予算書も分厚いものとなり……一ヶ年度分の要求説明書を積み重ねると、私の背よりも高くなった」と述べる一方で、「軍人からは軍刀で脅されたこともあれば、お世辞を言われたり、ネコなで声で丁寧に陳情されたこともある」と硬軟とりまぜた陸軍の予算要求の実態を表現している。陸軍施設の視察のため外地に出張して、ソ満国境に足を運び、北支で徐州会戦の説明を受け、対ソ軍備の増強を説かれて樺太の国境を視察した。また「膨大な予算を要求する陸軍省だから、その説明のためには多くの機密資料をさらけ出さなければならないし、時にはその資料を主計官に預けなければならないこともある。そこで陸軍省は堅牢な大型金庫を主計官室に持ち込んで、私に預けた資料はこの金庫に格納することになっていた。同時に、私は預かった機密資料については一々預かり証を陸軍省に差し出していた」と予算獲得のためには主計局を頼ることになる陸軍の姿を書き記している（同右四一―四五頁）。

一方、昭和六年から九年、一二年から一六年、一七年から一九年と陸軍省軍務局軍事課に編制班、予算班勤務の課員、予算班長、高級課員、軍事課長として在籍した西浦進は、軍事課予算班の役割は参謀本部の要求を圧縮して大蔵省に受け入れさせることだったと語っているが、大蔵省の主計官との交渉は主に経理局が行い、いよいよ今年の予算を出すというときに一般情勢や軍備充実の大綱といったことを予算班が説明したと述べている。そして予算班長のときには主計局の陸軍担当だった福田を満州の国境あたりに案内して随分一緒に旅行したという（木戸日記研究会・日本近代史料研究会編『西浦進氏談話速記録』上巻、日本近代史料研究会、昭和四三年、六三―六四頁）。また、機密に関しては「大蔵省というのは歴史もありますし伝統もあり、また非常に秘密保持が昔から固いところ」と評価して、歴史もなく寄り合い所帯で機密保持の出来ない企画院と対照的に述べている（同右一〇二頁）。大蔵省の予算編成を気に入らず企画院に予算編成権を移せという議論は陸軍内にもあったが、相談を受けた西浦はそれまでの経験に基づいて企画院は寄り合い所帯で秘密が保てず大局的にものを見ることができない、外部からの圧力に左右されるとして反対している（同右二〇一頁）。陸海軍と大蔵省主計局は長い付き合いの中で相互に苦労をかけ、反発もするが、一方では相手を認め尊敬し合う関係というところだろうか。主計局移管や予算編成業務の所管の問題を考えるときには、こうした両者の結びつきを考慮することも必要だろう。

（2）　前掲御厨「国策統合機関設置問題の史的展開」九一、九五頁。

# 結　予算編成から見た昭和戦前期の政治

本書は前半において、ロンドン海軍軍縮問題を例に財政と軍備の調和を図る課題を通して、予算編成が昭和戦前期の政治過程に占める位置を解明するとともに、政策実現に不可欠である予算の編成において、内閣総理大臣をはじめとして閣議に集う政治家たちが予算を通ずる政策決定の主導権を有していたことを明らかにした。そして後半では、この時期の課題となっていた予算編成方式の改革や行政機構再編について、国策統合機関に重点を置く過去の研究に対して、重要国策の決定やそれへの予算の配分において中心となったのは大蔵大臣や首相であり、彼らを支えたのは大蔵省主計局であったことを示した。政局の要となっていた軍部も、軍備充実を優先すれば既存官庁を軽視できず、予算編成業務は大蔵省が管掌しつづけることになる。予算編成を通ずる政策決定を支えたのは、内閣調査局のような、いわゆる「革新」色のある新設官庁ではなく、従来通り大蔵省だったのである。

第一章では、政党内閣としての浜口雄幸内閣が抱えた内政外交にわたる最大の課題であるロンドン海軍軍縮問題において、明治憲法体制における財政と軍備の調和がどのように追求されていったかを海軍軍備の補充問題の扱いを通して分析した。回訓前後の政府・海軍間の交渉、軍事参議院や枢密院での討議という経過をたどる中で、補充問題が争点となっていくが、浜口内閣は、海軍が条約批准受け入れの代償として強く求める補充に対して、財政の論理を駆使し、予算編成の都合を強調して補充の増大を抑えて海軍のセクショナリズムの抑制に努める一方、国民負担の軽減（減税）に重点を置こうとした。補充問題、すなわち財政と軍備の調和という課題は、予算編成の問題であった。政策課題間の調整が予算を手段として行われるのであった。

そこではまた、海軍、枢密院などの政治勢力を相手に、内閣を率いる浜口首相のリーダーシップが遺憾なく発揮された。政党内閣の形で、明治憲法体制の統合軸を政党が果たしえたとき、財政と軍備の調和、すなわち予算編成の問題において首相のリーダーシップの下で調整が行われたことがわかる。

第二章では、まず明治憲法体制下の予算編成を法規、慣例に従って概観した。政治過程の一部として予算編成過程をとらえるための枠組みを把握するためである。そこでは、予算の編成が漸変的方法で行われていたことも判明した。前年度予算を実績としてそれに対する変化が検討の対象とされたのである。

次いで斎藤実内閣高橋是清蔵相の下での予算編成過程を顧みることで、先行研究とは異なり、政官関係における政治の優位が確認された。漸変主義の予算編成において、新規要求をめぐって厳しい折衝が繰り返されたが、その収拾に力を発揮して決着を導いたのは政治家たちであった。

五・一五事件後、政党内閣が潰えていわゆる挙国一致内閣となったとき、政党や藩閥といった強力な後ろ盾を有しない首相の内閣統率力が弱まる中で、軍部をはじめとする各省の予算要求が熾烈になるが、他の有力閣僚の力を頼みに諸要求の調整が図られたことが予算編成過程から窺い知れる。そこではまた、政党の統合力が衰弱していく状況下、露顕してきた各省割拠の弊風や政策の統合の困難を打開するため、重要国策の閣僚による先議という形の予算編成方式改革が提起され、部分的に試みられたことを指摘した。

第三章では、広田弘毅内閣での昭和一二年度予算編成に際して実行に移された重要国策先議と予算編成方式の改革を分析した。そこで大蔵省と内閣調査局が果たした役割を一次資料をもとに検証することは、重要国策決定や予算編成を主導したのは内閣調査局や吉田茂同局長官であるという従来の通説と異なり、馬場鍈一蔵相など閣僚のリーダーシップの下、大蔵省主計局が予算編成を通ずる政策決定での実務を担って、官僚機構の中の要の位置を占めたことを明らかにした。いわゆる「革新」勢力がこの時期の政治過程で果たした役割を高く評価するのが先行研究の見解であったが、その再検討が必要であることになる。

第四章は予算編成と行政機構改革の関係についてであった。行政機構の再編が議論される中、各省割拠が特に予算編成時に顕著になったことは、国策の統合のためには政策課題の調整、選択の重要な手段である予算の編成の実務を新設の国策統合機関に移すか、大蔵省に残すかという問題を生じさせた。広田内閣から林銑十郎内閣にかけての行政機構改革をめぐる政局の動きをこの問題を中心に分析すると、従来の研究の示すところと異なり、陸海軍は協調を保って漸進主義をとり、内閣調査局など「革新」勢力による急進的な改革案は、政局の帰趨を左右していた陸軍に受け入れられなかったことがわかった。重要国策先議の実態や軍備拡充予算の実現具合を顧みれば、強大な政治勢力となった軍部にとっても、官僚機構中の予算編成業務の管掌は、多年の経験と情報を蓄積する大蔵省主計局にあって何の支障もないのであった。

二・二六事件のあと、軍部の政治的影響力が強まったが、重要国策を閣僚間で先議して予算編成方式を部分的に改めることで、予算編成を通じた政策決定過程における内閣と首相のリーダーシップを維持しようとしたのであり、国策統合機関に大蔵省主計局を移管して集権化した予算編成、政策決定を行おうという内閣調査局などの提案はコンセンサスが得られなかったのである。

多元的な明治憲法体制下において、予算編成のあり方如何は、各政治勢力が実現を目指す政策の帰趨を左右するゆえに、各勢力にとっては自らの勢力の維持、拡大とも関係することになり、看過できない問題であったといえる。それは予算が諸要求の調整のための重要な手段であったからである。政策の総合のための新たな統合主体創出の試みとは別に、明治憲法体制下の統合の要である内閣自体の機能の強化が予算編成方式の改革や重要国策先議によって試みられたことが先行研究では等閑に付されていたが、斎藤実内閣から広田弘毅内閣期にかけて行われたそうした試みをふまえてこそ、国策統合機関の権限をめぐる各政治勢力の対抗関係が理解できるであろう。政策の総合、総合調整は予算編成と密接不可分であるゆえに、予算編成の実務を担う機関、すなわち大蔵省主計局を国策統合機関に移すか否かが焦点となる。明治憲法体制を前提とした現実の政治過程では、主計局の移管という選択には至らなかったのである。そして、従来の研究がこの時期の政局の中心として重視していた内閣調査局やいわゆる「革新」勢力は、政策選択の最終局面である予算編成過程においては周縁部分にしか位置しえず、政策決定を主導したとはいえないことも判明した。

こうしたことから、この時期の政策決定過程の特徴についていえば、そこに生起している問題点は認識されていながらも、従来の政策決定方式を基本的には維持することに重点が置かれていたことがわかる。時間をかけて定着していた明治憲法体制下の制度、方法は、既存官庁に蓄積された経験と情報が重しのように働いて、簡単には変化しない。政策決定の主導権を把握しようとするならば、大蔵省などの既存官庁を基盤とすることが必要であったのである。

権力の中枢を担う政治諸勢力の間に明治憲法体制の維持が大前提としてある限り、いかなる「革新」的試みといえども、体制の本質を変えるに至るような結果をもたらしえないだろう。多元主義的な明治憲法体制を改めるまでの政治的合意が成り立って初めて予算編成過程の改変もなしうるのである。なぜなら予算編成は政治の核心であり、予算は政治制度と不可分に結びついているからである。つまり、予算過程を変えることは政治的変革を導入することを意味し、政治過程に触れることなしに予算過程の改革を行うことはできないということである[1]。結局「勢力の配分関係を同時に変えることもせずに、予算の編成・管理を思い切って変革できるかのように言うことは無意味である[2]」ということになる。

予算編成が政治過程の核心に位置し、「予算を効果的に調整するための公式上の権限を付与することは、国家の政治制度の根本的な改革をおこなうに等しい[3]」としたら、予算編成の実務を国策統合機関へ移管することは明治憲法体制の変更につながりうることとなり、それがなされなかったことは、「革新」の勢いが当時有していた実際の力量を明らかにして、この時期の政治における勢力関係の重心が那辺にあるかを示しているはずである。

また、「予算過程を評価する場合には、われわれは、現実の世界のありのままの人間を取り扱わなければならない」が、彼らは「政治制度の基本的特色を変えることを好まず」、「予算編成においてそれを自分たちのためになるように機能させようとする[4]」という指摘は、昭和戦前期の予算編成と政治を論ずる際にもあてはまるといえよう。すなわち最大の政治勢力となった陸軍の行政機構改革についての姿勢にそれは見てとれるのである。

**註**

（1）　A・ウィルダフスキー『予算編成の政治学』小島昭訳、勁草書房、昭和四七年、一八一―一八二頁。

（2）　同右一八一頁。ウィルダフスキーはまた、「予算は、誰の好みが優位を占めるべきかという問題をめぐる相剋を表現するものであるから……誰が得をし、誰が損をするのかということを考察せずに、あるいは、誰も損をしないということを明らかにせずに、『よりよい予算の編成・管理』について云々することはできない」とも記している（同右一八二頁）。

（3）　同右二〇九頁。

（4）　同右二四二頁。ウィルダフスキーはこの叙述を補強するため、ブキャナンの次の言葉を引用している。「獲得できるようなものではないということがわかるような別の代替的秩序と比較して、現在の秩序が〈不完全〉だということは、現在の秩序が〈完全〉だということと違わないといってよかろう」（同右）。

# あとがき

本書はこれまで学術雑誌などに公表した拙稿の中から数編を選び、筆を加えた上で一書にまとめたものである。序と結は短いながら本書を編むにあたって書き下ろした。章ごとに初出は次のようになっている。

第一章は「ロンドン海軍軍縮問題における財政と軍備——海軍補充問題をめぐる政治過程」として、平成一三年一月に当時の勤務先の紀要に掲載された。第二章については「斎藤実内閣期の予算編成と大蔵省」の題名で、『法学論叢』という雑誌の第一四五巻第三号（一一年六月）と第一四七巻第三号（一二年六月）に公表している。第三章は「重要国策先議と予算編成方式の改革——広田弘毅内閣期の大蔵省と内閣調査局」として、『政治経済史学』第四六〇号（一六年一二月）と第四六一号（一七年一月）に、第四章は「戦前期の行政機構改革論と予算編成権のゆくえ——昭和一一、一二年の大蔵省主計局移管問題」という名で、『日本政治研究』第二巻第一号（一七年一月）に発表した。

改訂の度合いは章によって異なるが、第二章の初出にあたって削除や字句の変更のあったところは、旧に復した上で筆を加えた。各章に手を入れ序と結を添えて一書にまとめるのは、得るところ少なくない仕事であった。研究・教育環境を整え、時間を作って取り組んだつもりだが、不十分なところは残っているはずである。ご指摘、ご批判を待ちたい。

本書の出版に際してお世話になった方々にはお礼を申し上げたい。

私が政治と歴史に関心を持ち、研究という仕事に進んでみようと思ったのは、拙い論文にもよいところを見出して励まして下さり、思うこと、調べること、そして振り返ることの面白さを教えていただいた高坂正堯先生のおかげである。

寒い冬の夜だったと覚えている。駅を出て橋を渡り、空に輝く星々を目にしながら川の畔の先生のご自宅をお訪ねした。暖色の光に照らされた玄関の上がり框に、特徴ある襟元のセーターを着て立っておられた先生は、私の差し出した修士論文の原稿をいつもと変わらぬ温顔を見せて受け取って下さった。あれからもう何年たっただろうかと思う。先生の吉田茂論に学んで池田勇人に関心を抱き、大蔵省を調べているうちに、いくさに先立つ時期の我が国の政治を予算編成を通して論じたいと思うようになったというのがここに至る経緯のおおよそである。

先生が去られてちょうど十年が過ぎた。とても時間がかかってしまったが、その節目の年に一書をまとめることができたのは、ご健在の間に何もお示し出来なかった自分にとって少しは慰めとなるかもしれない。ただ、同じような寒い夜でも、古い社の側の先生のお宅に本書をお届けすることができればどんなにか嬉しかったことだろう。

歴史を貫く筋金は僕らの愛惜の念、とある文人はいう。来し方をいとおしみ、いつくしみつつ、今後も筆を執り続けたいと思う。

平成一八年　旧暦元旦を前に

大前　信也

**著者略歴**

大前信也（おおまえ　しんや）

昭和34年　奈良県生まれ

京都大学大学院法学研究科博士後期課程研究指導認定退学

現在　同志社女子大学嘱託講師



昭和戦前期の予算編成と政治

2006年3月10日第1版第1刷印刷発行

著　者　大　前　信　也

発行者　坂　口　節　子

発行所　有限会社　木　鐸　社

印刷　㈱アテネ社　　製本　高地製本

〒112－0002　東京都文京区小石川5-11-15-302

Tel.（03）3814-4195　　Fax.（03）3814-4196

振替番号　00100-5-126746

http://www.bokutakusha.com/

（乱丁・落丁本はお取替致します）

ISBN4-8332-2373-2 C3021

# 事項索引

## さ行

## た行

## な行



## は行

## ま行



## や行

## ら行



## わ行

# 人名索引

・役職名が特定の人物を指して使われている場合はその人物名に置き換えた。
・研究者は除いた。

## あ行



## か行

## さ行



## た行



## な行



## は行

## ま行



## や行



## わ行